Kurt H. Biedenkopf
Zeitsignale

Kurt H. Biedenkopf

Zeitsignale

Parteienlandschaft
im Umbruch

C. Bertelsmann

1. Auflage

Printed in Germany · Mohndruck, Gütersloh
ISBN 3-570-01786-9

Inhaltsverzeichnis

Einleitung 7

I. Veränderungen in der Parteienlandschaft 13

1. Der Wandel kündigt sich an: Die Landschaft im Sommer 1989 16
2. Die Parteienlandschaft seit 1949 20
3. Wandel oder Zwischenfall? 27

II. Die veränderte politische und gesellschaftliche Wirklichkeit 55

III. Die neuen politischen und gesellschaftlichen Aufgaben 89

1. Die ökologische Herausforderung 94
2. Das demographische Defizit 130
3. Das fiskalische Defizit 161
4. Die europäische Herausforderung 196

IV. Parteienlandschaft im Umbruch: Die Überwindung des politischen Defizits 217

Einleitung

Im Mai 1989 wurde unsere Verfassung, das Grundgesetz der Bundesrepublik Deutschland, 40 Jahre alt. Als einzige Verfassung einer modernen Industriedemokratie äußert sie sich auch zur Aufgabe der politischen Parteien und deren innerer Ordnung. Die Parteien, so heißt es in Artikel 21 des Grundgesetzes, wirken bei der politischen Willensbildung des Volkes mit. Ihre Gründung ist frei. Ihre innere Ordnung muß demokratischen Grundsätzen entsprechen.

Als die Verfassung in Kraft trat, existierten die politischen Parteien bereits. Die älteste unter ihnen, die Sozialdemokratische Partei Deutschlands, war 86 Jahre alt. Seit 1863 hatte sie alle Höhen und Tiefen deutscher Geschichte miterlebt und miterlitten. Sie konnte auf eine lange parlamentarische Tradition zurückblicken. 1890 war sie mit 19,7 Prozent der Stimmen die stärkste Wählerpartei des Deutschen Reiches. In den Wahlen zum Deutschen Reichstag 1912 erhielt sie 34,8 Prozent der Stimmen. Mit 110 von 397 Abgeordneten stellte sie die stärkste Fraktion. Damals hatte die Partei rund eine Million Mitglieder. Im letzten frei gewählten Reichsrat der Weimarer Republik war sie 1932 mit 20 Prozent der Stimmen und 121 Abgeordneten vertreten. 17 Jahre später, bei der ersten Wahl zum Deutschen Bundestag 1949, konnte sie 29,2 Prozent der Stimmen gewinnen. Dazwischen lag die Zeit der Nazi-Diktatur, des Zweiten Weltkrieges, der Zerstörung, die Zeit der schrecklichen Verfolgung, Demütigung und Ermordung vieler sozialdemokratischer Politiker, Mitglieder und Anhänger der Partei.

Die zweite große Partei, die Christlich Demokratische Union und die bayerische Christlich Soziale Union, war eine Gründung der Nachkriegszeit. In der Union fanden sich seit den Gründungsaufrufen von Köln und Berlin im Jahre 1945 Frauen und Männer zusammen, um nach der Katastrophe einen demokratischen Neubeginn zu wagen. Sie wollten alle »neubauwilligen Kräfte« zur Mitarbeit gewinnen, »in dem unerschütterlichen Vertrauen auf die guten Eigenschaften des deutschen Volkes und in der unbeugsamen Entschlossenheit, den christlichen Glauben und das hohe Ideal wahrhafter Demokratie zur Grundlage der Erneuerung zu machen«. Zum ersten Mal in der deutschen Geschichte sollten sie sich »unter Ablehnung jeglicher Zersplitterung in unserem Volke« zusammenfinden zur Union aller christlichen Demokraten. In der Wahl zum ersten Deutschen Bundestag wurde die neue Partei mit 31 Prozent der Stimmen knapp vor der SPD die stärkste politische Kraft.

Beide Parteien haben seitdem den Aufbau und die Entwicklung der Bundesrepublik entscheidend geprägt. Die Erfolgsgeschichte der neuen freiheitlichen Republik auf deutschem Boden ist auch der Erfolg ihrer beiden großen Volksparteien.

Nach 40 Jahren ziehen wir Bilanz. Wir bewerten das Erreichte und vermessen die Aufgaben, die sich uns in den kommenden Jahren stellen werden. Wir haben eine gute Verfassung, und diese Verfassung hat sich bewährt. Aber unsere Bilanz wäre unvollständig ohne die Beantwortung der Frage: Sind wir in einer guten Verfassung? Richard von Weizsäcker, der diese Frage in seiner Rede zum 40. Jahrestag des Grundgesetzes gestellt hat, richtete sie auch an die politischen Parteien.

Ihnen falle in unserem Gemeinwesen, so der Bundespräsident, eine Schlüsselrolle zu. Das Grundgesetz habe sie mit souveräner Zurückhaltung behandelt. Das habe aber wenig bewirkt. Die überragende Bedeutung, die die politischen Parteien inzwischen erlangt hätten, habe es nicht zu bremsen vermocht.

Dieser Zustand erfreue sich keiner großen Beliebtheit. Aber auch im Ärger sollten wir uns vor falschen Schlußfolgerungen hüten. Es sei notwendig, so der Bundespräsident weiter, den Willen des Volkes, von dem alle Gewalt ausgehe, zu ermitteln und ihm eine Chance zu geben, die uns vor einem entscheidungsunfähigen Durcheinander bewahre. Dies könne nur mit Hilfe von Parteien geschehen.

Gewiß, so fuhr von Weizsäcker fort, erweckten die Parteien manchmal unnötigerweise den Eindruck, als wüßten sie alle Antworten auf die Fragen unserer Zeit. Wahr sei auch, daß es ihnen um die Macht gehe. Allmächtig seien sie aber gerade nicht. Sie seien abhängig vom Mehrheitsmandat, um das sie ständig kämpfen müßten. Nicht ihre Selbstherrlichkeit sei die große Gefahr. Eher könne sie aus der Versuchung erwachsen, »auf der Suche nach Stimmen allzu viele Wünsche gleichzeitig erfüllen« zu wollen. Wenn die Parteien »die Lösung der Probleme dem Streit gegen die Konkurrenz unterordnen, wenn sie die Fragen der Zeit zu Instrumenten im Kampf um die Macht entwerten, ja, dann leidet ihre Glaubwürdigkeit. Aber das schadet nicht nur ihnen, sondern uns allen. Denn einen Ersatz für sie gibt es nicht.« So könne es nur darum gehen, »sie immer von neuem zu verbessern. Dazu kann jeder beitragen, am fruchtbarsten dadurch, daß er die Parteien mit seiner kritischen Anteilnahme zur Arbeit an den Problemen zwingt«.

In diesem Buch will ich einen solchen Beitrag leisten. Es ist nicht der Beitrag eines Unparteiischen, auch wenn ich um Objektivität bemüht sein werde. Meine Partei ist die Christlich Demokratische Union. Ihr fühle ich mich verbunden, seitdem mein akademischer Lehrer Franz Böhm 1953 zu seiner und unser aller Überraschung in einem Frankfurter Wahlkreis ein Direktmandat erringen und als Abgeordneter in den zweiten Deutschen Bundestag einziehen konnte. Er hat dort an der Seite Ludwig Erhards für die Wirtschaftsverfassung der sozialen Marktwirtschaft gefochten und sich nicht nur durch theoretische Grundlegungen, sondern auch durch ihre praktische Umsetzung in machbare Politik große Verdienste erworben.

Darin ist er mir bis heute ebenso Vorbild geblieben wie mit seiner Überzeugung, die Notwendigkeit, Kompromisse zu finden, dürfe nie die Grenzen verletzen, die ihr durch grundsätzliche Einsichten gezogen sind – und daß es wichtiger ist, für die Anerkennung dieser Einsichten zu kämpfen, als Macht und Mandate zu sichern.

Was der Glaubwürdigkeit der Parteien schadet, sagte der Bundespräsident, schadet nicht nur ihnen, sondern uns allen. Denn es gibt für sie keinen Ersatz. Demokratie ist ohne Parteien nicht möglich. Das heißt nicht, daß sich die Demokratie durch die Parteien allein definiert, wie es der Begriff Parteien-Demokratie nahelegt. Aber es bedeutet, daß die Glaubwürdigkeit der Parteien, die Art und Weise, ob und wie sie ihre Aufgaben erfüllen, der Wettbewerb untereinander, das Ringen um den richtigen politischen Weg für unser Land nicht allein Sache der Parteien sein kann. Es ist unser aller Sache – und damit eine Angelegenheit des allgemeinen öffentlichen Interesses. Wir alle haben nicht nur das Recht, sondern die Pflicht, mit daran zu arbeiten, die Parteien und ihre Arbeit immer von neuem zu verbessern. Je beherrschender ihre Rolle im öffentlichen Leben ist, um so gewichtiger ist auch diese Pflicht. Keine Demokratie kann auf Dauer erfolgreich sein, wenn ihre Bürger sich verweigern.

Von den zurückliegenden 40 Jahren seit der Wahl zum ersten Deutschen Bundestag habe ich rund 20 Jahre an der politischen Arbeit meiner Partei und unseres Landes teilgenommen: zunächst im Land Nordrhein-Westfalen als Mitglied der Wahlkampfmannschaft Heinrich Köpplers im Landtagswahlkampf 1970 und in einem Kreis von Beratern, den der damalige rheinland-pfälzische Ministerpräsident Helmut Kohl um sich versammelt hatte, von 1973 bis 1977 als Generalsekretär der CDU, danach als Vorsitzender der westfälisch-lippischen Landespartei, des zweitgrößten Landesverbandes der CDU, bis zu dessen Fusion mit dem rheinischen Landesverband im Jahre 1986. Von März 1986 bis Mai 1987 war ich Vorsitzender des neuen Landesverbandes. Dem Deutschen Bundestag gehörte ich von 1976 bis 1980 – zuletzt als Vorsitzender des Wirtschaftsausschusses –, dem Landtag Nordrhein-Westfalen von 1980 bis 1988 an. Dort führte ich bis 1983 die CDU-Landtagsfraktion. Seit 1987 bin ich wieder Mitglied des Deutschen Bundestages. Seit 16 Jahren gehöre ich dem Bundesvorstand der CDU, dem obersten Führungsgremium der Partei, an; von 1977 bis 1983 war ich einer der stellvertretenden Bundesvorsitzenden der CDU.

Der größere Teil der Einsichten und Erfahrungen, die in diesem

Buch ihren Niederschlag gefunden haben, stammt aus diesen Tätigkeiten. Es sind höchst unterschiedliche Erfahrungen. Sie haben mir die großen Möglichkeiten einer bedeutenden Volkspartei ebenso erschlossen wie ihre Grenzen. Durch sie habe ich gelernt, in welch vielfältiger Weise die Notwendigkeit, Mehrheiten und damit Macht zu erringen, in Widerspruch geraten kann zu der politischen Verwirklichung dessen, was sich die Partei vorgenommen hat und was nach allgemeinen Einsichten objektiv geboten wäre.

Nicht nur in sogenannten Sachfragen, im Hinblick auf politische Ziele und inhaltliche Gestaltung bestehen in jeder Partei unterschiedliche Auffassungen, die aufeinander eingehen und gemeinsame Positionen finden müssen, wenn politisch gehandelt werden soll. Unterschiedliche Meinungen gibt es auch über die Frage, was an eigenem politischem Wollen (und damit an Überzeugungen von dem, was notwendig ist) geopfert werden darf, um Macht zu erlangen oder ihren Besitz zu sichern. Vor allem an dieser Frage haben sich immer wieder Auseinandersetzungen entzündet, an denen ich selbst beteiligt war.

Ein Rückblick auf die Zeit seit 1973 zeigt: Die machtpolitisch orientierte Position war dabei erfolgreicher als die von mir vertretene, vor allem seit die Union wieder Regierungsverantwortung trägt. Dies muß keineswegs bedeuten, daß die Entscheidungen im Sinne der politischen Aufgabe der Partei falsch waren. Aber die Dominanz machtpolitischer Erwägungen ist es vor allem, die die Glaubwürdigkeit der Parteien gefährdet. Sie beeinträchtigt die innere Schlüssigkeit des politischen Handelns und reduziert, wie der Bundespräsident es formulierte, die Fragen der Zeit zu Instrumenten im Kampf um die Macht. Das mag angehen, solange die wesentlichen Fragen der Zeit entschieden sind und von der Art ihrer praktischen politischen Handhabung keine wesentlichen Nachteile für das Gemeinwesen selbst drohen. Es kann gefährlich für die Zukunftsfähigkeit unseres Volkes werden, wenn die Fragen der Zeit zugleich elementare Zukunftsfragen werden.

In einer solchen Zeit jedoch leben wir. Es ist eine Zeit, in der sich in geradezu einzigartiger Weise ein Spannungsverhältnis entwickelt zwischen einer – nach allen bekannten Maßstäben – hervorragenden Qualität gegenwärtiger Lebensverhältnisse in unserem Lande und der ebenso einmaligen Herausforderung, diese Verhältnisse und Bedingungen auch für zukünftige Generationen zu sichern. Dieses Spannungsverhältnis wird zunehmend durch unser politisches Handeln bestimmt. In ihm sind Konflikte und Widersprüche angelegt, die durchaus mit den großen Konflikten zu vergleichen sind, welche die bisherige Entwicklung der Industrialisierung begleitet haben.

Die Beherrschung und Überwindung der neuen Widerstände werden Mut und Risikobereitschaft, Ideenreichtum und Initiative, Einsatz und Können verlangen. Sie werden nicht vom Staat, sondern nur von der Gesamtheit der Bürger, das heißt nur dann erfolgreich geleistet werden können, wenn wir alle die Aufgabe zu unserer Aufgabe machen. Welchen Beitrag zu dieser großen nationalen Herausforderung unseres Volkes die Parteien leisten – daran werden sie und ihre Bedeutung, ihre Autorität und ihre Legitimation in Zukunft gemessen werden.

Die Bürger unseres Landes wollen nicht über die Zukunft eines Kanzlers, sondern über ihre und die Zukunft unseres Landes entscheiden. Nur wer sich und seine Partei in den Dienst dieser Aufgabe stellt, wer durch Führung und Gestaltung, durch Einsatz für den als richtig erkannten Weg und durch die Bereitschaft überzeugt, für seine Überzeugung im demokratischen Wettbewerb auch zu unterliegen – nur dem werden in Zukunft die Autorität zuerkannt und das Mandat zugesprochen werden, auf denen politische Führung und Sicherung der Zukunft gründen.

I.
Veränderungen in der Parteienlandschaft

Die Parteienlandschaft ist ein Produkt der Wahlen. Unsere Republik ist ein Land der Wahlen. Zwar wird auch in anderen demokratischen Industrienationen nicht nur alle vier oder fünf Jahre gewählt. Aber in keinem Land wird zwischen zwei Wahlen zum nationalen Parlament so viel gewählt wie bei uns. In der Zeit vom Januar 1987, der Wahl zum elften Deutschen Bundestag, bis zum Dezember 1990, wenn die nächste Bundestagswahl ansteht, werden – neben der Europawahl im Juni 1989 – mindestens dreizehn Landtags- und Kommunalwahlen stattgefunden haben. Der längste Zeitraum zwischen zwei Wahlen: achteinhalb Monate. Im Durchschnitt wird alle 3,3 Monate irgendwo im Land gewählt.

Wahlen in der Zeit zwischen der BT-Wahl 1987 und der BT-Wahl 1990

BT-Wahl 1987	25. 1. 87
Hamburg, Rheinland Pfalz	17. 5. 87
Niedersachsen, Bremen	13. 9. 87
Schleswig-Holstein	8. 5. 88
Baden-Württemberg	20. 3. 88
Berlin	29. 1. 89
Hessen	12. 3. 89
Europawahl, Rheinland-Pfalz, Saarland	18. 6. 89
Nordrhein-Westfalen	1. 10. 89

Baden-Württemberg	22. 10. 89
Saarland	28. 1. 90
Schleswig-Holstein, evtl. Bayern	25. 3. 90
Nordrhein-Westfalen, evtl. Niedersachsen	13. 5. 90
Bayern	Oktober 90
BT-Wahl 1990	November/Dezember 90

Wird in Bayern und Niedersachsen an einem anderen Tag gewählt, erhöht sich die Zahl der Termine entsprechend.
In den insgesamt 46 Monaten werden an 14 Terminen (evtl. bis zu 16 Terminen) Wahlen stattfinden.

Bei all diesen Wahlen handelt es sich, von der Europawahl abgesehen, um regionale Abstimmungen. Aber die Entscheidungen der Wähler, ob es um Landtage oder Kreis- und Gemeindeparlamente geht, werden auch auf die Bundespolitik bezogen. Immer steht auch die Bundesregierung auf dem Prüfstand, geht es auch um ihre Erfolge oder Mißerfolge und ihre weiteren politischen Chancen, wird auch nach möglichen Veränderungen der Machtverhältnisse zwischen den Parteien gefragt. Zeigen sich Verschiebungen in den Wahlergebnissen, blühen die Spekulationen über Koalitionsmöglichkeiten, Regierungsbündnisse oder Personalveränderungen.

Alle Versuche, diese eher unbefriedigende Praxis zu ändern und die Wahlen auf wenige Zeitpunkte zu konzentrieren, sind bisher gescheitert. Die Tradition der Termine und das Gewicht historisch gewachsener Besitzstände waren immer stärker als der Wunsch nach wahlfreien Zeiten für langfristig angelegte politische Gestaltungsvorhaben. Für unsere Frage nach der Zukunftsfähigkeit unserer Demokratie und ihrer Parteien ist dies nicht ohne Bedeutung. Ein dauernder Wahlreigen wirkt wie ein ständiges Plebiszit über die Arbeit der Parlamente, der Regierungen und der politischen Parteien. Er fördert die ohnehin vorhandene Tendenz, Politik eher an den Bedürfnissen des Tages als an den Notwendigkeiten für die Zukunft zu orientieren. Er begünstigt taktisches politisches Handeln und erschwert unbequeme, aber langfristig notwendige Entscheidungen.

Stehen Wahlen vor der Tür, ist Geschlossenheit gefragt. Diskussionen über das, was politisch geschehen soll, sind unerwünscht. Stehen ständig Wahlen vor der Tür, kann vor lauter Geschlossenheit nicht mehr darüber diskutiert werden, welchen Zielen sie eigentlich dienen sollen. Gute Wahlreden sind dann, wie Helmut Kohl es formuliert hat, wichtiger als kluge Papiere. Solche zu verfassen, ist denen, von denen sie erwartet werden und die von Wahltermin zu Wahltermin hetzen, ohnehin kaum möglich. All jenen, die von Diskussionen über politische Ziele und Konzepte nicht viel halten, mag das recht sein. Dem Ansehen der Politik und ihrer Zukunftsfähigkeit ist es kaum förderlich.

Auch die Wahlen im ersten Halbjahr 1989 waren, abgesehen von der Europawahl, Regionalwahlen. Aber sie unterscheiden sich durch ihre Ergebnisse vom normalen Wahlmarathon der zurückliegenden Jahre. Bei ihnen hat sich nicht nur in Gestalt der Republikaner eine neue Partei zunächst regional und dann bundesweit durchgesetzt. Sie signalisieren zugleich, wie die Umfragen, die sie begleiten, eine Veränderung in der Parteienlandschaft. Die bisherige Ordnung, die Ordnung der Altparteien, Union, Sozialdemokraten und Freie Demokraten, wird erneut gestört. Nach den GRÜNEN Anfang der 80er Jahre erscheint eine weitere Partei im »Wählermarkt«. Sie kann die Hürde der 5-Prozent-Klausel überwinden und die FDP auf den letzten Platz verweisen. Nach drei für sie erfolgreichen Wahlen beginnt sie, sich zu etablieren. Alte Strukturen scheinen brüchig zu werden. Die Volksparteien verlieren an Zustimmung. Die Landschaft wird vielfältiger.

1. Der Wandel kündigt sich an: Die Landschaft im Sommer 1989

Betrachten wir zunächst Zahlen und Ergebnisse und damit den *Tatbestand Parteienlandschaft.* Es ergibt sich folgendes Bild: Bei der Europawahl können die traditionellen Parteien CDU/CSU, SPD und FDP noch 80,6 Prozent der Wähler für sich gewinnen (CDU/CSU 37,7 Prozent, SPD 37,3 Prozent, FDP 5,6 Prozent). 8,4 Prozent entscheiden sich für die GRÜNEN und 7,1 Prozent für die neue Rechtspartei, die Republikaner. Geht man von CDU und CSU als zwei Parteien aus, die sich im Bundestag zu einer Fraktionsgemeinschaft verbunden haben, dann bewerben sich derzeit sechs Parteien um das Mandat der Wähler. Fünf von ihnen sind bereits im Bundestag vertreten. Im kommenden Bundestag werden es aller Voraussicht nach sechs sein, denn die Republikaner werden auch dann zwei Berliner Abgeordnete in den nächsten Bundestag entsenden, wenn sie bei der Bundestagswahl 1990 an der 5-Prozent-Klausel scheitern sollten.

Über das derzeitige Stärkeverhältnis unter den sechs Parteien gibt am ehesten die Europawahl Auskunft. Danach verteilen sich die Stimmen auf die einzelnen Parteien wie folgt: SPD 37,3 CDU 29,5, GRÜNE 8,4, CSU 8,2, Republikaner 7,1, FDP 5,6 Prozent.

Die Entwicklung zu sechs Parteien mit parlamentarischer Vertretung war nicht auf die Europawahl beschränkt. Bei den Kommunalwahlen in Rheinland-Pfalz und im Saarland, die am 18. Juni 1989 – am selben Tag wie die Europawahl – stattfanden, dort auch zu höheren Wahlbeteiligungen führten, fiel die Entscheidung ähnlich aus. Dabei kommt dem Wahlergebnis in Rheinland-Pfalz mehr als örtliche Bedeutung zu. Aus diesem Bundesland stammen der Bundeskanzler und CDU-Vorsitzende und der damalige Generalsekretär der CDU. In der regierenden Landes-CDU hatte knapp sieben Monate zuvor ein Führungswechsesl stattgefunden. Der langjährige Ministerpräsident Bernhard Vogel war nach seiner Abwahl als Landesparteivorsitzender auch als Regierungschef zurückgetreten. Mit Hans-Otto Wilhelm rückte ein Politiker der jüngeren Generation in den Parteivorsitz auf.

Die Wähler honorierten weder den Führungswechsel noch die besondere Verbundenheit von Kanzler und Generalsekretär mit der Landespartei. Bei praktisch gleicher Wahlbeteiligung wie bei der Kommunalwahl 1984 verlor die CDU 7,8 Prozent und erreichte noch einen Stimmenanteil von 37,6 Prozent. Die SPD wurde mit 42,5 Prozent (plus 2,4 Prozent) erstmals stärkste Kommunalpartei in Rheinland-Pfalz. Die FDP konnte landesweit 5,1 Prozent erzielen, 1 Prozent mehr als 1984. 8,1 Prozent der Wähler entschieden sich für die GRÜNEN, 2,1 Prozent mehr als 1984. Sie erhöhten ihren Wähleranteil um rund ein Viertel. Die Republikaner kandidierten nur in einigen Städten des Landes. Sie kamen landesweit dennoch auf 2,2 Prozent. Bei den Kreistagswahlen fielen die Ergebnisse ähnlich aus: SPD 41,5, CDU 38,9, FDP 6 und GRÜNE 7 Prozent; in den kreisfreien Städten entfielen auf die SPD 45,2, die CDU 33,9, die GRÜNEN 8,4, die FDP 5,1 und die Republikaner 2,2 Prozent der Stimmen.

Auch bei den saarländischen Kommunalwahlen verlor die CDU knapp 5 Prozent und erreichte noch 36,9 Prozent der Wähler. Die SPD nahm jedoch nur um knapp ein Prozent zu; ihr Stimmenanteil betrug 46,4 Prozent. Die FDP verbesserte sich um 1 Prozent auf 5,7, und die GRÜNEN blieben bei 4,6 Prozent (plus 0,5). Die Republikaner kandidierten fast nur bei den Kreistagswahlen und erreichten dort landesweit 4,4 Prozent, in mehreren Kreisen jedoch über 5 Prozent. Wie in Rheinland-Pfalz beteiligten sie sich auch im Saarland erstmals an einer Wahl.

Damit bestätigte sich im Juni 1989, was bereits in der Landtagswahl in Berlin im Januar und bei den Kommunalwahlen in Hessen im März 1989 erkennbar geworden war. Wir haben, wie die Meinungsforscherin Elisabeth Noelle-Neumann nach der Hessenwahl feststellte, »jetzt fünf Parteien: CDU/CSU, SPD, FDP, GRÜNE und die Rechtsparteien« (Republikaner und NPD). Sie hielt diese Veränderung für den wohl deutlichsten Einschnitt bei dieser Wahl. Starke Verluste der CDU, leichte Gewinne der SPD, die FDP wieder knapp unter 5 Prozent, die GRÜNEN mit einem deutlichen Zuwachs und die NPD mit 6,6 Prozent im Stadtparlament der Main-Metropole, die Republikaner mit 10,5 Prozent im Main-Taunus-Kreis. Dies bei einer Wahlbeteiligung von 78,1 Prozent. Derzeit, so die Meinungsforscherin, sei die Stimmung im Land so, daß die Bürger eine Koalition von SPD und GRÜNEN nicht mehr abschreckend fänden. Das müsse man klar sehen. In Frankfurt – und so könnten wir hinzufügen: bei der Europawahl – sei eine Ära zu Ende gegangen.

Dieses Ende war bereits am 29. Januar in Berlin signalisiert worden. Auch hier starke Verluste der CDU, leichte Gewinne der SPD. Die FDP scheitert an der 5-Prozent-Grenze. Die GRÜNEN, die Alternative Liste, ziehen gestärkt und die Rechtsparteien in Gestalt der Republikaner mit rund 7 Prozent erstmals in das Parlament des Landes Berlin ein.

Sicher ist richtig: Europa-, Landtags- oder Kommunalwahlen sind keine Bundestagswahlen. Vor allem die Bedeutung der Europawahl ist für die politische Entwicklung der Republik gering. Es gab keine europapolitischen Auseinandersetzungen zwischen den beiden großen Parteien, die die Wähler besonders engagiert oder motiviert hätten. Was die beiden Volksparteien zu Europa und seiner Zukunft, zum gemeinsamen Markt und seinen Möglichkeiten zu sagen hatten, war sich zum Verwechseln ähnlich. Soweit es, von der üblichen Wahlkampfrhetorik abgesehen, Auseinandersetzungen in der Sache gab, waren sie ausschließlich auf die Innenpolitik bezogen.

So war auch die Wahlbeteiligung geringer; sie lag bei rund 62 Prozent. Damit beteiligten sich gut 22 Prozent weniger Wähler an der Europawahl als an der Bundestagswahl 1987. Allerdings war die Wahlbeteiligung – wohl wegen der Teilnahme der Republikaner – höher ausgefallen als bei der Europawahl 1984. Immerhin: 28,2 Millionen Wähler gaben ihre Stimme ab. Ihre Wahlentscheidung, darin waren sich alle Beteiligten einig, war im wesentlich innenpolitisch motiviert. Ihr Interesse an Europa brachten sie durch ihre Teilnahme an der Wahl selbst zum Ausdruck.

Den Unionsparteien blieb der geringe Trost, daß das Wahlergebnis besser ausgefallen war, als die noch schlechteren Voraussagen der Demoskopen hatten befürchten lassen. Die Hoffnung der SPD, die Unionsparteien zu überholen und stärkste Partei zu werden, war nicht in Erfüllung gegangen. Lediglich die kleinen

Parteien konnten zufrieden sein. Die Republikaner hatten sich in der ganzen Bundesrepublik durchgesetzt. Die Liberalen hatten die 5-Prozent-Hürde überwunden.

Bedeutsam waren die Wahlergebnisse aber nicht nur wegen der Verluste der Unionsparteien und des ersten Auftritts der Republikaner. Sie enthielten eine weitere wichtige Botschaft an die Parteien: Die Verluste der CDU waren nicht länger die Gewinne der SPD. In Berlin verlor die CDU 8,6 Prozent. Die SPD gewann aber nur 4,9 Prozent hinzu. In Hessen ging der Stimmenanteil der CDU um 6,8 Prozent zurück. Die SPD nahm jedoch nur um 1,1 Prozent zu. Die Verluste der CDU führten auch nicht zu einem entsprechenden Zuwachs an Stimmen bei der FDP. Landesweit nahm diese in Hessen sogar ab.

Bei der Europawahl stand dem Verlust der CDU von 8,2 Prozent praktisch kein Gewinn der SPD gegenüber. Auch hier waren es die Republikaner, die den Nutzen aus der Niederlage der Union zogen. In Baden-Württemberg und in Bayern war die neue Entwicklung besonders ausgeprägt. Obwohl die CDU im Ländle 11,6 Prozent der Europa-Wahlstimmen verlor, gewannen die SPD nur knapp 2 Prozent, die FDP praktisch nichts, die Republikaner aber 8,7 Prozent. In Bayern büßte die CSU knapp 12 Prozent ein – und verlor damit ihre absolute Mehrheit. Auch die SPD verlor gut 3 Prozent, und die Republikaner gewannen 14,6 Prozent oder rund 750 000 Wähler.

Seit Januar 1989 bricht die Wahlbevölkerung damit bei allen Wahlen mit der seit Jahren gültigen Regel: daß die Verluste der CDU die Gewinne der SPD sind und umgekehrt. In der Vergangenheit fanden die Wählerwanderungen vor allem zwischen den Volksparteien statt. Wie ein Pendel schwankte die Wählergunst zwischen Union und SPD hin und her; eine Antwort auf politische Entwicklungen und auf regionale Unterschiede. Insgesamt ergab sich ein Bild ausgleichender Stabilität – wie es schien.

So liegt die eigentliche Überraschung der letzten Wahl weniger in den Niederlagen der Unionsparteien. Verluste hat es für die Regierungspartei während einer laufenden Legislaturperiode immer gegeben. Das eigentlich Neue ist das Ende dieser Regelmäßigkeit. Die beiden »Lager«: hier CDU/CSU und FDP, dort SPD und

GRÜNE, beginnen sich aufzulösen. Ihre wechselnde Mehrheitsfähigkeit ist nicht länger gewährleistet. Die Gewißheit einer strukturellen Mehrheit im Deutschen Bundestag, auf die die CDU bislang vertraut hat, ist verflogen. Mit der bisherigen Ära endet auch die Gültigkeit dieser Formel.

2. *Die Parteienlandschaft seit 1949*

Eine Vielparteienlandschaft ist kein Novum in der 40jährigen Geschichte der Bundesrepublik. Im ersten Deutschen Bundestag, der am 14. August 1949 gewählt wurde, waren zehn Parteien vertreten. Zusätzlich hatten drei Parteilose ein Mandat errungen. Das entsprach in etwa der Zahl der Parteien im Reichstag der Weimarer Republik, der aus den letzten freien Reichstagswahlen im Jahre 1932 hervorgegangen war. Allerdings hatten nur vier Parteien in allen Bundesländern kandidiert: CDU/CSU, SPD, FDP und KPD. Bei den anderen handelte es sich um Regionalparteien. Die große Zahl der Parteien war weniger Ausdruck politischer Vielfalt als politischer Unsicherheit und Ratlosigkeit. Sie sollte sich in den folgenden Wahlen schnell verringern.

Im ersten Deutschen Bundestag entfielen auf die beiden größten Parteien CDU/CSU und SPD jeweils knapp ein Drittel der Sitze. Das weitere Drittel verteilte sich auf die »Sonstigen«. Unter ihnen war die FDP mit 52 Sitzen die stärkste, gefolgt von der Bayernpartei und der Deutschen Partei (DP) mit je 17 und der Kommunistischen Partei mit 15 Mandaten.

Aber bereits im zweiten Deutschen Bundestag änderte sich das Bild. Der Stimmenanteil der Unionsparteien wuchs von 31 auf 45,2 Prozent, die Anzahl der Mandate von 139 auf 243. Die SPD stagnierte zwar knapp unter 30 Prozent, erhielt aber statt 131 nunmehr 151 Sitze im Bundestag. Mehrere kleine Parteien waren, auch wegen der nun bundesweit angewendeten 5-Prozent-Klausel, nicht mehr vertreten. Neben der FDP konnten sich nur drei von ihnen behaupten: Gesamtdeutscher Block-BHE mit 27, Deutsche Partei mit 15 und das Zentrum mit 3 Mandaten, darunter ein CDU-Mitglied, das über die Landesliste des Zentrums gewählt worden war. Ohne die Unterstützung der CDU wäre das Zentrum schon im zweiten Deutschen Bundestag nicht mehr vertreten gewesen.

Der Konzentrationsprozeß verstärkte sich 1957. Die CDU erreichte zum ersten und bisher einzigen Mal in der Bundesrepublik Deutschland mit 50,2 Prozent die absolute Mehrheit der abgegebenen Stimmen. Die SPD konnte die 30-Prozent-Grenze überschreiten und beginnt damit ihren stetigen Aufstieg zur stärksten Partei 1972. Beide Volksparteien zusammen erhielten 82 Prozent der Stimmen. Aus dem Kreis der »sonstigen« Parteien kann nur noch die Deutsche Partei in den Bundestag einziehen: Die CDU hatte sie in drei Wahlkreisen unterstützt und auf eigene Kandidaten verzichtet. So scheiterte sie dank der drei gewonnen Direktmandate nicht an der 5-Prozent-Klausel. Später wird die DP von der CDU aufgesogen.

Von da an gab es im Bundestag bis 1983 nur noch die drei Parteien: Union, SPD und FDP. Die Stimmen, die für andere Parteien abgegeben wurden, gingen stark zurück. Seit 1972 waren es weniger als ein Prozent. Die uns allen vertraute Parteienlandschaft hatte sich etabliert: Mit Ausnahme der Bundestagswahl 1972 war die CDU/CSU immer die stärkere der beiden Volksparteien.

Regierungswechsel kamen nicht durch Wahlentscheidungen zustande, sondern durch Koalitionswechsel. Der FDP wuchs die Rolle des »Züngleins an der Waage« zu, das die bestehenden Kräfteverhältnisse nicht anzeigt, sondern verändert.

Als die Große Koalition mit der Bundestagswahl 1969 endete, waren sich die Volksparteien auf 3,4 Prozent nahegekommen. Die Zeit der eindeutigen Abstände zwischen Union und SPD (1953: 16,4 Prozent; 1957: 18,4 Prozent; 1961: 9,1 Prozent) war vorbei. Nur noch einmal, 1983, konnte die Union über 10 Prozent mehr Stimmen gewinnen als die Sozialdemokraten. Aber diese hatten einen Teil ihrer Wähler an die GRÜNEN verloren, die zum ersten Mal in den Bundestag einzogen. Seitdem verkleinerte sich der Abstand wieder. Bei der Europawahl war er praktisch verschwunden.

Anteil der beiden Volksparteien an den abgegebenen Stimmen (●—●) und an den Wahlberechtigten (o--o).

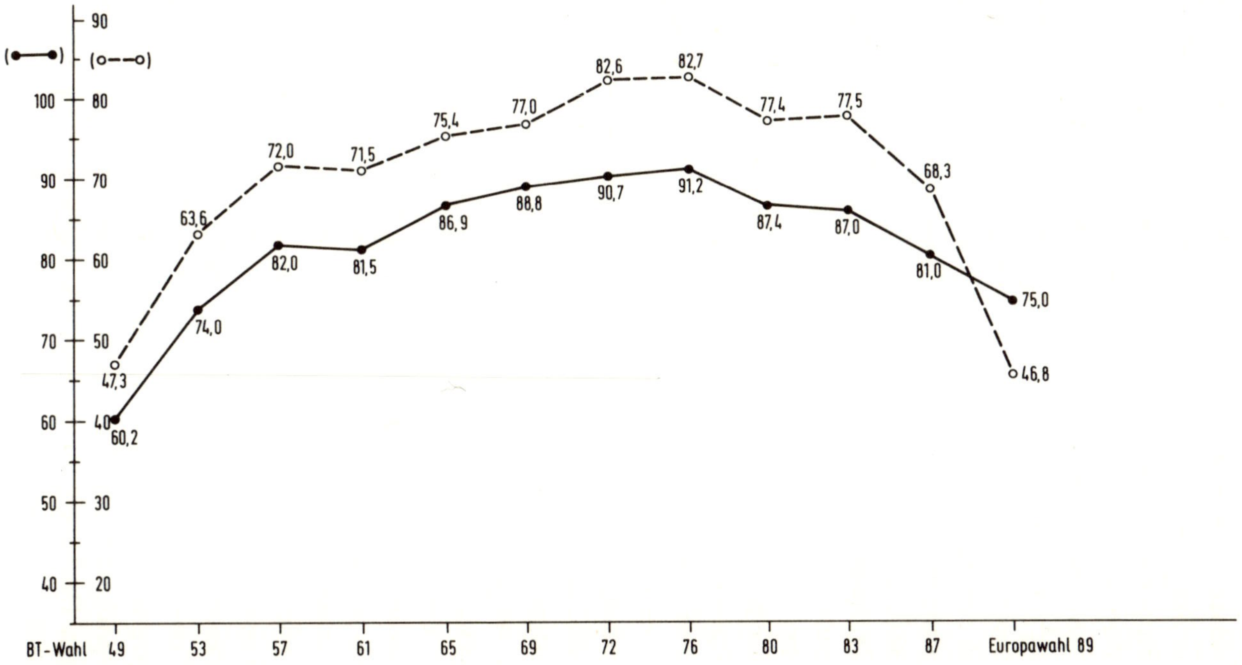

So hat sich im Verlauf von rund 20 Jahren im Bundestag und in den meisten Landtagen das uns geläufige Drei-Parteien-Schema etabliert. Es gilt allen Beobachtern und den Beteiligten selbst als Ausdruck der Stabilität und einer Politik der Mitte, wie der Wähler sie wünscht. Der Anteil der Volksparteien an den abgegebenen Stimmen stieg bis auf 91,2 Prozent (1976); ihr Anteil an den Wahlberechtigten auf 82,7 Prozent.

Auch nach dem Eintritt der GRÜNEN in den Bundestag änderte sich an diesem Schema zunächst wenig. Die etablierten Parteien, wie sie zunehmend genannt werden, sahen in den Neuen im Bundestag keinen Koalitionspartner, sondern eher einen unerwünschten Eindringling. Betroffen war zunächst vor allem die SPD. Sie verlor an die neue politische Gruppierung, die sich lange Zeit nicht darüber im klaren war, ob sie sich als politische Bewegung, als Partei oder als beides begreifen sollte und welche Rolle ihr im Parlament und außerhalb als Opposition zu den bestehenden Machtverhältnissen angemessen wäre. Bis heute hat sie diese Frage nicht abschließend beantwortet, obwohl sie inzwischen in mehreren Ländern politische Verantwortung übernommen hat.

Bezieht man die Landtagswahlen seit 1983 in die Betrachtungen mit ein, so zeigt sich, daß das politische Gleichgewicht zunächst fortdauert. FDP und GRÜNE bewegen sich im Bereich bis zu 10 Prozent, den sie kaum je überschreiten. Die Volksparteien pendeln um eine Mittellinie, die sich zwischen 40 und 44 Prozent bewegt und in der sie die politische Mitte sehen.

Erst Mitte 1987, nach den Landtagswahlen in Rheinland-Pfalz, kommt Unruhe in diese Entwicklung. Nimmt man den Mai 1987 als Zäsur – was, wie wir noch sehen werden, auch aus anderen Gründen gerechtfertigt ist –, zeigt sich eine deutliche Veränderung: Das Gewicht der Volksparteien nimmt ab. Bei der Bundestagswahl 1983 stimmten noch 87 Prozent der Wähler für eine von ihnen, bei der Bundestagswahl 1987 noch 81,3 Prozent. Bei der Europawahl 1989 ist der Anteil von Union und SPD an den abgegebenen Stimmen auf rund drei Viertel gesunken. Das entspricht ihrem gemeinsamen Wähleranteil bei der Wahl zum zweiten Deutschen Bundestag 1953. Zusammen können sie noch 46,8 Prozent der wahlberechtigten Bürger für sich gewinnen –

Stimmenanteile der Parteien in den BT-Wahlen und der letzten Europawahl.

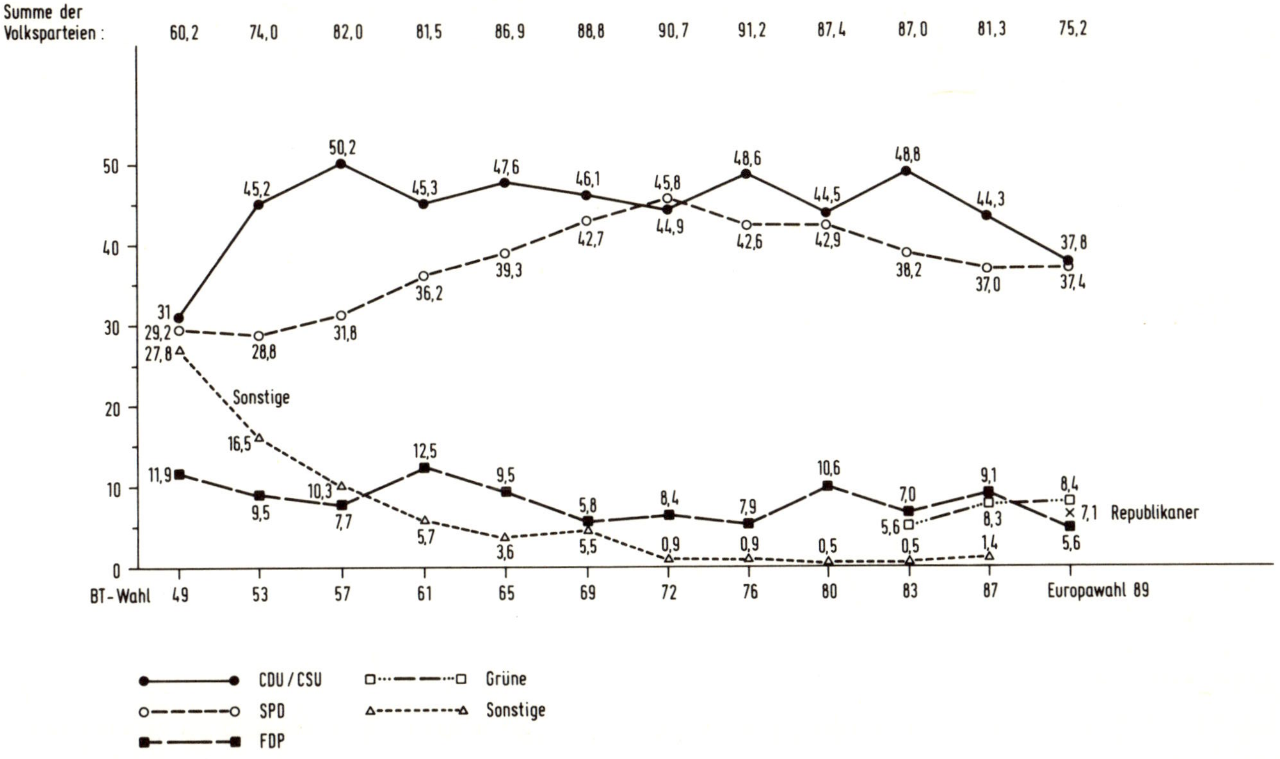

Stimmenanteile der Parteien seit der BT-Wahl 1983 in BT-, Landtags- und Europawahlen.

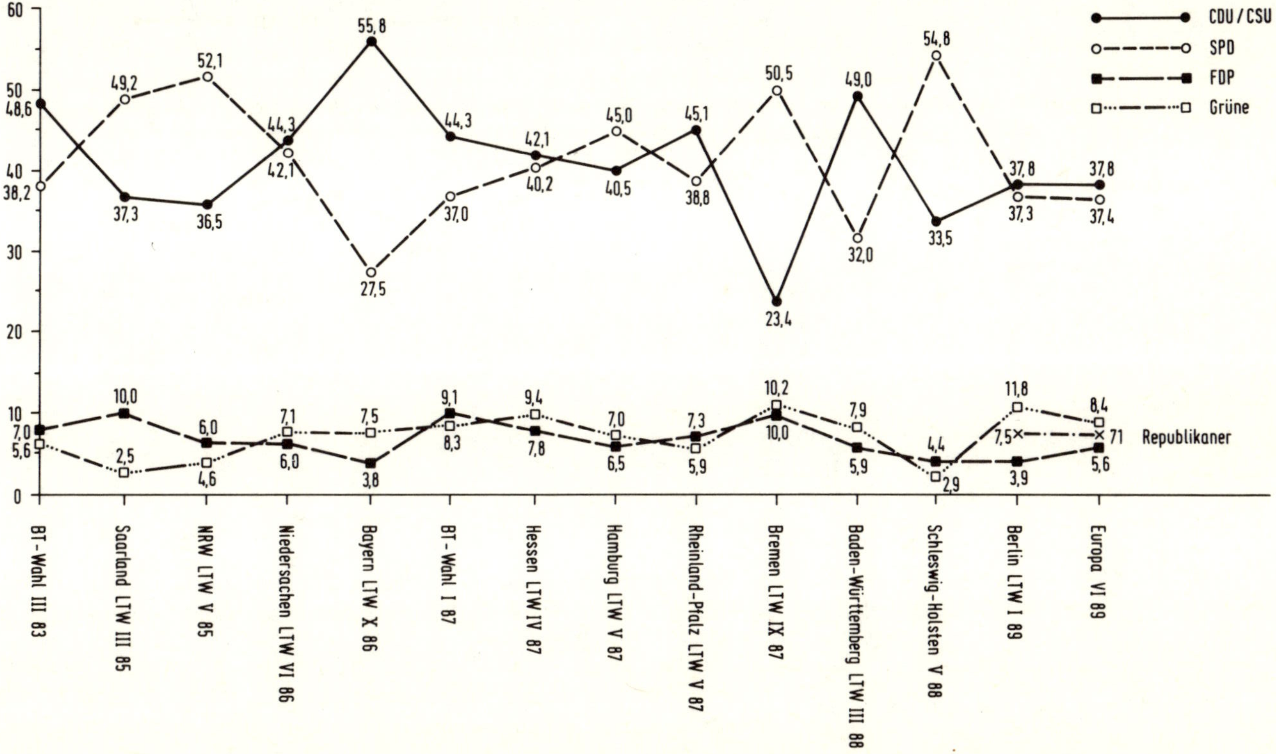

etwa so viel wie bei der ersten Bundestagswahl. Rund ein Viertel der Wähler entscheidet sich für eine der drei kleineren Parteien oder eine der vielen Splittergruppen, die ohne die Aussicht antraten, die 5-Prozent-Hürde zu nehmen, aber nicht ohne die Chance, an der Erstattung der Wahlkampfkosten beteiligt zu werden.

So läßt sich die Zeit seit 1949 im wesentlichen in drei Abschnitte einteilen: als erstes in die Phase der *Konzentration* und Konsolidation zum Drei-Parteien-System. Sie ist Anfang der 60er Jahre abgeschlossen. Es folgt die Phase, in der die drei Parteien Union, SPD und FDP unangefochten die Parteienlandschaft unter sich aufteilen und den Volkssouverän repräsentieren. Mit den 80er Jahren schließlich beginnt eine Phase erneuter Parteienvielfalt, ein Prozeß der *Dekonzentration* zu Lasten der Volksparteien.

Was in der Struktur der SPD schon längere Zeit als mühsam zusammengehaltene Gruppenkoalition angelegt war, bricht unter dem Druck anhaltender Regierungsverantwortung Ende der 70er Jahre auf und führt – zusammen mit der Organisation der Bürgerinitiativen – zu einer Abspaltung in Gestalt der GRÜNEN-Partei und der Alternativen Listen. Willy Brandt konnte den linken, ökologischen Flügel durch sein eher visionäres Politikverständnis ohne starke Neigung zur praktischen Umsetzung noch integrieren. Dem an nüchterner, praxisbezogener Machtausübung orientierten Helmut Schmidt verweigerte er sich.

Gegen Ende der 80er Jahre ereilt die Union ein ähnliches Schicksal. Hier sind es weniger die ökologischen als die an nationalen Gefühlen orientierten Kräfte, die eigene Wege suchen. Auch hier tritt die Abspaltung unter dem Druck länger andauernder Regierungsverantwortung auf. Auch hier hat eine Führungspersönlichkeit, Franz Josef Strauß, durch ihre Politik, mehr noch durch diese Persönlichkeit selbst und ihre politische Rhetorik, Bindungen und Zusammenhalt einer Gruppenkoalition innerhalb der Volkspartei gesichert, die weniger auf konkreten gemeinsamen Zielvorstellungen als auf emotionaler Identifikation beruhten. Als Strauß starb, fühlten sich viele, die er durch seine Persönlichkeit integriert hatte, zunehmend nicht mehr vertreten. Das Vakuum am rechten Flügel der Union, das der CSU-Vorsitzende immer hatte verhindern wollen, war schon vorher entstanden. Es führte schließlich – noch zu Lebzeiten von Franz Josef Strauß – zur Entstehung der neuen Rechtspartei »Die Republikaner« und damit zu einer Abspaltung am rechten Flügel der Union.

Soviel zum Bild der Parteienlandschaft und ihren Veränderungen.

3. *Wandel oder Zwischenfall?*

Ob es sich bei diesen Veränderungen um vorübergehende Vorgänge handelt oder um Anzeichen einer neuen Formierung der Parteien, ist schwer zu sagen. Gordon Craig, einer der kenntnisreichsten Beobachter unseres Landes und seiner Geschichte, meinte als Reaktion auf die letzten Wahlen, der Weimarer Republik sei die Lage in der Bundesrepublik nur wenig ähnlich. Aber »Schadenskontrolle« sei doch gefragt. Die politische Mitte habe ihre besten Tage immer dann gehabt, wenn sie »als wahre Vertretung der gesamten Nation« handelte und »die Bedürfnisse der Schwachen und Unterprivilegierten« nicht vergaß. Wäre in Bonn mehr von dieser Einstellung zu finden, so Gordon Craig, dann könne man schon jetzt vorhersehen, daß die Entwicklungen in Berlin und Hessen nur vorübergehender Natur seien.

Robert Leicht, stellvertretender Chefredakteur der ZEIT, sieht dagegen schon Ende 1988 Anzeichen eines tiefgehenden Wandels. »Die alten Gewißheiten und Gebäude wankten«, nicht nur bei den Parteien, sondern in der ganzen Innenpolitik. Überall herrsche jene Ratlosigkeit und Unübersichtlichkeit, die jeder Neuorientierung stets vorausgingen. Das Verhalten der Wähler sei so unübersichtlich geworden, daß sich keine Partei mehr zuverlässig an traditionellen Erwartungen orientieren könne.

Ich stimme ihm zu, meine aber, daß Craig wie Leicht aus verschiedener Warte ähnliches beschreiben. Denn für uns Deutsche ist es nicht nur ein Problem der Schadenskontrolle, als »wahre Vertretung der ganzen Nation« zu handeln. Die unbeantwortete Frage, wie dies zu geschehen habe, ist ja gerade der Grund für unsere Unsicherheit – und dies nicht erst seit heute. Aber erst die wiedergewonnene Dynamik der europäischen Einigung und der gleichzeitige Abbau der Ost-West-Konfrontation lassen die Antwort dringlich werden. Mit dem Zusammenbruch des realen Sozialismus ist auch die ideologische Rechtfertigung der deutschen Teilung zusammengebrochen. Stalins Neuordnung Europas und der Antifaschismus können die politische Struktur in der DDR nicht länger legitimieren.

Die sicherheitspolitischen Begründungen für die Teilung Deutschlands verlieren mit dem Abbau der Konfrontation an Einsichtigkeit. Wir sprechen wieder über die Möglichkeit der Wiedervereinigung: Aber diesmal ist es keine Utopie, sondern die reale Möglichkeit ihrer Verwirklichung, die uns beschäftigt. Wir erleben den Wert der nationalen Identität bei unseren Nachbarn, in der Europäischen Gemeinschaft und außerhalb. Mit dem Wunsch nach Orientierung wächst die Sehnsucht nach einer alle einschließenden Identität, nach der Gemeinsamkeit, die aus gemeinsamen Aufgaben entsteht und ihre Repräsentanz im nationalen Interesse und in nationalen Aufgaben findet. Mit dieser Sehnsucht werden aber auch Vorbehalte geäußert, welche die geschichtliche Erfahrung mit der Nation der Deutschen geltend machen.

Wie wir uns letztlich als ganze Nation begreifen und ob die politischen Parteien ihre »wahre Vertretung« sein werden: Sicher ist, daß die Antworten auch die politische Landschaft und ihre Parteien verändern werden. Eins jedenfalls können wir deshalb schon heute sagen: Eine Rückkehr zum übersichtlich geordneten System der 70er Jahre wird es nicht geben.

Aber auch ganz praktisch gesprochen: Das Tabu, welches das Drei-Parteien-System der 60er und 70er Jahre schützte, ist gebrochen. Die Wähler lehnen eine Verbindung von SPD und GRÜNEN nicht mehr prinzipiell ab. Noch weniger sehen sie in ihr den sicheren Weg ins Chaos. Neue Parteien erscheinen ihnen nicht länger als Gefährdung der inneren Stabilität unseres Gemeinwesens. Fast das ganze Volk hat sich an die GRÜNEN gewöhnt. Ihre unorthodoxe Art der Selbstdarstellung, ihre offene Ablehnung traditioneller Parteivorstellungen, selbst ihre Zweifel am Gewaltmonopol des Staates haben sie nicht daran gehindert, zu einem Teil des parteipolitischen Inventars des Landes zu werden. Immerhin lehnten nach einer Allensbach-Umfrage aus dem Jahre 1986 44 Prozent aller Befragten das »Gewaltmonopol« des Staates ab – was wahrscheinlich auch mit dem Begriff selbst zu tun hat. Wer ist schon gerne für Monopole *und* Gewalt!

In den Augen vieler sind die GRÜNEN ein Stück der Unordnung, in der sich neue Orientierungen ankündigen. Ihr Einfluß auf die Neuorientierung ist schon heute beachtlich. Warum sollen deshalb nicht auch andere Parteien neu entstehen können?

Jahrzehntelang haben die Bürger die Erfahrung gemacht, daß Wettbewerb und offene Märkte nicht Unordnung bedeuten, sondern neue Chancen und Mehrung ihres Wohlstands. Die täglichen Botschaften der Märkte haben sie gelehrt, das Neue nicht als Bedrohung, sondern als Gewinn zu begreifen. Wie es scheint, sind sie bereit, diese Erfahrung auch auf den »Wählermarkt« zu übertragen.

Dieser Markt ist jedenfalls offener geworden. Die Markteintrittsschwellen – um im Bild zu bleiben – sind niedriger als früher. Vor allem das wirtschaftliche Risiko einer Parteineugründung ist kalkulierbar geworden. Während wir uns immer noch schwertun, Risikokapital für Unternehmensgründungen zu beschaffen, haben wir dieses Problem für Parteigründungen mit staatlicher Hilfe auf das großzügigste gelöst.

Zwar müssen Parteigründungen nicht, wie es heute bereits scheint, ein Geschäft sein. Zudem verbraucht sich der Reiz des Neuen auch auf diesem Markt. Aber wer für den Fortbestand der Volksparteien und ihre Fähigkeit eintritt, den größten Teil des politischen Spektrums abzudecken, muß sich zur Begründung in Zukunft schon mehr einfallen lassen als die Beschwörung der Mitte, der politischen Stabilität oder bewährter Praxis. Er muß zeigen, daß zwei Volksparteien auch in Zukunft einem Vielparteiensystem überlegen sind.

Einen solchen Nachweis zu führen, wird nicht leicht sein. Manches spricht dafür, daß sich in der Entwicklung der zurückliegenden Jahre das Ende eines besonderen bundesdeutschen Weges abzeichnet, die parteipolitische Landschaft zu strukturieren. Daß die Konzentration der Wählerschaft auf zwei Volksparteien und eine kleinere Partei, die für den Regierungswechsel sorgt, eine Besonderheit ist, zeigt ein Blick auf unsere europäischen Nachbarn, die sich wie wir für das Verhältniswahlrecht entschieden haben.

In keinem dieser Länder hat sich in den zurückliegenden Jahrzehnten eine unserer Parteienlandschaft vergleichbare Parteistruktur entwickelt. In Italiens Parlament sind zur Zeit zwölf Parteien vertreten. Die Regierung wird von fünf Parteien gebildet. Unter ihnen ist die Democrazia Cristiana mit 33,8 Prozent die stärkste. In die französische Nationalversammlung zogen nach den Parlamentswahlen im Juni 1988 sechs Parteien ein. Die Sozialistische Partei wurde mit 45,3 Prozent die stärkste unter ihnen, gefolgt von den Gaullisten (RPR) mit 23 Prozent und den Liberalen (UDF) mit 21 Prozent (jeweils im zweiten Wahlgang). Im holländischen Parlament vertreten neun Parteien das Wahlvolk, in Schweden sieben. Auch dort sind die Sozialdemokraten mit 43,5 Prozent stärkste Partei.

Zwar sind die Verhältnisse und Wahlverfahren in diesen Ländern – die Franzosen etwa wählen in einem zweistufigen Verfahren, das zu einer Konzentration der politischen Kräfte beiträgt – mit den unsrigen nicht uneingeschränkt vergleichbar. Gleichwohl zeigt sich, daß sich eine langfristige Vorherrschaft durch zwei Parteien dort, wo nach dem Verhältniswahlprinzip gewählt wird, kaum je entwickelt hat. Unsere Situation vor der Entstehung der GRÜNEN als einer Bundespartei entsprach eher der Struktur, die sich unter der Herrschaft des Mehrheitswahlrechts bilden kann, wenn es auch an den klaren Mehrheitsverhältnissen fehlte, zu denen dieses Wahlsystem führt.

Was immer im einzelnen die Unterschiede sein mögen, in denen sich Verschiedenheiten der Tradition und der politischen Kultur ausdrücken. Eins jedenfalls lehrt der kurze Blick über die Grenzen: Vielparteiensysteme sind eher die Regel als die Ausnahme. Richtig ist, daß sie in unseren Nachbarländern zu häufigerem Regierungswechsel führen. Das bedeutet weniger Kontinuität, als wir sie gewohnt sind. Über die politische Stabilität eines Landes ist damit jedoch noch nicht alles gesagt. Kontinuität der

Politik ist auch unter Bedingungen einer größeren Beweglichkeit im Parteiensystem möglich.

In kaum einer Erklärung für die jüngsten Veränderungen in der Parteienlandschaft fehlt die Vermutung, wir hätten es mit einer Auszehrung der politischen Mitte zu tun. In der politischen Mitte, so heißt es, habe man bisher immer auf eine parteiübergreifende Übereinstimmung zu den wesentlichen Grundlagen und -voraussetzungen der Politik rechnen können. Ob sich im Anwachsen extremer Parteien an den Rändern ein Verlust an Konsens und damit an politischer Stabilität ankündige?

Daß die Volksparteien in ihren Verlusten bei den Wahlen der letzten Zeit eine Schwächung der politischen Mitte sehen, ist verständlich. Die Union war schon immer die Partei der Mitte, nach ihrem eigenen Selbstverständnis wie nach allgemeiner Ansicht. Als Volkspartei ist sie nicht nur prinzipiell für alle wählbar. Ihr Schwerpunkt muß dort liegen, wo sich auch die Mehrheit der Bürger aufhält: in der Mitte. Die SPD war zunächst Arbeiterpartei und damit Klassenpartei. Heute sieht auch sie sich als Volkspartei und damit als Partei der Mitte. Eine Mehrheit »links von der Mitte« (Brandt) oder »rechts von der Mitte« (Strauß) kann nie ohne Mitte zustande kommen.

Deshalb wollen Union und SPD auch für die Festigung der Mitte und gegen die politischen Extreme kämpfen. Der CSU-Vorsitzende Theo Waigel hat für seine Partei die Parole ausgegeben, es sei entscheidend, zunächst »die Stammwähler zu pflegen, die Mittelschichten, die religiös Fundierten, die nationalkonservativ Gesinnten. Und aus dieser Mitte heraus muß man dann versuchen, weit nach links und, soweit es geht, nach rechts Stimmen zu gewinnen«. Helmut Kohl hat noch vor der Wahl in Hessen bekräftigt, die CDU werde »entschlossen und geschlossen darauf hinwirken, daß sich unsere Politik der Mitte durchsetzt, die Anerkennung der Bürger findet, und daß Opportunisten und Ideologen in die entsprechenden Schranken verwiesen werden«.

Daß die Mitte schrumpfen und die Extreme sich festigen könnten, vermuten auch Oberndörfer und Mielke. Im Frühjahr 1989 legten sie Umfrageergebnisse ihrer Freiburger Wahlforschung vor, die aus der Zeit von 1976 bis 1987 stammen. In den Absetzbewegungen der Wähler von den etablierten Parteien sehen sie das Ergebnis eines »Wandlungs- und Schrumpfungsprozesses der politischen Mitte«. Er habe sich seit längerem vorbereitet. Bei den Wahlergebnissen und in den Umfragen zu Wahlabsichten sei er jedoch über die Jahre unbemerkt geblieben.

Die Identifikation der Wähler mit den Parteien habe sich im zurückliegenden Jahrzehnt deutlich gelockert. Im Blick auf die ideologischen Profile der Wähler habe sich die Landschaft polarisiert. Die Zahl derer, die ihre Grundeinstellung als links oder rechts bezeichnen, sei kontinuierlich angestiegen. Die früher so dominierende Mitte dagegen sei geschrumpft. So hätten sich 1976 16,8 Prozent der Befragten als linksstehend, 24,6 Prozent als rechts- und 58,6 Prozent als politisch zur Mitte orientiert eingeschätzt. 1987 habe die Selbsteinschätzung der Befragten folgendes Bild ergeben: links 25,4 Prozent (plus 8,2), rechts 28 Prozent (plus 3,4) und Mitte 46,6 Prozent (minus 12).

In derselben Zeit (1976 bis 1987) sei die Identifikation mit ihrer Partei bei den CDU-Wählern von 34,7 auf 31,5, bei SPD-Wählern von 37,5 auf 31,6, bei der FDP von 5,6 auf 1,8 Prozent zurückgegangen. Dieser Rückgang vollziehe sich in den verschiedenen Gruppen unterschiedlich schnell. In der seit 1955 geborenen »Wohlstandsgeneration«, die etwa ein Viertel der Wählerschaft ausmacht, sei der Rückgang besonders ausgeprägt. In ihr sei die SPD-Bindung zwischen 1980 und 1987 von 45,8 auf 29,2 Prozent, die CDU-Bindung von 31,8 Prozent im Jahr 1976 auf 18,5 Prozent im Jahr der Strauß-Wahl 1980 zurückgegangen.

Oberndörfers und Mielkes Befund bestätigt zwar die gängige Auffassung vom »Verlust der Mitte« – jedenfalls ihrer Schwächung –, trotzdem überzeugt er mich nicht. Daß sich innerhalb des politischen Spektrums in einem Zeitraum von mehr als zehn Jahren Verschiebungen ergeben, ist selbstverständlich und normal. Damit allein läßt sich die Schlußfolgerung, die Mitte dünne aus und werde schwächer, nicht beweisen. Sie stimmt auch nicht mit anderen Erhebungen zur politischen Selbsteinschätzung der Bürger unseres Landes überein. Auf einer Skala von 1 (ganz links) bis 100 (ganz rechts) ordnete sich die große Mehrheit der Befragten nach Untersuchungen des Instituts für Demoskopie Allensbach sowohl 1982 wie im Frühjahr 1987 in der Mitte ein. Die folgende Grafik gibt die Verteilung wieder:

Verteilung der Bevölkerung auf der Links-Rechts-Skala aufgrund eigener Einschätzung. Mai/Juni 1982 – Frühsommer 1987.
Die Verschiebung ist durch die unterschiedliche Zusammenfassung (z. B. 5–14 bzw. 3–12) bedingt.

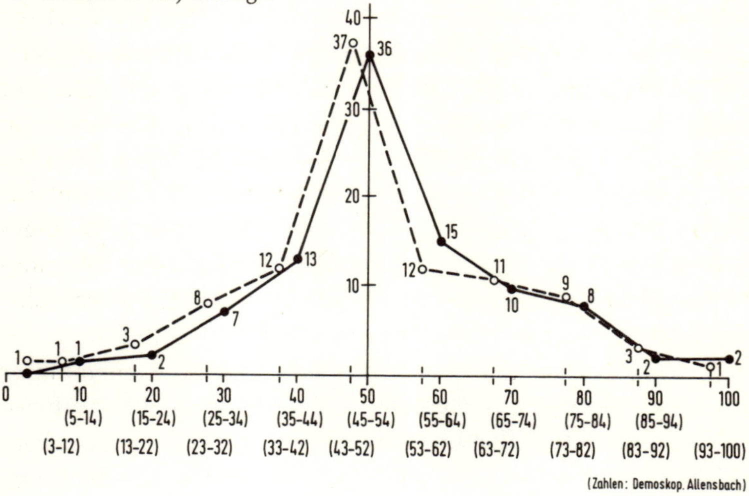

Sie zeigt, daß es in den fünf Jahren von 1982 bis 1987 praktisch keine Veränderungen in der Selbsteinschätzung der Bevölkerung gegeben hat. Selbst wenn man Abweichungen von einigen Prozentpunkten zwischen Umfragen berücksichtigt, kann von einer wirklichen Ausdünnung der Mitte keine Rede sein.

Vor allem ist bemerkenswert, daß die Untersuchungen zum politischen Spektrum keinen erkennbaren Versuch machen, festzustellen, was die Befragten unter Mitte, links und rechts 1976, 1982 und 1987 verstanden haben. Obwohl das Begriffspaar »links–rechts« zur Identifikation politischer Standpunkte seine Bedeutung verloren haben soll, haben die Befragten selbst keine Schwierigkeiten, sich in ein Links-rechts-Schema einzuordnen. Damit ist aber noch nicht gesagt, ob sie unter links oder rechts im Jahre 1976 dasselbe verstanden haben wie zehn Jahre später.

So werden sich zum Beispiel weniger Menschen links oder ganz links einordnen, wenn Links-Sein einem allgemein akzeptierten

Unwert-Urteil unterliegt; wenn zum Beispiel – nach Auffassung der Bevölkerung – von ganz links plausible Gefahren drohen, etwa der Terrorismus. Umgekehrt ist man eher links, wenn es »in« ist, links zu sein, oder wenn Gruppierungen wie die GRÜNEN Forderungen stellen, die auf breite Zustimmung stoßen und mit denen man übereinstimmt. Lehnt die Bevölkerung Belastungen durch einwandernde Ausländer ab und wird dies als rechts bezeichnet, dann wählt man leichter rechts und sieht sich eher im rechten Bereich des Spektrums, als wenn dort rassistische oder nazistische Parolen verbreitet werden.

Links oder rechts sind demnach keine absoluten Positionen. Sie sind relative Einschätzungen, relativ zur jeweiligen Mitte und zu dem, was sich in der Mitte als Mehrheitsmeinung versammelt hat. Links und rechts markieren die Abweichungen von dem, was als Mehrheitsmeinungen und -überzeugungen der Mitte jeweils wahrgenommen wird. Dabei werden politische Positionen, die Bestehendes ändern wollen, eher links und solche, die Bestehendes bewahren wollen, eher rechts eingeordnet. In der Mitte halten sich Verändern und Bewahren die Waage.

Aber dies sind nicht die einzigen Gesichtspunkte, die uns bei der Bewertung von Bewegungen im Links-rechts-Schema vor vorschnellen Schlußfolgerungen warnen sollten. Zwei weitere scheinen mir wichtig. Zum einen ist die Konzentration der Wähler in der Mitte abhängig von der *Dringlichkeit* der »Themen in der Mitte«. Zum zweiten sehe ich in der Mitte zwar den Ausdruck des mehrheitlichen politischen Konsenses, aber – im Unterschied zu Helmut Kohl – noch kein politisches Programm. Die Mitte politisch zu vertreten, ist nur dann Programm, wenn man sich nicht mehr vornimmt, als den jeweiligen Mehrheitskonsens politisch zu repräsentieren.

Die Mitte ist der Ort, an dem sich die meisten Wähler versammeln. Daß sie sich dort versammeln, besagt noch nichts über die Ansichten, um die sie sich versammeln. Die inhaltliche Definition der Mitte hat sich in der Geschichte der Bundesrepublik Deutschland immer wieder verändert. Was heute als Mitte-Position erscheint, war häufig genug zuvor Außenseiterposition. 50 Prozent der Gesamtbevölkerung finden es heute gut, wenn viele Paare unverheiratet zusammenleben, 74 Prozent der unter 40jährigen sind dieser Ansicht. Wenn Mitte etwas mit Mehrheitsmeinung zu tun hat, dann ist dies heute eine Position der Mitte. Vor 30 Jahren hätte sie keiner so bezeichnet, schon gar nicht im Bereich der Union.

Sieht man in den ökologischen Forderungen, die Bürgerinitiativen, Alternative und GRÜNE seit Jahren vortragen, der Absender wegen linke Forderungen, so wird derjenige sich links einordnen, der sie unterstützt. Macht die Mehrheit sie sich zu eigen und übernehmen die Volksparteien sie in ihren »Themen-Katalog«: Werden sie dann Forderungen der Mitte, oder ist die Mitte dann nach links gewandert?

Wer der Ansicht ist, auch unser Land habe nationale Interessen, die es nicht nur vertreten, sondern auch so nennen sollte, den wird man eher dem rechten Flügel des politischen Spektrums zuordnen. Sind »nationale« Themen rechte Themen, wird er sich selbst dort einstufen. Ist er sowohl ökologisch als auch national engagiert – was sich ja nicht widerspricht –, wird er eher in der Mitte landen. Die beiden »Flügel-Positionen« halten sich die Waage.

Was Mitte ist, ergibt sich deshalb aus einer Gewichtung unterschiedlich zugeordneter Themen. Sie fällt um so breiter aus, je weniger sie von einem bestimmten Thema beherrscht wird. Haben viele Fragen, schon weil sie neu sind, noch keine Strukturierung und politische Zuordnung erfahren – eine für die Umbruchsituation eher wahrscheinliche Lage –, werden sich die Bürger stärker über das politische Spektrum verteilen. Droht dem Land Gefahr von außen oder innen oder steht eine manifeste Krise ins Haus, ist es eher wahrscheinlich, daß die Wähler zur Mitte drängen.

Die Verteilung der Wähler im politischen Spektrum pulsiert. Fragen von überragender Bedeutung versammeln große Mehrheiten um sich und werden damit Fragen der Mitte. Herrscht Fragenvielfalt, zerstreuen sich die Wähler über die ganze Breite des politischen Spektrums.

Was in unserer heutigen Diskussion mit dem Unterton der Besorgnis als »Ausdünnung der Mitte« interpretiert wird, ist deshalb eher ein normaler Vorgang: Ausdruck von Themenvielfalt ohne eindeutige Konturierung. Vielleicht auch Folge der Ratlosigkeit und Unübersichtlichkeit, die einer Neuorientierung vorausgeht.

Mit dem Ende der Nachkriegszeit hat sich eine politische Entspannung eingestellt. Die großen Fragen der Vergangenheit sind entschieden, ihre Ergebnisse in den generellen Konsens eingegangen. Die neuen Herausforderungen haben der politischen Landschaft noch nicht ihren Stempel aufgedrückt: eine Art Schwebelage, vielleicht Ruhe vor dem nächsten großen politischen Konflikt, vielleicht ganz einfach Ausdruck von Normalität. Jedenfalls kein Zustand, der die Menschen in die Mitte zwingt.

Daß die Wähler sich gleichmäßiger über das politische Spektrum verteilen, ist deshalb keineswegs ein Unglück. Zwar erschwert das die Aufgabe der Volksparteien. Sie müssen mit einem breiteren politischen Spektrum in ihrer eigenen Wählerschaft fertig werden. Innerparteiliche Koalitionen müssen erweitert oder anders gebildet werden. Die Volksparteien müssen sich neue »Milieus« erschließen. Die Anforderungen an die Führung nehmen zu. Eine größere Pluralität der Ansichten und Ziele muß verkraftet werden. Die Zentrifugalkräfte und damit die innerparteilichen Spannungen wachsen. Die politische Handlungsfähigkeit der Partei kann darunter leiden.

Die politische Entwicklung des Landes selbst wird dadurch jedoch weder gefährdet noch beeinträchtigt. Im Gegenteil: Wenn es richtig ist, daß wir uns in einer Zeit des Suchens nach neuen politischen Antworten auf neue Herausforderungen befinden, dann muß ein breit angelegter Wettbewerb um die richtigen Antworten im allgemeinen Interesse liegen. Eine Beschränkung dieses Wettbewerbs auf die Mitte, sei es aus taktischen, aus ideologischen oder schlicht aus machtpolitischen Gründen, wäre mit diesem Interesse nicht vereinbar. Geschlossene Märkte sind in der Regel keine innovativen Märkte.

Die politische Mitte kann auch deshalb an Zulauf verlieren, weil die eigentlichen politischen Entwicklungen nicht mehr dort, sondern im linken oder rechten Bereich des politischen Spektrums stattfinden. Weil die Mitte eben *kein* politisches Programm *ist*, sondern *durch* ein politisches Programm erst geschaffen wird, muß sie ausdünnen, wenn man sich auf ihren programmatischen Eigenwert verläßt. Es ist deshalb nicht verwunderlich, daß viele junge Wähler eine starke Affinität zu den GRÜNEN haben und die Koalition von Union und FDP bei den Wählern unter 40 Jahren bereits 1987 ihre Mehrheit verloren hatte. Daß junge Wähler sich für die GRÜNEN interessieren, ist kein Beweis dafür, daß sie links sind. Es beweist nur, daß dort Fragen gestellt werden, die den jungen Menschen politisch besonders bedeutsam erscheinen. Deshalb verlassen sie die Mitte, um sich dort zu engagieren. Dabei lassen sie sich auch nicht durch den Vorwurf der »Partei der Mitte« abhalten, Extreme zu unterstützen. Marktbeherrscher haben eine Tendenz zu extremen Urteilen über unerwünschte Wettbewerber. Für junge Menschen sehen sie deshalb oft »alt« aus.

Wähler werden aus der Mitte schließlich dann abwandern, wenn es dort schlicht langweilig geworden ist. Niedersachsens Ministerpräsident Ernst Albrecht hat nach den Kommunalwahlen in Hessen die Vermutung geäußert, die beiden großen Parteien verlören an Zustimmung, weil man die Sprechblasen nicht mehr hören und die Gesichter nicht mehr sehen könne. Ich stimme ihm zu. Abwanderungen, die derartige Ursachen haben, kann man jedoch schlechterdings nicht als Polarisierung der Wähler bezeichnen. Es sind natürliche Reaktionen im Wählermarkt auf ein unzureichendes politisches Angebot.

Schließlich sorgen die Volksparteien selbst für die Polarisierung der Wähler. Sie wollen damit allerdings nicht extreme Parteien fördern. Es geht ihnen um die Mobilisierung *ihrer* Wähler. Von einer konsequenten Abgrenzung zum politischen Gegner, bei der auch Polemik und Demagogie erlaubt sind, erwarten sie eine Stärkung innerparteilicher Solidarität. Die Schwelle wird angehoben, die der Wechselwähler überwinden muß, wenn er wechseln will.

Polarisierung im Wahlkampf dient häufig dazu, einen Mangel an grundlegenden inhaltlichen Verschiedenheiten zu verdecken. Für die CDU ist sie ein wesentliches Element der Lagertheorie, die seit 1985 ihre Wahlkampfstrategie bestimmt. Die Wähler sollen im eigenen Lager gehalten werden. Sie sollen nur innerhalb des Lagers wechseln, wenn es denn sein muß.

Wenn die Polarisierung gelingt, führt sie zu einer gewollten Differenzierung zwischen den Volksparteien. Sie ist mit der Werbung vergleichbar, die bei Kunden homogener Güter eine Markenloyalität begründen und sie davon abhalten soll, das Produkt zu wechseln. Der Aufwand für die Werbung ist um so höher, je mehr sich die Produkte gleichen. So ist es auch im »Wählermarkt«. Je ähnlicher die »Angebote« der konkurrierenden Volksparteien, um so intensiver der Aufwand, mit dem die angebliche Unvereinbarkeit der Positionen behauptet wird.

Immer ist die Polarisierung damit zugleich ein bewußter Verbrauch an politischer Mitte. Diese Methode ist so lange wirksam, so lange noch ein Rest von Plausibilität die Konfrontation rechtfertigt. Sie scheitert – wie die Europawahl 1989 zeigt –, wenn die Begründung für die Konfrontation nicht mehr nachvollziehbar ist, von den eigenen Leuten nicht angenommen wird oder schlicht lächerlich wirkt. Werbespots, in denen ein wackerer Feuerwerker im Schweiße seines Angesichts Sprengsätze mit roten, grünen und braunen Zündkabeln entschärft und damit die Republik vor der Katastrophe rettet, gehören eindeutig in die dritte Kategorie. Sie sind kontraproduktiv.

Voraussetzung für die Wirksamkeit massiver Abgrenzung ist, daß wenigstens ein latentes Gefühl der Gefährdung und Bedrohung existiert, das durch die Botschaft zur Resonanz gebracht werden kann. Als es um die Abwehr der Bedrohung aus dem Osten ging, war dies der Fall. Daß Radikale, also auch Republikaner, und die SPD den Wohlstand und die Zukunft in Frage stellen könnten, war nicht nachvollziehbar. Der Slogan war ein Flop. Wir sollten daraus lernen.

Aber die Radikalisierung der Konkurrenz um die politische Mitte kann trotzdem Wirkungen entfalten. Sie kann die Hemmschwelle senken, die die Wähler in der Mitte bindet und von den Rändern des politischen Spektrums fernhält. Wenn wirkliche politische Gründe fehlen, Parteien der Mitte zu wählen, dann können sie auch durch die Radikalisierung der Sprache nicht ersetzt werden. Bei vielen Wählern wird eine solche Sprache eher das eigene »radikale« Wahlverhalten rechtfertigen. Oder sie werden die Abgrenzung durchbrechen, weil sie sich gegen die Bevormundung des gesunden Menschenverstandes durch radikale Parolen wehren. Für die Volksparteien ist es dann schwierig, die Wähler zurückzugewinnen. Die Autorität, auf die sie sich berufen können, haben sie durch ihre radikale Sprache selbst geschwächt.

Alles in allem erlaubt uns das Links-rechts-Schema, Wählerbewegungen zu vermessen und Aussagen über die jeweilige Attraktivität der Mitte als politischem Aufenthaltsraum der Mehrheit zu machen. Aber die Mitte ist weder ein Programm noch eine Wertordnung. Von ihr selbst geht keine politische Bewegung aus. In diesem Sinne kann sie Ausdruck von Stabilität sein, aber ebenso auch Ursache für Stagnation.

Da sich in ihr die Mehrheit der Wähler findet, ist die Mitte der politische Raum der Volksparteien. Um seine Repräsentanz konkurrieren sie. Auch dabei gilt: Mehrheiten gewinnt die Volkspartei in der Mitte nicht, weil sie »Partei der Mitte« ist, sondern weil sie der Mitte politischen Inhalt gibt. Sie hat Erfolg, wenn sie die Fülle der konkurrierenden Themen und Anforderungen besser als die Konkurrenz zu einer politischen Gesamtheit fügen und *dadurch* dem Standort der Mitte politische Stabilität verleihen kann. Wer sich – umgekehrt – zur Definition der eigenen Position auf die Mitte stützt, verliert sie.

Bei aller Bedeutung, die dem Schicksal der politischen Mitte zukommt: Herausragendes Ereignis der letzten Wahlen war nach allgemeiner Ansicht der Erfolg der Republikaner. Parteien am rechten Rand des politischen Spektrums gibt es zwar auch in anderen europäischen Ländern, namentlich in Frankreich und Italien. Aber diese Länder haben andere politische Erfahrungen mit dem Rechtsextremismus als wir. Auch wenn der Nationalsozialismus als politisches Phänomen überwunden ist – die grauenhaften Folgen seiner Herrschaftspraxis, Krieg und Völkermord, reichen so tief, daß wir wohl immer Schwierigkeiten mit politischen Gruppierungen haben werden, die uns an die Nazi-Diktatur erinnern. Unseren Nachbarn geht es nicht anders.

In manchem erinnern uns die Republikaner an die Nazis. Ihre Sprache, die Geste ihrer politischen Führer, die Stimmungen, die sie erzeugen, der Mangel an politischer Toleranz, der sie von anderen Parteien unterscheidet, ein bestimmtes Volkstum-Gehabe, Antisemitismus und das politische Spiel mit dem Haß auf Fremde: Alles dies sind Eigenschaften, die auch die Nazis hatten. Dennoch wäre es falsch, in den Republikanern Erben des Nationalsozialismus zu sehen. Sie sind neu in der politischen Landschaft, aber gewichtig genug, um sie durcheinanderzubringen. Unter ihrem Dach sammeln sich Menschen mit höchst unterschiedlichen Motiven. Vor allem sind die Republikaner die politische Antwort auf politische Defizite der vergangenen Jahre. Insoweit sind sie auch das Ergebnis eines politischen Versagens der Volksparteien.

Die Republikaner, darin ist man sich einig, sind eine populistische, rechtsextreme Partei. Ihre Erfolge verdanken sie weniger ihren dürftigen programmatischen Aussagen als der Mobilisierung von Stimmungen, Affekten und Ressentiments. Mit Erfolg sprechen sie ein rechtskonservatives Wählerpotential an, das nicht nur bei uns, sondern in jedem Gemeinwesen vorhanden ist. Diesen Wählern ist die Sicherung des Bestehenden weit wichtiger als jede Veränderung. Ihr Wunsch nach Dauerhaftigkeit, Ordnung, Überschaubarkeit und Schutz vor Überforderung, nach wirtschaftlicher Sicherheit ist besonders groß. Sie fühlen sich durch den ständigen Wandel der wirtschaftlichen und gesellschaftlichen Verhältnisse bedroht. Viele von ihnen gehören zu den Bürgern unseres Landes, die Mühe haben, die komplexe Gegenwart zu verstehen. Sie fürchten sich vor einer weiteren Steigerung der Möglichkeiten, aber auch vor der Notwendigkeit, sich zu behaupten.

Diese Sorgen und Ängste werden von den Republikanern angesprochen. Sie sind um so erfolgreicher, je geringer das Vertrauen der Bürger in die Volksparteien ist. Daß die Volksparteien in den zurückliegenden Jahren an Vertrauen verloren haben, ist unbestritten. Nach einer »Spiegel«-Umfrage vom Mai 1989 bringen noch ganze 35 Prozent der Bevölkerung den Parteien Vertrauen entgegen (unter den Anhängern der Republikaner: 11 Prozent), zum Vergleich: dem Bundesverfassungsgericht 82, der Justiz 71, dem Fernsehen 67, der evangelischen Kirche und der Bundeswehr 62, dem Bundestag 60, der katholischen Kirche 54 und dem Bundestag 50 Prozent.

Seit Mitte 1987 ist die Kompetenz, die die Bevölkerung den Parteien bei der Lösung wichtiger politischer Aufgaben zubilligt, dramatisch gesunken. Da keine Autorität an die Stelle der Volksparteien treten kann, von der man die Bewältigung anstehender Probleme erwarten könnte, entsteht ein Vakuum. Es löst bei den Menschen, die sich nicht stark genug fühlen, selbst zurechtzukommen, Ängste aus. Diese führen zur Ablehnung der etablierten Parteien und zum Protest gegen »die da oben«, die nur reden, »um an der Macht zu bleiben«, und die »alle gleich sind«. Auf solchem Boden findet Demagogie gegen »die da oben« reichlich Resonanz.

Eine Untersuchung der Konrad-Adenauer-Stiftung zeigt, daß die Republikaner genau die Felder der Unzufriedenheit demagogisch und populistisch besetzen, auf denen auch nach allgemeiner Meinung Mißstände herrschen. Ihre Tiraden gegen Fremde und Ausländer treffen auf die weitverbreitete Sorge der Bevölkerung vor der wachsenden Zahl der Aussiedler. Nach einer Umfrage des nordrhein-westfälischen Arbeitsministers vom Juni 1989 bereitet sie 65 Prozent der Bevölkerung »persönliche Sorge«. Dabei spielt bei vielen die Angst vor neuen Konkurrenten bei der Suche nach einer Wohnung oder einem Arbeitsplatz oder im Wettbewerb um staatliche Leistungen eine Rolle. In ihrer Ablehnung weiterer Asylbewerber wissen die Republikaner sich nicht nur mit der Mehrzahl der Bürger, sondern auch mit anderen politischen Parteien einig.

Die Mobilisierung von Ressentiments bei denen, die nicht etabliert sind, gegen Etablierte ist so alt wie die Politik selbst. Wenn Parteiverdrossenheit verbreitet ist, dann ist es fast unvermeidlich, daß sie auch politisch ausgebeutet wird. Fragen der Ämterhäufung, der Parteienfinanzierung, Kritik an der Qualifikation der Mandatsträger, Zweifel am Berufspolitiker und -abgeordneten, Gefahren der Verflechtung zwischen Politik und Wirtschaft, Parteien und Verbänden werden auch in den Volksparteien kritisch diskutiert. Nicht erst seit der Barschel-Affäre gibt es Bemühungen um eindeutigere Aussagen zur politischen Kultur und den ethischen Bedingungen demokratischer Mandate. All dies wird mit Vorliebe von denen marktschreierisch verstärkt, die nicht am Machtgeflecht beteiligt oder nicht mit Ämtern und Mandaten gesegnet, also nicht etabliert sind.

Daß Attacken der Republikaner gegen die Medien auf fruchtbaren Boden fallen, kann niemanden verwundern. Er ist durch die Auseinandersetzung der Volksparteien mit den Medien vorbereitet. Auch diese Auseinandersetzung kennt Formulierungen und Forderungen, die nicht vom Respekt vor der im Grundgesetz verankerten Pressefreiheit diktiert sind. Zwar wollen die »etablierten Parteien« nicht in die Pressefreiheit eingreifen. Aber ihre Versuche, direkt oder mit Hilfe ihrer Gremienmitglieder Einfluß auf Sendungen oder Programme der Rundfunk- und Fernsehanstalten zu nehmen, sind bekannt. Sicher sind sie auch dem früheren Fernsehjournalisten Schönhuber nicht verborgen geblieben. Demagogie ist eben selten ohne Anlaß erfolgreich.

Selbst für die Sprache der Republikaner finden sich – leider – Vorbilder außerhalb der politischen Extreme. Eine Dokumentation der CDU-Bundesgeschäftsstelle kritisierte zu Recht, daß Schönhuber von der »moralisch verfaulten Bundesregierung« sprach. Ein solcher Jargon ruft in der Tat böse Erinnerungen an politische Sprache in der Weimarer Republik wach. Er könnte jedoch mit mehr Überzeugung kritisiert werden, wenn Formeln wie »moralisch verkommen« nicht auch aus der politischen Auseinandersetzung zwischen den Volksparteien bekannt wären.

Ich will der Versuchung widerstehen, weitere Resonanzböden für populistische Tiraden vorzustellen. Worauf es ankommt, ist dies: Bekämpfen kann man eine rechtspopulistische Protestbewegung wie die Republikaner weder mit dem Verfassungsschutz noch mit Ausgrenzungsbeschlüssen. Beides würde nur diejenigen in ihrem Protestverhalten bestätigen, die sich und ihre politischen Interessen von den etablierten Parteien nicht vertreten glauben. Sie würden sich mit ausgegrenzt fühlen, jedenfalls nicht besser verstanden als vorher.

Ebenso sinnlos wäre der Versuch der Volksparteien, sich den Protest in moderater Form zu eigen zu machen. Von Politikern in verantwortlichen Positionen erwartet man nicht, daß sie gegen Übelstände protestieren. Sie sollen sie beseitigen. Dazu müssen die Mißstände offen angesprochen, die Verantwortung für sie, soweit notwendig, zugegeben und auf dieser Grundlage überwunden werden. Nur so können wir verhindern, daß sie weiterhin den Nährboden für extreme politische Bewegungen abgeben. Nicht die Republikaner müssen bekämpft werden, sondern die Ursachen, die eine solche Partei möglich machen. Von diesem Ansatz ist bisher wenig zu sehen.

Das könnte erklären, warum die Republikaner ungeachtet ihrer Nähe zum Rechtsextremismus über den Kreis ihrer Wähler hinaus Zustimmung und Unterstützung finden. So sehen immerhin 41 Prozent der Bundesbürger in den Republikanern eine demokratische Partei (»Spiegel«-Umfrage). 18 Prozent würden es begrüßen, wenn die Republikaner in den nächsten Deutschen Bundestag einzögen, 24 Prozent wäre es egal. So lange nicht deutlich wird, daß die Republikaner auch als Protestbewegung ihre Berechtigung einbüßen, weil die Ursachen der Proteste angegangen werden, so lange wird sich an diesem Umfeld der Zustimmung wenig ändern.

Für die Entstehung der Republikaner und für ihren Erfolg gibt es in der Tat eine Reihe von Ursachen, die unsere Beachtung verdienen.

Erstens: Schon seit längerem zeigt sich, daß es in der Bundesrepublik einen beachtlichen Wähleranteil gibt, der bereit wäre, eine rechte Partei zu wählen, wenn es sie gäbe. Diese Wähler sind keineswegs nur Anhänger der CDU. Sie finden sich, zwar nicht in gleichem Umfang, auch bei der SPD. Von der bestehenden Parteienstruktur fühlen sie sich nur unzureichend vertreten. Keineswegs alle sind bereit, eine rechtsextreme Partei zu wählen. Das heißt aber, daß es im rechten Teil des Parteienspektrums eine Lücke gibt. Über ihre Größe gehen die Meinungen auseinander. Die Schätzungen liegen zwischen 10 und 22 Prozent.

Zweitens: *Eine* wichtige Ursache für diese Lücke ist, daß sich beide Volksparteien auf die Mitte konzentrieren. Der Wettbewerb um die Mitte läßt sie, ungeachtet aller Abgrenzungsversuche, nicht nur immer ähnlicher werden. Die Politik der Mitte führt auch zur Vernachlässigung wichtiger Teile der Bevölkerung. Dazu zählen alle diejenigen, denen die Ausdehnung staatlicher Zuständigkeiten, staatlicher Reglementierung, kollektiver Einrichtungen und der staatlichen Sozialpolitik zu weit geht. Sie machen einen Teil der potentiellen konservativen Wähler aus, die rechts, aber nicht extrem rechts stimmen würden, wenn es eine Partei rechts von der Union gäbe.

Drittens: Vor allem jedoch vernachlässigen die Volksparteien, weil sie sich auf die wohlhabende Mehrheit im Mittelfeld des politischen Spektrums konzentrieren, all diejenigen, die am Wohlstand und seiner Entwicklung nur in bescheidenem Umfang oder gar nicht teilhaben. Es sind die sogenannten unteren sozialen Schichten der Bevölkerung, Menschen mit geringem Einkommen, mit geringer beruflicher Qualifikation oder Ausbildung, Bürger, die sich am Fuß der Einkommens- und Chancenpyramide eingerichtet und mit ihrem Schicksal abgefunden haben. Zu ihnen zählen die armen alten Menschen, viele Kinderreiche, Arbeitslose und Behinderte und andere, die ihre Interessen nicht in organisierter Form wahrnehmen können.

Wie groß dieser Kreis ist, das ist schwer zu sagen. Seine Ausdehnung kann nicht nur mit dem Kriterium der Armut vermessen werden, schon gar nicht, indem man sich an der Zahl der Empfänger von Sozial- und Arbeitslosenhilfe orientiert. Armut ist in der Wohlstandsgesellschaft ein relativer Begriff. Arm sind immer die, die im untersten Bereich der Einkommens- und Vermögensschichtung leben. Betroffen sind aber auch Bürger, die Furcht vor sozialer Gefährdung oder vor existentieller Abhängigkeit von anonymen Kräften oder Institutionen haben. In einer gesellschaftlichen Wirklichkeit, in der sich im Grunde nur organisierte Kräfte im Verteilungskampf Gehör verschaffen können, fühlen sich auch diejenigen unterprivilegiert, denen solche Organisationen nicht zur Seite stehen und die sich nicht selbst zu helfen wissen.

Entscheidend aber ist, daß all diese Menschen sich nicht mehr als Teil einer Mehrheit erleben, die ein *gemeinsames* Interesse hat und dieses kraft ihrer Mehrheit durchsetzen kann. Sie fühlen sich nicht mehr in der »Solidarität der Mehrheit« geborgen. Die Mehrheit ist wohlhabend geworden. Sie vertritt zunächst ihre Interessen. Als ärmere Minderheit – ärmer an Einkommen und Chancen, ohne das Vermögen, im Leistungswettbewerb mit den anderen mithalten zu können, ärmer aber auch an politischen Möglichkeiten, die eigenen Interessen durchzusetzen – ist sie deshalb auf die neue wohlhabende Mehrheit angewiesen. Das ist eine *neue* politische Qualität. Sie birgt die Gefahr in sich, daß die

Mehrheit über die Wahrung der eigenen Interessen die Interessen derer vernachlässigen könnte, die auf sie angewiesen sind.

Der SPD-Politiker Peter Glotz hat diese neue Qualität als Zwei-Drittel-Gesellschaft bezeichnet, die von einer Entsolidarisierung zu Lasten der unterprivilegierten Minderheiten bedroht sei. Die Verwendung dieses Begriffs hat mir von der CDU-Führung den törichten Vorwurf parteischädigenden Verhaltens eingetragen. Ich halte ihn gleichwohl für geeignet, diese neue Wirklichkeit zu beschreiben. Er bringt das neue Verhältnis von Mehrheit und Minderheit und die daraus resultierenden Probleme auf den Punkt. Auch wenn er – wie behauptet wird – ein Kampfbegriff der SPD sein sollte, so beschreibt er doch ein lohnendes Kampfziel. Denn der drohende Egoismus einer Mehrheit, die niemand zwingen kann, ihre Chancen und Möglichkeiten mit einer ärmeren Minderheit angemessen zu teilen, ist längst Realität geworden. Nur eine moralisch begründete Einsicht kann sie dazu bewegen, die Überwindung von Armut und elementaren Abhängigkeiten für wichtiger zu halten als die weitere Vermehrung ihres Wohlstandes.

Kein Zweifel kann jedenfalls nach allen Untersuchungen daran bestehen, daß die Menschen im unteren Einkommensbereich besonders empfindlich sind gegen die Konkurrenz der Aussiedler und Ausländer. Nicht die Mittelschichten, sondern sie werden durch die Einwanderung in die Bundesrepublik betroffen. Dies vor allem deshalb, weil die Menschen, die zu uns kommen, initiativ- und risikofreudig sind. Sonst wären sie nicht gekommen. Sie sind deshalb vielfach in der Lage, die Chancen, die geboten werden, intensiver zu nutzen als die deutschen Bürger, auf die sie treffen. Dies führt nicht nur zu sozialem Neid. Es führt auch zu einer Überflügelung der Deutschen am Fuße der Einkommens- und Chancenpyramide durch die Ausländer.

Und so besinnen sich die betroffenen Bürger auf das einzige, von dem sie glauben, daß es ihnen durch die Konkurrenz der Ausländer nicht weggenommen werden kann. Was nur sie haben und andere nicht: ihr Deutsch-Sein. Wir begegnen diesem Phänomen in allen Einwanderungsländern. Daß es als Folge einwanderungsähnlicher Verhältnisse auch bei uns auftritt, ist deshalb nicht verwunderlich. Ebensowenig verwundert, daß die betroffenen Bürger eher auf ihr »Deutsch-Sein« ansprechbar sind. Eine solche Ansprache vermittelt ihnen ein Selbstwertgefühl, das sie sonst verlieren könnten.

Viertens: Zu denen, die sich im traditionellen Parteienschema nicht angemessen vertreten fühlen, gehören auch diejenigen, die von der zunehmenden Komplexität des Lebens in der hochindustrialisierten Leistungsgesellschaft überfordert werden. Wir gestalten unsere Gesellschaft immer komplexer, um sie leistungsfähiger zu machen. Immer mehr Menschen sind dieser Entwicklung nicht gewachsen. Sie kommen mit der Modernisierung oder dem, was wir darunter verstehen, nicht mit. Auch hier handelt es sich oft um Menschen ohne oder mit nur geringer Ausbildung. Betroffen sind Bürger, die ihre politischen und gesellschaftlichen Informationen ausschließlich von den elektronischen Medien, also im wesentlichen als passive Informationsempfänger beziehen. Es sind Bürger, die aufgrund ihrer geringeren Kenntnisse die Fülle an Informationen, die ständige Abfolge von Problemen, die die Medien ihnen vorstellen, kaum verarbeiten können. Sie werden durch die Informationsflut und die Komplexität der Gesellschaft verunsichert und fühlen sich entwurzelt. Diese Bürger sind in gewissem Sinn Opfer einer wachsenden Komplexität. Sie suchen Geborgenheit, Überschaubarkeit, Simplizität.

Alle drei glauben sie teilweise bei den GRÜNEN zu finden. Jetzt suchen sie es auch bei den Republikanern. Denn die erwecken in ihnen die Illusion, man könne eine komplexe Gesellschaft auf einige wesentliche Bestandteile reduzieren. Man könne sie so vereinfachen, sich dann wieder in ihr zurechtfinden und eine neue Geborgenheit erfahren. Nur durch Abgrenzung gegenüber den anderen könne man seine eigene Identität gewinnen.

Fünftens: Daß die zunehmende Komplexität unserer Gesellschaft viele ihrer Mitglieder überfordert, läßt sich kaum bestreiten. Mit den Folgen dieser Überforderung zahlen sie einen Preis für die wachsende Leistungsfähigkeit unserer Gesellschaft, für den sie keine angemessene Gegenleistung erhalten. Denn sie können die vermehrten Möglichkeiten nicht wirklich nutzen. Mit den Belastungen und der Komplexität unserer Gesellschaft wächst deshalb auch die Forderung an die politische Führung, diese Komplexität durchsichtig zu machen. Die Gesellschaft muß so organisiert werden, daß sie nicht für einen wachsenden Teil der Bevölkerung ihre Überschaubarkeit verliert und Orientierungsprobleme entstehen, die viele Menschen nicht bewältigen können. Auch das gehört zur Einlösung der Forderung nach einer Gesellschaft mit menschlichem Gesicht.

Wird diese Aufgabe nicht gelöst, so wird die Zahl derer, die der Komplexität nicht gewachsen sind, größer werden. Auch hier ist nicht die Mittelschicht betroffen. Sie kann mit Komplexität umgehen. Betroffen sind wiederum die Mitglieder der unterprivilegierten Minderheiten.

Die Überforderung eines Teils unserer Bevölkerung durch das Entwicklungstempo unserer Gesellschaft ist ein wichtiges politisches Problem. Seine Bedeutung wird weiter zunehmen. Wachsende Komplexität und zunehmende Vereinsamung sind die wesentlichen Ursachen für die Überforderung. Immer mehr Menschen leben allein, immer mehr kommen ohne die Vermittlung oder die Hilfe einer kleinen Lebensgemeinschaft in direkten Kontakt mit staatlichen Verwaltungen, ihrer bürokratischen Sprache und ihren administrativen Lebensgesetzen. Diesen Menschen die gleichberechtigte Zugehörigkeit zum ganzen Gemeinwesen zu vermitteln, wird immer schwieriger – sie mit radikalen Parolen zu erreichen, immer leichter.

Volksparteien dürfen über ihre Konkurrenz um die Mittelschichten diese Menschen nicht vergessen. Sie dürfen die Wirklichkeit der politischen Landschaft nicht nur durch die Brille der Bedürfnisse sehen, die sie als Parteien haben. Die politischen Strömungen im Land richten sich nicht nach den bestehenden Parteistrukturen. Die Parteien müssen sich den veränderten Strömungen anpassen, wenn sie diese angemessen repräsentieren wollen. Als christliche Volkspartei ist es insbesondere die Union, von der man die Vertretung derer erwartet, die keine organisierte Vertretung haben. Wird diese Aufgabe nicht erfüllt, entstehen neue politische Gruppierungen.

Daß in kurzer Zeit eine neue Partei in der Bundesrepublik über 7 Prozent der Stimmen auf sich vereinigen kann, zeigt jedenfalls, daß es ein Stück politischer Realität in der Bundesrepublik gibt, die wir aus dem Auge verloren haben und die politisch nicht vertreten ist. Wenn dies so ist, dann können wir nicht diejenigen primär für die »Zersplitterung« der Parteienlandschaft verantwortlich machen, die durch die Organisation einer neuen Partei das entstandene Defizit aufdecken. Die Volkspartei muß sich zunächst selbst die Frage stellen: Wie kommt das Defizit zustande? Nur wenn diese Frage ehrlich beantwortet wird, sind politische Anstrengungen aussichtsreich, die Ursachen des Defizits zu beseitigen.

Dies ist wohl auch gemeint, wenn der Präsident des Bundesamtes für Verfassungsschutz Gerhard Boeden feststellt, das »Problem Republikaner« könne nur politisch gelöst werden. Die Beseitigung der Ursachen, die diese Partei für Minderheiten wählbar macht, ist zugleich der wirksamste Kampf gegen die rechtspopulistische Bewegung selbst. Alles andere wäre Kurieren am Symptom. Es würde allenfalls diejenigen bestärken, die den »etablierten Parteien« mißtrauen und ihre Zuflucht im Protest gegen »die in Bonn« suchen.

Sechstens: Das gilt auch für die Überlegungen in der CDU, mit der SPD über eine gemeinsame Strategie gegen die Republikaner zu reden. Helmut Kohl hatte sich unter dem Eindruck der Europawahl dazu bereit erklärt. Voraussetzung sei allerdings, daß man auch über die »Radikalen von links« rede.

Wahrscheinlich wird man den Gedanken nicht weiterverfolgen. In keinem Fall wäre seine Verwirklichung erfolgreich. Einmal würde sie von allen, die den Volksparteien mißtrauen, als Bestätigung dafür dienen, daß es den Parteien nur um die Macht geht. Zum zweiten wäre es ein Indiz dafür, daß sich die Volksparteien die eigentliche Aufgabe nicht zutrauen: Beseitigung der Ursachen für den Protest. Zum dritten kann eine gemeinsame Bekämpfung nur die gemeinsame *Ausgrenzung* der Republikaner als rechtsextreme Gruppierung außerhalb des demokratischen Spektrums bedeuten. Man kann jedoch einer politischen Gruppierung, die durch Wahlen bestätigt wurde, nicht die demokratische Legitimation absprechen, weil sie rechtsextreme Positionen vertritt. Wo die Grenzen der demokratischen Legitimation politischer Parteien liegen, hat unsere Verfassung abschließend geregelt. Alle politischen Gruppierungen, die sich innerhalb dieser Grenzen entwickeln, sind demokratisch legitimiert. Mit ihnen muß man sich im politischen Wettbewerb auseinandersetzen. Die Verfassung kennt kein Legitimationsgefälle zwischen der politischen Mitte und den Außenbereichen des politischen Spektrums. Demokratisch gewählte und verfassungskonforme politische Parteien sind verfassungsrechtlich gleichberechtigt.

Die Unterstützung der SPD in ihrer Auseinandersetzung mit den Republikanern wäre für die Union auch nur um den Preis zu haben, daß die SPD in Teilen der bürgerlichen Gruppierungen ständig das schlechte Gewissen wachhalten könnte, der Nazismus wiederhole sich oder feiere neuerliche Urstände. Dadurch werden diese Gruppierungen immer wieder daran gehindert, unbefangen mit unserer Vergangenheit umzugehen – was *keineswegs* gleichbedeutend ist mit unkritischer Betrachtung. Unbefangener Umgang ist Voraussetzung für eine objektive Auseinandersetzung mit unserer Vergangenheit. Sie ist notwendig, wenn das Phänomen Republikaner überwunden werden soll.

Einen unbefangenen, objektiven Umgang mit unserer Vergangenheit als *Voraussetzung* für eine politische Auseinandersetzung mit den Republikanern ist jedoch im Bündnis mit der SPD nicht zu haben. Wie die bekanntgewordenen internen Überlegungen von Mitarbeitern ihrer Bundesgeschäftsstelle nahelegen, wird sie schon aus Gründen des politischen Wettbewerbs die Überwindung bestehender Befangenheiten nicht zulassen. Was für die Union die Drohung mit dem rot-grünen Chaos ist, ist für die SPD die Drohung mit der schwarz-braunen Reaktion.

Siebtens: Wenn die Union die Republikaner und deren Parolen »gnadenlos bekämpft« – auch, um den »Verdacht der Nähe zu ihnen« zu widerlegen –, dann wertet sie die neue Bewegung nicht nur in einer Weise auf, die eher ihren Bestand sichert. Sie verstärkt damit zugleich einen anderen Verdacht: daß es sich bei den Republikanern in Wirklichkeit um »Fleisch vom Fleisch der CDU« handle, wie der Stuttgarter Philosoph Günter Rohrmoser es formulierte. Anders ausgedrückt, daß sich im rechten Bereich der Union ein Schisma ereignet haben könnte. Dieser Verdacht wird auch durch Äußerungen der Parteiführung genährt, eine harte und entschiedene Abgrenzung zu den Republikanern sei notwendig, weil sonst »alle Dämme« brechen, das heißt CDU-Wähler scharenweise zu den Republikanern überlaufen könnten. Mit dieser Art würde die CDU ihr Verhältnis zur SPD oder zu den GRÜNEN nie charakterisieren. Sie sind auch im Verhältnis zu den Republikanern nicht zutreffend.

Richtig ist, daß ein wesentlicher Teil der Bürger, die heute Republikaner wählen, sich früher für die Union entschieden hat. Aber auch frühere Wähler der SPD haben die Republikaner unterstützt. Weitere stammen aus dem Kreis der bisherigen Nichtwähler. Die Republikaner sind eben keine Antwort auf ein spezifisches Versagen der *Union*. Sie sind eine politische Antwort auf beachtliche Mängel in unseren politischen Strukturen und auf Defizite in der etablierten Parteienlandschaft. Als solche müssen sie auch bekämpft werden.

Die Entwicklung der Parteienlandschaft während der vergangenen Jahre, vor allem seit 1987, hat den strategischen Überlegungen die Grundlage entzogen, die vom bisherigen CDU-Generalsekretär Heiner Geißler entwickelt worden sind und als Lagertheorie bekannt wurden. Man sollte, allgemein gesprochen, die Bedeutung von Theorien im Bereich der Wahlkampfpraxis nicht überschätzen. Andererseits zeigt die Lagertheorie, wie problematisch es ist, Erfahrungen eines bestimmten Entwicklungszeitraums zu verallgemeinern und ihnen durch theoretische Überhöhungen den Anschein von Gesetzmäßigkeiten zu geben. Deshalb dazu einige Anmerkungen.

Nach der Lagertheorie sind Bundestagswahlen Richtungsentscheidungen zwischen CDU, CSU und FDP sowie dem »rot-grünen Bündnis«. Im Bewußtsein der Wähler bestehe zwischen beiden Lagern eine scharfe Trennung. Beide würden als zwei grundsätzliche politische Richtungen wahrgenommen. Die Wähler entschieden sich deshalb nicht nur nach parteipolitischen, sondern zunehmend auch nach koalitionspolitischen Gesichtspunkten. Als Folge seien die Wählerwanderungen zwischen den politischen Lagern gering. Innerhalb der Lager sei es dagegen leichter geworden, zu wechseln.

In der Tatsache, daß es den GRÜNEN auch in der Bundestagswahl 1987 gelungen ist, sich als Bundespartei zu behaupten, sieht Geißler ebenso eine Bestätigung seiner Theorie wie in dem Umstand, daß die SPD erstmals von Verlusten der Unionsparteien nicht profitiert hat. Zwar seien die beiden Volksparteien, die noch 1976 über 90 Prozent der Stimmen auf sich vereinigt hatten, nunmehr auf 80 Prozent zurückgefallen. Die Lagerbetrachtung der Wähler habe auch dazu geführt, daß die kleineren Parteien profitieren konnten. So habe jeder zehnte Wähler bei der Bundestagswahl 1987 von der Möglichkeit des Stimmensplittings Gebrauch gemacht und mit Erst- und Zweitstimme verschiedene Parteien gewählt. Gleichwohl sei es falsch, die Lagertheorie aufzugeben. Sie entspreche nach wie vor der der parteipolitischen Konstellation in der Bundesrepublik.

Richtig ist an diesen Überlegungen, daß sich seit 1983 bei den Wahlen eine Art Lagerverhalten der Wähler feststellen läßt. Wie die Ergebnisse der Bundestagswahl und der Landtagswahlen seitdem zeigen, pendeln die beiden Lager CDU/CSU/FDP und SPD/GRÜNE ziemlich genau um eine Mittellinie von knapp 50 Prozent (Grafik Seite 52).

Ursächlich für diese Symmetrie sind aber die Wahlergebnisse der Volksparteien selbst. Diese und nicht die der kleinen Parteien geben den Ausschlag für die jeweiligen Gesamtergebnisse (siehe auch Grafik Seite 22).

Die Lagerbetrachtung unterstellt, die Zusammensetzung der beiden Lager selbst werde sich nicht verändern; die Binnenwanderungen zwischen Union und FDP einerseits sowie SPD und GRÜNEN andererseits seien ausreichend, um den wechselnden politischen Interessen und Bedürfnissen der Wähler zu entsprechen. Beide Lager zusammen seien somit in der Lage, das gesamte Spektrum politischer Ansichten und Erwartungen abzudecken.

Genau diese eher statische Betrachtungsweise wurde durch das Aufkommen der Republikaner widerlegt. »Lagertheoretisch« gesprochen müßten die Republikaner dem Lager der Union zugerechnet werden. Dies kann jedoch nach allgemeiner Ansicht nicht geschehen. Geißler selbst hält eine klare Abgrenzung der Union gegenüber den Republikanern für unverzichtbar. Statt dessen

Seit der BT-Wahl 1983 pendeln die beiden Lager CDU/CSU/FDP und SPD/GRÜNE ziemlich genau um eine Mittellinie von knapp 50 Prozent.

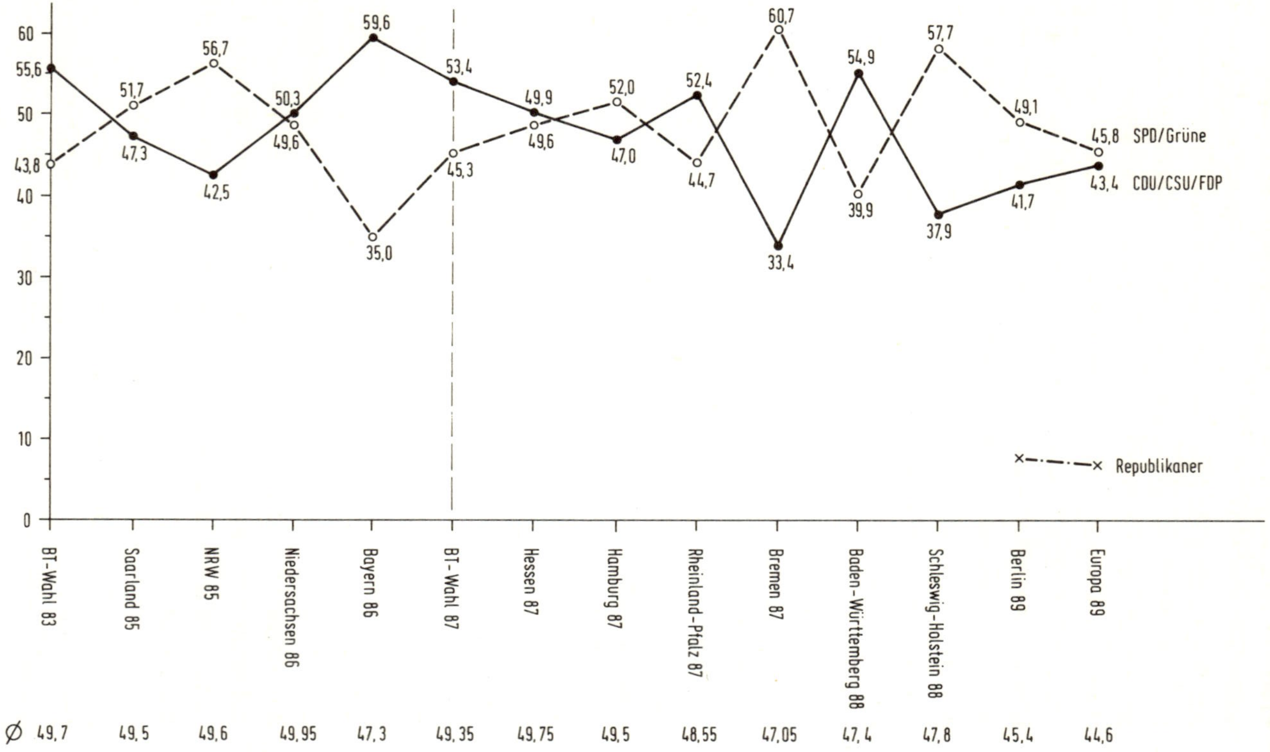

setzt er Republikaner und GRÜNE gleich. Damit verbindet er die Erwartung, daß die Wähler nunmehr auch eine Verbindung zwischen SPD und GRÜNEN nicht mehr akzeptabel finden könnten. Als Folge würde sich das »rot-grüne« Lager gewissermaßen auflösen. Realistisch ist eine solche Erwartung, wie die letzten Wahlen zeigen, nicht.

In Berlin ist das vorausgesagte Chaos bisher ausgeblieben. Die rot-grüne Koalition erscheint schon deshalb erfolgreich. In der Main-Metropole Frankfurt wird sich ähnliches wiederholen. Damit bauen sich die Vorbehalte gegen das »rot-grüne« Lager weiter ab. Hinzu kommt: Immer wieder auftauchende Spekulationen über eine »Ampelkoalition« (SPD/FDP/GRÜNE) tragen trotz aller Dementis dazu bei, die Wähler an das bisher Undenkbare zu gewöhnen.

Dies macht die zweite entscheidende Schwäche der Lagerüberlegung aus: Sie beruht auf der Annahme, alle für die Zukunft unseres Landes wesentlichen Probleme und politischen Widersprüche ließen sich durch die beiden Lager darstellen. Das Wahlvolk brauche sich nur zwischen ihnen zu entscheiden. Obwohl unbestritten ist, daß wir uns 40 Jahre nach Gründung der Bundesrepublik in einer Zeit tiefgreifender innen- und außenpolitischer Veränderungen befinden, wird offenbar unterstellt, die politischen Strukturen der beiden Lager könnten auch die neuen Aufgaben und Konflikte im Sinne alternativer Antworten darstellen und so ihrer politischen Aufgabe gerecht werden. Bereits die politische Praxis der Gegenwart widerlegt diese Vermutung.

Wo Wahlen nach dem Mehrheitsprinzip und nicht dem Verhältniswahlprinzip entschieden werden, gibt es in der Regel nur zwei Parteien. Wer die Mehrheit gewinnt, gewinnt alles. Er muß die Macht nicht mit Koalitionspartnern teilen. Die Vielfalt der politischen und gesellschaftlichen Wirklichkeit und der Veränderungen in ihrem Machtgefüge findet innerhalb der beiden Parteien statt.

Die Lagertheorie könnte, wenn sie realistisch wäre, zu einem ähnlichen Ergebnis führen. An die Stelle auf Dauer angelegter Parteien träten auf Dauer angelegte Lager. Die Welt des Verhältniswahlrechts ist jedoch anders beschaffen. Sie macht es möglich, daß neue politische Bedürfnisse und Bestrebungen ins Spiel kommen können, wenn mehr als 5 Prozent der Wähler dies mit ihrer Stimmabgabe wollen. Wo Mehrheitswahlrecht herrscht, ist dies nicht möglich. Die Überschaubarkeit und die Klarheit der Verantwortung, die das Mehrheitswahlrecht ermöglicht, kann unter unseren Bedingungen nicht erreicht werden, auch nicht durch Lagerbildungen.

II.
Die veränderte politische und gesellschaftliche Wirklichkeit

Veränderungen der Parteienlandschaft kommen nicht von ungefähr. Sie sind Ausdruck des Wettbewerbs, den die Parteien um das Mandat der Wähler austragen. Viele Ursachen können das Ergebnis beeinflussen. Die Kompetenz einer Partei für Aufgaben, die die Mehrheit für wichtig hält, wird als unzureichend angesehen. Die Partei gibt falsche Antworten auf neue Fragen. Sie hat den Kontakt zu wichtigen Wählergruppen verloren. Der Parteiführung fehlt die notwendige Zustimmung. Ihre politischen Vorhaben stoßen auf Ablehnung. Innerparteiliche Auseinandersetzungen um Macht und Einfluß veranlassen Wähler, sich von der bisherigen Partei ihrer Wahl abzuwenden. Umgekehrt: Eine charismatische Führungspersönlichkeit gewinnt Wähler, die sich sonst für andere Parteien entschieden hätten. Mit politischen Zielen, die von einer breiten Mehrheit getragen werden, findet die Partei Zustimmung über die Grenzen ihrer Wählerschaft hinaus.

Ursachen dieser Art haben in der Vergangenheit immer wieder zu Wählerwanderungen geführt und das Machtgefüge der Politik verschoben. Die Überzeugungskraft politischer Persönlichkeiten wie Adenauer oder Erhard, Brandt oder Strauß, die Zustimmung zu den Zielen der sozialen Marktwirtschaft, zur europäischen Einigung oder zu den Ostverträgen haben Mehrheitsverhältnisse verändert. Doch diese Veränderungen spielten sich stets in der bestehenden Parteienlandschaft ab. Über längere Zeit haben sie sich korrigiert. An den Grundstrukturen der Parteienlandschaft haben sie wenig verändert. Sieht man vom Zwischenspiel der

Großen Koalition ab, so gab es auf Bundesebene nur zweimal einen »Machtwechsel«: 1969 und 1982. Beide Male kam er durch einen Koalitionswechsel zustande, nicht durch Wahlen. Beständigkeit, nicht Veränderung war die Devise.

Was wir zur Zeit erleben, hat eine neue Qualität. Was heute die Parteienlandschaft verändert, sind nicht Verschiebungen im Machthaushalt der etablierten politischen Kräfte. Neue Parteien entstehen und können sich – wie die GRÜNEN – seit nunmehr einem Jahrzehnt behaupten. Vieles spricht deshalb dafür, daß die Ursachen der jetzigen Veränderungen tiefer reichen.

Zwei Entwicklungen sind es vor allem, die derzeit zusammentreffen und die Parteienlandschaft in Bewegung bringen. Zum einen: Die Nachkriegszeit geht zu Ende. Die politischen und gesellschaftlichen Aufgaben, die die politische Landschaft unseres Landes in den zurückliegenden Jahrzehnten bestimmt haben, verlieren ihren beherrschenden Einfluß. Zum zweiten: Neue Herausforderungen sind entstanden. Neue, bisher unbekannte gesellschaftliche Widersprüche und Konflikte ohne historische Vorbilder schieben sich gewissermaßen über bestehende politische Strukturen. Sie überlagern und verdecken sie, verändern traditionelle Prioritäten und stellen bestehende Besitzstände in Frage.

Beide Entwicklungen sind seit längerem erkennbar. Seit Jahren zeichnet sich die Notwendigkeit ab, traditionelles Fortschrittsdenken und die Orientierung an ständig steigendem wirtschaftlichem Wachstum zu überprüfen. Konsequenzen müssen aus der Tatsache gezogen werden, daß unsere Lebensweise die Umwelt gefährdet und sich damit langfristig ihrer Grundlage beraubt. Im Geburtenrückgang kündigen sich dramatische Veränderungen der Altersstruktur der Bevölkerung an. Wie immer sind es auch hier zusätzliche Anstöße, die den Veränderungen zum Durchbruch verhelfen: der Wechsel von der Kriegs- zur Nachkriegsgeneration, der Zusammenbruch der ideologischen Konfrontation zwischen West und Ost und die Fortschritte auf dem Weg zur politischen Integration Europas und zu einer dauerhaften europäischen Friedensordnung.

Jedes dieser Ereignisse hätte – für sich genommen – wahrscheinlich nicht ausgereicht, um tiefgreifende gesellschaftliche Veränderungen auszulösen. In ihrem Zusammenwirken jedoch führen sie den Umbruch herbei, der auch unsere Parteienlandschaft erfaßt hat.

1. Daß die Nachkriegszeit zu Ende geht, ist zunächst eine praktische Folge des Zeitablaufs. Rund 60 Prozent der heutigen Wähler sind nach dem Ende des Zweiten Weltkriegs geboren worden. Sie haben keine politisch wirksame Erinnerung an die Zeiten der Not und die ersten Jahre neu gewonnener Freiheit. Sie, wie alle Jüngeren, sind weit stärker geprägt durch die Protestbewegung Ende der 60er Jahre als durch die Freiheits- und Aufbauerfahrung der Nachkriegszeit.

Die Erfahrungen der »Gründergeneration« und derer, die die Politik in den vergangenen 40 Jahren gestaltet und entwickelt haben, sind verbraucht oder werden sich in den nächsten Jahren verbrauchen. Für den 30jährigen ist Adenauer in ähnlicher Weise eine historische Figur wie für meine oder die ältere Generation Bismarck oder Hindenburg. Was unsere und der Älteren Prioritäten und Lebensentwürfe, Wertvorstellungen und Grundsätze geformt hat, läßt sich auf die jüngere Generation nicht übertragen.

Dies gilt für die positiven Erfahrungen des Aufbaus: die Gestaltung der neuen, freiheitlichen Ordnung, den wiedergewonnenen Frieden und den wachsenden Wohlstand. Das trifft in gleicher Weise zu für die schrecklichen Erfahrungen mit der menschenverachtenden Diktatur, dem mörderischen Krieg, mit Niederlage und Elend und der späteren akuten Bedrohung der wiedergewonnenen Freiheit durch den Kommunismus.

Daß wir als Studenten im Winter 1950/51 in München mit ausländischen Kommilitonen nächtelang über den Krieg in Korea und die Möglichkeiten neuer kriegerischer Auseinandersetzungen in Europa diskutiert und um den Frieden gebangt haben, kann ich meinen Kindern wohl berichten. Begreiflich machen kann ich es ihnen nicht. Zu weit sind ihre Erfahrungen mit Entspannung und aufbrechender Freiheit in den Ländern des Ostens von der Welt entfernt, die die Politik der ersten Legislaturperiode bewegte, als daß ihnen mein Erleben noch für ihre politischen

Vorstellungen relevant erscheinen könnte. Wenn ich über Care-Pakete und ihre lebensrettende Wirkung berichte, werden sie eher an das amerikanische Zahlungsbilanzdefizit und unseren Beitrag zu seiner Finanzierung denken. Politische Schlußfolgerungen, die ich heute aus dem damaligen Erleben ziehe, werden ihnen unverständlich bleiben. Sie würden in ihnen weniger wohlverstandene deutsche Interessen als den Ausdruck von Nostalgie sehen.

Hinzu kommt: In einer Zeit des Umbruchs, wie wir sie gegenwärtig erleben, verbraucht sich das Kapital an Erfahrungen schneller als sonst. Zugleich werden wir mit Entwicklungen konfrontiert, zu deren Verständnis und Bewältigung geschichtlich gewonnene Erfahrungen nicht zur Verfügung stehen. Historische Vorbilder versagen ebenso als Orientierung wie das praktische Wissen der Älteren. Mein Bestand an kulturtechnischem Wissen und Können wird einen Jüngeren nur höflich interessieren, wenn er ständig erlebt, daß ich zu seinem Standardwissen im Bereich der Informatik und des Umgangs mit moderner Technologie keinen fundierten Zugang habe – und auch kaum noch Anstrengungen unternehme, ihn zu finden.

So registrieren wir als erstes einen Bruch in der Kontinuität der Erfahrungen. Das muß sich auf die Plausibilität parteipolitischer Strukturen auswirken, die auf alten Erfahrungen beruhen. Dies gilt für die Sorge der älteren Menschen vor den Folgen einer Parteienvielfalt. Ihre Erfahrung sagt ihnen, daß die Weimarer Demokratie nicht nur an der Weigerung wesentlicher Teile des Bürgertums gescheitert ist, die junge Demokratie zu unterstützen. Auch die Zersplitterung der Parteienlandschaft hat zu ihrem Versagen beigetragen. Sie erschwerte die Bildung stabiler Regierungen und den Zusammenschluß demokratischer Kräfte zur Abwehr der drohenden Diktatur. Diese Erfahrung mag zum Bestand an geschichtlichem Wissen der Jüngeren gehören – obwohl, dank unserer Unfähigkeit zur geschichtlichen Erziehung unserer Jugend, auch das nicht sicher ist.

Aber selbst wenn es vorhanden ist, wird die heutige Mehrheit der Wähler sich bei ihrer Bewertung von Parteienvielfalt kaum an Weimarer Erfahrungen orientieren. Weit näher liegt ihnen ein

Blick über die Grenzen auf die Parteienlandschaft unserer Nachbarn. Er zeigt ihnen, daß sich auch mit einer Vielfalt politischer Parteien ein Land demokratisch regieren, daß sich Freiheit und Menschenwürde schützen und wirtschaftliche Bedingungen schaffen lassen, unter denen es sich leben läßt.

Die Erfahrungen der Weimarer Republik haben für die Mehrheit unserer Bürger ihre abschreckende Wirkung verloren. Sie sind – wie ich glaube zu Recht – davon überzeugt, daß unsere demokratische Ordnung gefestigt und stabil genug ist, Pluralität nicht nur in allen wirtschaftlichen und gesellschaftlichen Bereichen, sondern auch in der Parteienlandschaft zu verkraften. Mit dem Hinweis auf frühere Erfahrungen allein werden wir die meisten Bürger deshalb kaum von der Notwendigkeit überzeugen können, die Parteienlandschaft unserer jüngeren Vergangenheit unverändert beizubehalten.

2. Parteistrukturen sind nicht nur Ausdruck der Erfahrungen, die bei ihrer Entstehung Pate gestanden haben. Sie sind auch das Ergebnis der politischen Aufgaben, die gelöst werden mußten. Für unsere Volksparteien gilt dies in besonderem Maß. Sie werden bis heute von den Herausforderungen geprägt, die die unmittelbare Nachkriegszeit und die ersten Jahre der neuen Republik bestimmt haben. Vor allem die Christlich Demokratische Union als Neugründung wurde in ihrem Selbstverständnis von diesen Aufgaben und den Ordnungsvorstellungen bestimmt, mit denen man sie anging. Ihre Gründer waren entschlossen, nicht eine Weltanschauungs- oder eine Klassenpartei zu schaffen, sondern eine politische Partei, die allen Bürgern offenstehen und die Gemeinschaft des Volkes vertreten sollte. Sie trug in den ersten 20 Jahren der Republik politische Verantwortung. Sie prägte deshalb, mehr als andere, die Grundlagen, auf denen unsere politische und gesellschaftliche Ordnung aufbaut.

Vier Aufgaben waren es vor allem, die nach dem Ende der Nazi-Diktatur und dem verlorenen Zweiten Weltkrieg bewältigt werden mußten: die Überwindung der existentiellen Not und die Sicherung einer angemessenen Versorgung der Bevölkerung, die Überwindung der Klassenspaltung, die Überwindung der konfessionellen Spaltung und die dauerhafte Sicherung des Friedens.

Beides, die Überwindung der existentiellen Not und der Klassenspaltung, gelang der Union mit dem Konzept der sozialen Marktwirtschaft. Die Entscheidung Ludwig Erhards, mit der Einführung einer neuen Währung im Jahr 1948 zugleich die staatliche Zuteilung der knappen Lebensmittel und Güter weitgehend aufzuheben, die planwirtschaftliche Verwaltung des Mangels zu beenden und den Wiederaufbau des zerstörten Landes einer marktwirtschaftlich organisierten Wirtschaft anzuvertrauen, gehört zu den genialsten und zugleich folgenreichsten Entscheidungen der Nachkriegszeit.

Daß die Union diese Entscheidung unterstützen würde, war keineswegs selbstverständlich. Auch in ihren Reihen gab es erhebliche Vorbehalte gegen ein Konzept, in dem viele die Wiederbelebung einer kapitalistischen Wirtschaft oder liberaler Laissez-faire-Vorstellungen sahen. Weniger sozialistische als christlich-soziale, korporative und ständische Ordnungsvorstellungen waren weit verbreitet. Sie hatten in die ursprünglichen programmatischen Aussagen der Partei Eingang gefunden. Praktisch konnten sich nur wenige vorstellen, daß es möglich sein könnte, die Not eines völlig zerstörten, in Besatzungszonen aufgeteilten Landes ohne umfassende staatliche Planung zu überwinden. In der Bedarfsdeckung der Bevölkerung wurde das Ziel allen Wirtschaftens gesehen. Viele waren überzeugt, daß es nicht ohne staatliche Planung und Beschaffungsmaßnahmen erreicht werden könnte.

So war es für die Union ein politisches Wagnis, zur ersten Bundestagswahl mit einem Programm anzutreten, zu dessen zentralen Aussagen die Verwirklichung der sozialen Marktwirtschaft gehörte. Ob das Experiment gelingen würde, war zu diesem Zeitpunkt noch nicht sicher. Hohe Arbeitslosigkeit und Preissteigerungen schienen die Befürchtungen der Skeptiker eher zu bestätigen. Millionen von Flüchtlingen und Vertriebenen stellten das Land vor zusätzliche, schier unlösbar erscheinende Probleme. Die enormen Anpassungsschwierigkeiten bestärkten die Sozialdemokraten in ihrer Forderung nach umfassender Wirtschaftsplanung und gesamtwirtschaftlicher Mitbestimmung.

Die Wahlentscheidung fiel entsprechend knapp aus. Um so

größer war deshalb der Stolz der Partei, als sie fünf Jahre nach der wirtschaftspolitischen Zäsur des Jahres 1948 auf ihrem Hamburger Parteitag 1953 verkünden konnte, die soziale Marktwirtschaft habe die produktiven Kräfte des Volkes von den Lähmungen der Zwangswirtschaft befreit und durch Leistungswettbewerb zur Entfaltung gebracht. »Wir haben wieder eine leistungsfähige Wirtschaft«, hieß es im Hamburger Programm der CDU von 1953. Auf diesem Fundament wolle man nunmehr nach den bewährten Grundsätzen der sozialen Marktwirtschaft die nächsten Aufgaben lösen: weitere Steigerung, aber auch Verbilligung der Gütererzeugung, Verbesserung des Lebensstandards für alle, Förderung der landwirtschaftlichen Erzeugung, des freien Bauern und des mittelständischen Gewerbes, Ausbau der sozialen Sicherung, insbesondere für ältere Angestellte, Rentner, Pensionäre und die Opfer des Krieges und seiner Folgen, Bildung von persönlichem Eigentum für breite Schichten des Volkes.

Sieht man von den zeitbezogenen Problemen wie Bewältigung der Kriegsfolgen oder Eingliederung der Vertriebenen und Flüchtlinge ab, so sind damit bereits die Aufgaben beschrieben, die im wesentlichen bis heute den Aufgabenkanon der Union im wirtschafts- und sozialpolitischen Bereich bestimmen.

Dies gilt insbesondere für die Sozialpolitik. Die Delegierten des Hamburger Parteitages bejahten »die planvolle Beeinflussung der Wirtschaft mit marktgerechten Mitteln, die gesetzliche Sicherung eines Leistungswettbewerbs und die Erfüllung der uns aufgelegten sozialen Verpflichtungen«. Nach ihrem Wahlprogramm von 1949 versprach die Union eine »umfassende Sozialpolitik für alle wirtschaftlich- und sozialabhängigen Volksschichten«. Die Durchführung ihrer »fortschrittlichen Sozialpolitik soll der inneren Befriedung« des Volkes dienen, »das Vertrauen der breiten Schichten in die neue demokratische Ordnung stärken und den Willen zur Mitarbeit am Wiederaufbau unseres Staats- und Volkslebens fördern«.

Die erfolgreiche Wirtschaftspolitik wurde die Grundlage einer »gesunden Sozialpolitik«, wie die Union sie sich 1949 vorgenommen hatte. Das Konzept war erfolgreich und deshalb überzeugend. Die Union konnte den Nachweis erbringen, daß sie mit der

Entscheidung für die soziale Marktwirtschaft nicht zu einer Unternehmerpartei geworden war, wie die Sozialdemokraten behaupteten. Es war ihr gelungen, die wirtschaftlichen und politischen Wohltaten einer freien, sozialverpflichteten Wirtschaftsordnung auch den Arbeitnehmern zu erschließen.

Ludwig Erhards Vision, »Wohlstand für alle« zu sichern, wurde zunehmend Realität. Bei den Wahlen von 1953 und 1957 entschied sich die Mehrheit der Bevölkerung für die soziale Marktwirtschaft. Die Union hatte erreicht, was bisher noch keiner Partei in einer modernen Industriegesellschaft gelungen war. Sie war zur politischen Heimat von Unternehmern und Arbeitnehmern, von Kapital und Arbeit, im landläufig verstandenen Sinn, geworden – eine wirkliche Volkspartei.

Die Gewerkschaften hatten die neue Wirtschaftsordnung zwar theoretisch abgelehnt. Praktisch hatten sie jedoch durch zurückhaltende Lohnforderungen und durch ihre Mitwirkung am sozialen Dialog zum Erfolg der sozialen Marktwirtschaft wesentlich beigetragen. Später trieben sie, in zum Teil harten Auseinandersetzungen, den Ausbau der sozialen Sicherung der Arbeitnehmer durch Tarifverträge und Gesetzgebung voran. Um die Verteilung des wirtschaftlichen Erfolges wurde ständig gerungen. Aber es waren keine Klassenkämpfe, die ausgetragen wurden, sondern Konflikte im Rahmen einer wirtschaftlichen Ordnung, an der alle mitwirkten. Als Georg Leber, damals Vorsitzender der IG Bau–Steine–Erden, Anfang der 60er Jahre seine Gewerkschaft als einen ordnungspolitischen Faktor bezeichnete, dem im Rahmen der bestehenden Wirtschaftsordnung eine wesentliche, mitgestaltende Aufgabe zukomme, zerbrachen die alten Klassenschranken endgültig.

Was folgte, waren Nachhutgefechte für eine überholte Vorstellung – auch wenn diese in manchen Köpfen noch heute ihr Unwesen treibt. An die Stelle des Klassenfeindes, mit dem man nur unter dem Vorbehalt seiner absehbaren endgültigen Überwindung paktieren durfte, war der Sozialpartner getreten. Mit ihm vereinbaren die Gewerkschaften im Tarifvertrag die Arbeits- und Wirtschaftsbedingungen der Arbeitnehmer – im Konflikt der Interessen notabene, aber nicht im Klassenkampf.

Die Überwindung des Klassenkampfes durch ein Ordnungskonzept, das die Freiheit des Marktes, den Wettbewerb und das Eigentum an Produktionsmitteln ebenso gewährleistet wie die wirtschaftlichen Interessen der Arbeitnehmer und ihre soziale Sicherheit, ist die bedeutendste innenpolitische Leistung der Union. Mit ihr hat sie nicht nur die politische und gesellschaftliche Ordnung der Bundesrepublik geprägt. Ihr Ordnungskonzept ist inzwischen weltweit als ordnungspolitische Grundlage einer modernen Industriegesellschaft anerkannt.

Es hat Eingang in die Verfassung der Europäischen Gemeinschaft und in die Wirtschaftspolitik ihrer Mitgliedsstaaten gefunden – unabhängig von ihrer jeweiligen parteipolitischen Ausrichtung. Die Sozialdemokraten in Großbritannien orientieren sich ebenso an ihm wie der sozialistische Präsident Frankreichs oder der sozialistische Ministerpräsident Spaniens. Für die Länder des Ostblocks wird das Konzept der Union zum Leitbild bei der Überwindung ihrer gescheiterten sozialistischen zentralen Planwirtschaft. Nur eine Volkspartei konnte eine solche ordnungspolitische Leistung erbringen.

Ähnliches gilt für die Überwindung der konfessionellen Spaltung in der Politik. Anders als bei der (katholischen) Zentrumspartei sollten die Neugründungen nach dem Zweiten Weltkrieg, aus denen die Union hervorging, Christen aller Konfessionen in ihren Reihen vereinen. Man hatte auch aus den Weimarer Erfahrungen gelernt und wollte eine erneute konfessionelle Spaltung vermeiden. So richtete sich der Aufruf von Neheim-Hüsten, den die neue Partei am 1. März 1946 durch ihren Zonenausschuß für die Britische Zone beschloß, an alle christlichen Demokraten: »Zum ersten Mal in der deutschen Geschichte finden wir uns unter Ablehnung jeglicher Zersplitterung in unserem Volke zusammen zur Union aller Christlichen Demokraten.«

Es war vor allem die Rückbesinnung auf das »christliche Kulturbewußtsein ... dessen Lebenskraft Jahrtausende überwand und die Entwicklung der Menschheit mit ewig junger Kraft bestimmte«, in der die Gründer nach der sittlichen und moralischen Katastrophe einen Halt und das einigende Band für einen Neubeginn suchten. Die CDU, so hieß es in dem von Konrad Adenauer formulierten Text des Aufrufes, will ein neues, ein anderes Deutschland aufbauen. Die Epoche, »in der die materialistische Weltanschauung« in Deutschland die geistige Grundlage wurde... soll zu Ende sein«. Der Nationalsozialismus habe die Grundsätze der materialistischen Weltanschauung bis zur äußersten Konsequenz geführt Die Verachtung des Rechts und die Anbetung der Macht, die Verneinung der Würde der Person und der Freiheit und die Vergottung des Staates seien die Folge gewesen. Das Ende: »Vernichtung und Auflösung des Staates, Zerstörung der Wirtschaft, völlige geistige und materielle Verelendung des Volkes.«

Nur eine weltanschauliche Änderung des Volkes könne eine Änderung bringen. An die Stelle der materialistischen müsse wieder »die christliche Weltanschauung treten, an die Stelle der sich aus dem Materialismus ergebenden Grundsätze die Grundsätze der christlichen Ethik«. Die christliche Weltanschauung allein gewährleiste Recht, Ordnung und Maß, Würde und Freiheit der Person und damit eine wahre und echte Demokratie. »Wir betrachten«, heißt es dann, die »hohe Auffassung des Christentums von der Menschenwürde, vom Wert jedes einzelnen Menschen, als Grundlage und Richtschnur unserer Arbeit im politischen, wirtschaftlichen und kulturellen Leben unseres Volkes.«

Durch die Ausrichtung ihrer Politik auf die christliche Weltanschauung wollte sich die neue Partei nicht als Weltanschauungspartei begreifen. Anders als im sozialistisch/marxistischen Gedankengut der Sozialdemokraten fanden die eher bürgerlichen Schichten – nach dem Mißbrauch und der Diskreditierung ihrer politischen Vorstellungen durch den Nationalsozialismus – Schutz und Sicherheit vor allem im christlichen Glauben und seiner Wertordnung. Sie trafen sich darin mit den christlichen Gewerkschaftlern, die maßgeblich an der Gründung der neuen Partei beteiligt waren.

Der Vorsitzende der SPD, Kurt Schumacher, erkannte die Gefahr, die sich von der neuen christlich-demokratischen Partei für seinen Anspruch ergeben könnte, die Nachkriegsperiode nach sozialdemokratischen Vorstellungen zu formen. In einer Rede im

Mai 1946 polemisierte er gegen die CDU und warnte vor der »furchtbaren Gefahr für die Moral unseres Volkes und für das sittliche Wiedererstarken, daß die Parteien des Christentums mißverstanden werden. Wir haben die Kirchen gewarnt«, so Schumacher, »aber ich glaube nicht, daß erhebliche Teile der Kirche sich haben warnen lassen«. Die Wahlresultate in Bayern (die CSU hatte 67,5 Prozent, die SPD 22,1 Prozent der Stimmen erhalten) und der Kampf um die Bekenntnisschule am Rhein bewies dies, »und die Art, wie die CDU versucht, Dinge auszuschlachten, zeigt völlige Unbelehrbarkeit«.

Schumacher sah die CDU unter dem Einfluß der Besitzenden. Sie hätten früher die nationalsozialistische Ideologie benutzt, um ihren Besitz zu verteidigen. Deren Verwendung sei jetzt nicht opportun: »An ihrer Stelle operiert man jetzt mit der christlichen Partei.« Er, Schumacher, würde es für eine ganz große Sache halten, wenn in Deutschland Menschen, die nicht sozialdemokratische Ansichten oder Denkformen teilten, aus dem Geist der Bergpredigt heraus Politik machen wollten. Vielleicht hätten beträchtliche Kreise der CDU gemeint, das zu können. Aber es handle sich in der Praxis nicht darum. Deshalb müsse die SPD den Kampf um den Ausgleich zwischen den Nichtbesitzenden und den Besitzenden aufnehmen.

Der Anfang dieses Kampfes müsse mit allen Mitteln beschleunigt werden. Er jedenfalls glaube nicht, daß die Ideen des christlichen Sozialismus, der grundsätzliche Wille zur Demokratie, sich mit einer Politik vereinbaren lasse, »die vollen Taschen zu verteidigen«. Schon heute zeige sich (1946!), daß das Interesse der Besitzbürger »und das Interesse der dort untergeschlüpften Reaktionäre die politische Praxis der Partei« bestimmen würden. Die SPD sei bereit, so Kurt Schumacher, sämtliche Religionen und Weltanschauungen zu respektieren, auch ihre kirchlichen und sonstigen Institutionen mit vollem Respekt zu behandeln. »Wir sind aber nicht bereit«, beendete er das CDU-Thema in seiner Rede, »uns von irgend jemand von unserem nationalen und klassenmäßigen Weg abdrängen zu lassen.«

Kurt Schumachers Reaktion auf die neue Partei folgt nicht nur dem Grundmuster politischer Polemik, das sich im wesentlichen bis heute erhalten hat. Sie zeigt auch, daß er in der CDU eine Partei erkannt hatte, die in der Lage sein würde, tief in den Wählerstamm der SPD einzudringen und vor allem jene Menschen anzusprechen, die sich nicht länger von Ideologien und Weltanschauungen leiten lassen wollten. Die SPD Kurt Schumachers war noch immer eine Klassenpartei. Nicht nur mit ihrer Wirtschaftspolitik, auch darin war sie der CDU unterlegen. Erst die Godesberger Wende 1959 befreite sie aus dieser selbst auferlegten Begrenzung. Obwohl als überkonfessionelle Volkspartei gegründet, stand die CDU der katholischen Kirche lange Zeit näher als der evangelischen. Adenauer war Katholik, zahlreiche führende Frauen und Männer ebenfalls. Viele evangelische Christen gaben zudem der neuen liberalen Partei den Vorzug, vor allem in Nordrhein Westfalen. Traditionelle Zuordnungen blieben auch nach dem Zusammenbruch zunächst wirksam. Eine angemessenere Repräsentanz evangelischer Christen zu sichern, war deshalb eine wichtige innerparteiliche Aufgabe. Es war vor allem Hermann Ehlers, der zur praktischen innerparteilichen Gleichberechtigung der Konfessionen beitrug. Der von ihm ins Leben gerufene evangelische Arbeitskreis sorgte als innerparteiliche Vereinigung für eine angemessene Vertretung der evangelischen Christen in der CDU und für eine Art Minderheitenschutz.

In den 70er Jahren kam es dann zu einer »Äquidistanz-Diskussion« in der Partei, in der es um die Gleichberechtigung der Beziehungen zu beiden Konfessionen ging. Sie verwirrte manchen, der sich an die vorherrschend katholische Orientierung gewöhnt hatte. Tatsächlich holte sie nur nach, was sich in der Praxis längst vollzogen hatte: die weitgehende, auch praktische Gleichberechtigung beider Konfessionen. Sie war die Folge der ökomenischen Bewegung und des fast vollständigen Bedeutungsverlustes der Konfessionsfrage in der Partei für alle, die nicht aus Proporzgründen unmittelbar davon betroffen waren.

Heute fühlen sich Christen unterschiedlicher Konfession, soweit sie der Religion in der Politik oder im Privatleben überhaupt noch eine Bedeutung beimessen, als eine Gemeinschaft. Interkonfessionelle Ehen, in den 40er und 50er Jahren ein wirkliches Problem, sind ebenso selbstverständlich geworden wie die kirchliche Trauung durch Geistliche beider Konfessionen. Sie wäre noch vor 30 Jahren undenkbar gewesen. Allgemein haben konfessionelle Unterschiede und Religiosität stark an Bedeutung verloren. 1981 war, nach einer Allensbach-Umfrage, noch ein Drittel der Bevölkerung – und knapp 20 Prozent der 21- bis 29jährigen – der Meinung, einen festen religiösen Glauben zu haben, sei besonders wichtig. Jeder zweite Befragte hielt 1982 Religion eher für überholt und zu wenig zeitgemäß, als daß sie auf die Fragen unserer Zeit eine Antwort geben könnte. Nur 25 Prozent sahen es als eine Aufgabe des Christen an, zu versuchen, die Gesellschaft zu ändern. 60 Prozent meinten, ein Christ sei kein Gesellschaftsveränderer. Er habe nur an sich selbst zu arbeiten und christlich zu leben.

Durch die Ökomene, den fortschreitenden Verlust der Relevanz des Religiösen und des Einflusses der Kirchen wurde die politische Landschaft verändert. Auf die Bedeutung des »christlichen Kulturbewußtseins« für die praktische Politik konnte diese Veränderung nicht ohne Auswirkung bleiben. Zwar beruht die Politik der Union nach wir vor »auf dem christlichen Verständnis vom Menschen und seiner Verantwortung vor Gott«, wie es in der Präambel zum Grundsatzprogramm der CDU heißt, die damit auf die Präambel des Grundgesetzes verweist. Aber dies unterscheidet sie nicht mehr grundsätzlich von der heutigen SPD. Die konfessionelle Spaltung ist lange überwunden. Das Verhältnis des einzelnen zum Glauben ist kein wirklich relevantes Kriterium mehr für seine parteipolitische Orientierung. Die Konkurrenz der beiden Volksparteien wird nicht länger entscheidend durch konfessionelle Bindungen der Wähler beeinflußt. Die sogenannten katholischen Hochburgen verschwinden ebenso wie die einstmals sozialistischen in den Arbeitervierteln. Die Existenz eines Evangelischen Arbeitskreises in der CDU kann man Jüngeren nur noch historisch erklären.

Das große Vorhaben der Gründer, die Menschen auf der Grundlage des christlichen Glaubens zur politischen Gestaltung des Landes zusammenzuführen, war erfolgreich. Auch dies konnte nur von einer Partei geleistet werden, die für alle offen war und auf eine ideologische oder klassenbezogene Identität verzichtete: von einer Volkspartei also. Mit seiner erfolgreichen Bewältigung aber hat sich dieses Vorhaben als politische Aufgabe praktisch erledigt.

Die zweite große Auseinandersetzung in der Nachkriegszeit wurde um die Wiederbewaffnung der Bundesrepublik und ihren Beitritt zur Atlantischen Verteidigungsgemeinschaft geführt. Daß die neue Republik auch einen militärischen Beitrag zu ihrer Sicherheit würde leisten müssen, war bereits Ende der 40er Jahre deutlich geworden. Mit der Berlin-Blockade antwortete die Sowjetunion am 24. Juni 1948 auf die Währungsreform und die mit ihr verbundene Gründung eines eigenen Wirtschaftsgebietes in den westlichen Besatzungszonen. Der Eiserne Vorhang, von dem Churchill bereits 1946 gesprochen hatte, ging nieder. Die deutsche Teilung, der kalte Krieg begann. Als dann im Juni 1950 der Koreakrieg ausbrach, wurde endgültig deutlich, daß die westlichen Alliierten auch in Europa Anstrengungen unternehmen mußten, um die Sicherheit der europäischen Demokratie vor sowjetischer Bedrohung zu gewährleisten.

Kaum eine andere politische Auseinandersetzung hat die Deutschen in der Nachkriegszeit so erregt wie die Debatte über die Wiederbewaffnung. Zwar war Schumacher kein prinzipieller Gegner eines deutschen Sicherheitsbeitrags. Solange gleiches Risiko mit gleichen Rechten verbunden war und der deutsche Beitrag nicht lediglich den Rückzug der Alliierten decken, sondern zu einer offensiven Verteidigung beitragen sollte, hielt er eine Zustimmung nicht für unmöglich. Aber die große Mehrheit seiner Partei war gegen eine Wiederbewaffnung der Deutschen.

Die Auseinandersetzung folgte nicht den Parteigrenzen. Sie ging quer durch die Parteien. Auch in der CDU gab es viele, die der Wiederbewaffnung ablehnend gegenüberstanden. Zu nahe war das Erlebnis eines schrecklichen Krieges, als daß man sich vorstellen konnte, erneut eine Waffe zu tragen. Als die Entscheidung fiel, trat der damalige Bundesinnenminister Gustav Heinemann zurück und verließ die CDU.

Adenauer war entschlossen, den von ihm als notwendig erkannten Verteidigungsbeitrag mit Schritten zu verbinden, die es der Bundesrepublik ermöglichen würden, ihre Souveränität zu erlangen und im Rahmen einer politischen Einigung Europas dauerhaft in den Westen integriert zu werden. Zwar ließ sich dieses Konzept nicht auf dem ursprünglich gedachten Weg einer europäischen Verteidigungsgemeinschaft realisieren. Aber es kam dann doch – und zu wesentlich günstigeren Bedingungen – durch die Mitgliedschaft in der NATO zustande.

Die Wähler stimmten Adenauers Politik bei der Bundestagswahl 1953 zu. In den vorausgegangenen Landtagswahlen hatte die Union noch zum Teil beachtliche Verluste erlitten. Die Volkspartei hatte sich durchgesetzt: dank Adenauers strategischer Weitsicht und der konsequenten Verfolgung seines Ziels – aber auch als Folge der offensichtlich gewordenen Notwendigkeit eines militärischen Schutzes gegen die Bedrohung aus dem Osten. Wieder war, wie schon mit der marktwirtschaftlichen Ordnung, ein wesentliches Fundament der neuen Republik gelegt.

Es ist heute zwischen den Volksparteien ebenso unbestritten wie die europäische Einigung oder die unter der Kanzlerschaft Willy Brandts vollzogene Ordnung unserer Beziehungen zu Polen und der Sowjetunion. Sozialdemokraten haben als Verteidigungsminister gedient. Einer von ihnen, Helmut Schmidt, gestaltete später als Kanzler wesentliche Entwicklungen der Bündnispolitik, insbesondere den Nachrüstungsbeschluß der NATO. Ein anderer, Georg Leber, brachte als ehemaliger Gewerkschaftsvorsitzender Bundeswehr und Gewerkschaften einander näher. So konnte Erhard Eppler in seiner Rede zum 17. Juni 1989 mit Zustimmung des ganzen Hauses im Bundestag feststellen:

> »Wenn beide Seiten sich so gegenseitig zwar nicht die Richtigkeit, wohl aber die uneingeschränkte Legitimität, die volle Verantwortbarkeit ihrer Politik bescheinigen, könnten sie den Streit um die Ernsthaftigkeit der sowjetischen Absichten (mit dem Angebot vom 10. 3. 52) getrost den Historikern überlassen.
> Auch nach einer solchen Entgiftung gäbe es in der deutschen Politik nicht eitel Eintracht. Aber die Sprache könnte sich ändern. Wir könnten zum Beispiel endlich ein Wort verbannen, das eher den geistigen Bürgerkrieg als den demokrati-

schen Staat signalisiert: das Wort ›Verrat‹. Wir könnten gemeinsam sagen: Weder hat Adenauer die deutsche Einheit noch Brandt die Ostgebiete verraten.«

Soweit es um Fragen der Sicherheit, der europäischen Einigung und unseres Verhältnisses zum Osten zwischen den Volksparteien Auseinandersetzungen gibt, berühren sie nicht die Grundsubstanz der getroffenen Entscheidungen. Diese ist zum Bestandteil des allgemeinen politischen Konsens geworden.

3. Für unsere Frage nach der Veränderung der politischen und gesellschaftlichen Wirklichkeit heißt dies:

Die beiden *zentralen innenpolitischen Konflikte* der 50er Jahre haben zu politischen Ergebnissen geführt, die heute weitgehend unbestritten sind. Sie sind in den demokratischen Grundkonsens eingegangen und damit Teil der politischen Ordnung der Bundesrepublik geworden. Dies gilt für die Mitgliedschaft der Bundesrepublik in der Atlantischen Verteidigungsgemeinschaft ebenso wie für die Wirtschafts- und Sozialordnung der sozialen Marktwirtschaft. Beide politischen Grundsatzentscheidungen werden von einer breiten Mehrheit der Bevölkerung getragen. Für einen Verbleib der Bundesrepublik in der NATO sprachen sich 1971 71 Prozent, 1981 78 Prozent der Bevölkerung aus (Allensbach-Umfrage). Auf die Frage, ob die Wirtschaft eher marktwirtschaftlich oder planwirtschaftlich organisiert sein sollte, entschieden sich 1980 rund zwei Drittel für die marktwirtschaftliche Antwort. Gut zwei Drittel lehnten kurz zuvor den Vorschlag ab, die soziale Marktwirtschaft abzuschaffen, um so die Arbeitslosigkeit besser bekämpfen zu können. Nur 8 Prozent waren bereit, einen solchen Weg zu gehen.

So setzt sich auch keine bedeutsame politische Kraft in der Bundesrepublik mehr für eine planwirtschaftliche Ordnung der Wirtschaft oder die Verwirklichung des Sozialismus ein. Wenn Sozialdemokraten heute von demokratischem Sozialismus sprechen, meinen sie einen demokratischen Sozialismus, der »seine geistigen Wurzeln im Christentum und in der humanistischen Philosophie, in der Aufklärung, in Marxscher Geschichts- und Gesellschaftslehre und in den Erfahrungen der Arbeiterbewegung hat« (Grundsatzprogramm/Entwurf 1989). Vereinfacht könnte man statt dieser Allerweltsbegründung sagen: In der europäischen Geschichte. Als Grundwerte dieses demokratischen Sozialismus nennt die SPD Freiheit, Gerechtigkeit und Solidarität. Diese Grundwerte nimmt auch die Union für sich in Anspruch. Ihre jeweilige Interpretation und ihr Verhältnis zueinander sind es deshalb vor allem, die die unterschiedlichen inhaltlichen Ausprägungen der Politik der beiden Volksparteien ausmachen. Wirklich prinzipielle programmatische Konturen sind jedenfalls mit dem Begriff demokratischer Sozialismus nicht länger verbunden.

Auch die soziale Ordnung, wie sie in den 50er Jahren als Ergebnis einer großen schöpferischen Leistung der zweiten Legislaturperiode des Deutschen Bundestages – teilweise unter aktiver Mitwirkung der SPD – entstanden ist, wird nicht mehr grundsätzlich in Frage gestellt. Wie die von Union und SPD 1989 gemeinsam getragene Reform der gesetzlichen Rentenversicherung zeigt, sind sich beide Volksparteien einig in der Absicht, die bestehenden Einrichtungen der sozialen Sicherheit im Prinzip unangetastet zu lassen. Für eine wirkliche Reform ist dies, wie wir noch sehen werden, ein wesentlicher Nachteil. Die Auseinandersetzungen über die Reform der gesetzlichen Krankenversicherung berühren nicht die Prinzipien. Vielmehr geht es vor allem um die Verteilung der Lasten, die mit den Einsparungen verbunden sind. Einsparungen halten alle für notwendig. Als politische Konflikte, die die Parteienlandschaft prägen, haben die Auseinandersetzungen der 50er Jahre damit ihren Einfluß und ihre formierende Kraft weitgehend verloren. Sie beherrschen nicht mehr die politische und gesellschaftliche Wirklichkeit unseres Landes.

Dies gilt in besonderer Weise für den lange Zeit vorherrschenden gesellschaftlichen und politischen Widerspruch unseres Industriezeitalters: den Konflikt zwischen Kapital und Arbeit. Dieser Konflikt bestimmte nicht nur die Auseinandersetzung um die politische, wirtschaftliche und soziale Stellung der arbeitenden Menschen im 19. und beginnenden 20. Jahrhundert. Er prägte auch unsere Arbeits- und Sozialordnung der Nachkriegszeit. Die Einheitsgewerkschaft als Massenorganisation der abhängig Beschäftigten, die gleichmäßige Ordnung der Arbeits- und Wirtschaftsbedingungen durch Tarifverträge, die Mitbestimmung der Arbeitnehmer im Unternehmen durch gewerkschaftliche Repräsentanten, eine Mehrheit der Arbeiter neben einer Minderheit der Angestellten mit – damals – unterschiedlichem rechtlichem Status und teilweise getrennter gewerkschaftlicher Vertretung, einheitliche Gestaltung der sozialen Sicherheit für alle Beschäftigten durch die großen sozialen Systeme Rentenversicherung, Krankenversicherung und Arbeitslosenversicherung: Dies sind die charakteristischen Merkmale der Arbeits- und Sozialordnung, wie sie in den 50er Jahren entstanden ist.

Die Auseinandersetzungen um die Verteilung des Volkseinkommens wurden im wesentlichen als Verteilungskämpfe zwischen Kapital und Arbeit, zwischen der Unternehmerwirtschaft und den arbeitenden Menschen, zwischen einer reichen Minderheit der »Besitzenden« und einer großen Mehrheit der »Nichtbesitzenden« begriffen. Der »kleine Mann« war der Prototyp des abhängig Beschäftigten. Um seine wirtschaftlichen und sozialen Belange mußten sich Gewerkschaften und politische Organisationen, staatliche Sozialeinrichtungen und kollektive Sicherungssysteme kümmern. Er selbst war dazu kaum in der Lage. Er erhielt, wenn er Arbeiter war, seinen Lohn wöchentlich in bar ausgezahlt. Noch gegen Ende der 50er Jahre waren viele davon überzeugt, eine monatliche Lohnauszahlung würde die Fähigkeit der Arbeiter überfordern, ihr Einkommen über einen längeren Zeitraum zu verteilen. Vorschläge, ihm ein Konto einzurichten und ihm seinen Lohn zu überweisen, wären auf verständnislose Ablehnung gestoßen. Als die IG Bau – Steine – Erden Anfang der 60er Jahre den ersten Tarifvertrag über vermögenswirksame Leistungen vereinbarte, hatte sie große Mühe, Banken zu finden, die bereit waren, Konten für die Arbeitnehmer einzurichten, die sich an der Vermögensbildung beteiligen wollten. Heute gehören die Arbeitnehmer zu den begehrtesten Kunden aller Geldinstitute.

Dazwischen liegt eine beispiellose Veränderung der Einkommens- und Vermögensverhältnisse der Privathaushalte in der Bundesrepublik. Meinhard Miegel, Geschäftsführender Vorstand des Instituts für Wirtschaft und Gesellschaft Bonn (IWG), hat sie in seinem Buch »Die verkannte Revolution«, Anfang der 80er Jahre beschrieben.

Seit 1950 hat sich unser Bruttosozialprodukt real verfünffacht. Pro Kopf der Bevölkerung ist es um 400 Prozent gewachsen. Die Bruttolöhne sind von 1950 bis 1988 real um mehr als das Vierfache, die Nettolöhne, wegen der schneller angestiegenen Steuern und Abgaben, real um das gut Dreifache gestiegen. Die Lohnsteuern erhöhten sich im gleichen Zeitraum um das Fünfzehnfache, die Sozialausgaben fast um das Achtfache. Zu vergleichbaren Preisen standen dem Drei-Personen-Haushalt 1950 1090 Mark monatlich zur Verfügung, dem Durchschnittshaushalt des Jahres 1989 (2,3 Personen) 4180 DM pro Monat. Das private Nettovermögen ist in der Zeit seit 1950 ebenfalls um 500 Prozent angestiegen. Die Spareinlagen inländischer Privatpersonen sind allein in der Zeit von 1981 bis 1987 von 463 Milliarden Mark auf 653 Milliarden Mark angewachsen. 1986 betrug das private Geldvermögen rund 2000 Milliarden Mark – etwa soviel wie das Bruttosozialprodukt. Dazu kamen Renten- und Pensionsansprüche in gleicher Höhe und rund 1500 Milliarden Mark an Haus- und Grundbesitz.

1950 hatten 85 Prozent der Bevölkerung die Hauptschule und 15 Prozent eine höhere Schule besucht. 1988 betrug der Anteil der Bundesbürger mit akademischer Ausbildung fast 20 Prozent. Rund 25 Prozent der 19- bis 26jährigen studieren (1950 waren es 2,5 Prozent). 60 Prozent hatten eine höhere Schule besucht. Der Anteil der Hauptschulabsolventen war auf 40 Prozent gesunken. Derzeit studieren knapp 1,5 Millionen junge Menschen. Rund 1,6 Millionen werden als Lehrlinge ausgebildet. Die Lehrlinge haben mit den Studenten gleichgezogen.

Das Ziel »Wohlstand für alle« ist für die große Mehrheit der Bevölkerung erreicht. Der kleine Mann ist groß geworden. Die Klassenlage, von der die SPD in den 50er Jahren ausging, hat sich aufgelöst.

Das bedeutet nicht, daß es keine Verteilungskonflikte mehr gäbe. Die Verteilung des Volkseinkommens ist immer mit Konflikten und Auseinandersetzungen verbunden. Die Anteile für

Privathaushalte und staatliche Aufgaben, für Löhne, Gehälter und Gewinne, für diejenigen, die Einkommen erzielen, und diejenigen, die ganz oder teilweise von den Leistungen der Gemeinschaft und der sozialen Systeme abhängen, sind immer umstritten. Was sich entscheidend verändert hat, ist die Struktur dieser Konflikte. Sie teilt die Bevölkerung nicht länger in Klassen. Die Konfliktlinien verlaufen heute quer durch alle Bevölkerungsschichten: zwischen Alt und Jung, Familien und Unverheirateten, Singles und Eltern, Subventionsempfängern und Steuerzahlern, Beamten und Gewerkschaften, Mietern und Hauseigentümern, Klein- und Großunternehmen, Bauern und Städtern, Straßenbauern und Umweltschützern, Beitragszahlern und Rentnern, Selbständigen und Arbeitnehmern usw.

Ein kaum noch überschaubares Geflecht aus vielfältigen, sich oft widersprechenden Interessen ist entstanden. Die Komplexität der Verteilungsfrage hat revolutionär zugenommen. Sie mit Strukturen zu erklären, die in den 50er Jahren entstanden sind, wirkt ebenso anachronistisch wie die Erste-Mai-Rhetorik mancher Gewerkschafter vor mühsam zusammengetrommelten Zuhörern oder die Drohgebärden vor Tarifauseinandersetzungen, bei denen es vielleicht ums Überleben veralteter Organisationen und deren Selbstverständnis, aber nicht mehr um das Überleben der Betroffenen selbst geht. So ist es nicht verwunderlich, daß mehr als die Hälfte der Bevölkerung (58 Prozent) im Frühjahr 1980 Klassenkampf als überholten Begriff bezeichnete und nur rund ein Viertel ihn auch heute noch für notwendig hielt (Allensbach-Umfrage).

Für die Parteienlandschaft bedeutet dies, daß es keine Klassenlage mehr gibt, die man durch eine politische Partei repräsentieren könnte. Die SPD ist nicht mehr die Partei vor allem der Arbeitnehmer, die CDU war nie die Partei des Kapitals, auch wenn sie den Besitzenden zugeordnet wurde und sich von Anfang an als »bürgerlich« empfand. Bürgerlich ist heute auch der Arbeitnehmer. Die Verteilungskonflikte von heute ziehen sich quer durch beide Parteien. Sie müssen zu einem wesentlichen Teil innerparteilich ausgetragen werden. Was die Volksparteien heute unterscheidet, sind nicht großräumige, die Gesellschaft als Ganzes trennende Verteilungskonflikte. Es ist die unterschiedliche Gewichtung eines ganzen Komplexes von Widersprüchen und Konflikten in unserem durch Vielfalt und Pluralität geprägten Gemeinwesen.

So ist es zutreffend, wenn die SPD-Führung im Entwurf eines neuen Grundsatzprogramms feststellt: »Die Bundesrepublik ist kein Klassenstaat.« Zwar hören wir immer noch den Nachhall der alten Schlachten. Das ist nicht verwunderlich. Von nichts trennt man sich schwerer als von erprobten Ansichten und Argumenten. Keine Diskussion wird leidenschaftlicher geführt als die über eine erledigte Sache. Man kennt alle Argumente. Man kann sich dem Genuß der Debatte hingeben, denn niemand muß befürchten, durch neue Einsichten überrascht zu werden. Deshalb wird uns Klassenkampfrhetorik noch eine Weile begleiten. Aber wie der Gegenstand selbst, den sie behandelt, wird auch sie zunehmend von neuen Auseinandersetzungen überlagert werden.

4. Wohl kein Konflikt hat die Entwicklung der Bundesrepublik so beeinflußt wie der Ost-West-Konflikt. Die wachsende Spannung unter den ehemaligen Alliierten des Zweiten Weltkriegs stand schon bei der Entstehung des neuen Staates Pate. Nichts, bemerkte der frühere amerikanische Hochkommissar und beständige Freund des freien Teils Deutschlands, John McCloy, noch vor wenigen Jahren, habe die Gründung der Republik und ihre Aufnahme in die westliche Staatengemeinschaft mehr beschleunigt, als die nach 1948 schnell anwachsende Bedrohung aus dem Osten. Der kalte Krieg, der ungeachtet flüchtiger Tauwetterperioden die politische Lage Europas bis in die frühen 80er Jahre bestimmt hat, überlagerte und beeinflußte immer wieder auch die Innenpolitik unseres Landes.

Die Einstellung der beiden Volksparteien zu diesem alles beherrschenden politischen Sachverhalt hat ihre politischen Stärkeverhältnisse bis Ende der 70er Jahre wahrscheinlich ebenso nachhaltig beeinflußt wie die Auseinandersetzungen um die Wirtschaftsordnung, die Arbeitsverfassung und die soziale Ordnung im Inneren. Für die Rollenverteilung sorgte bereits die erste Legislaturperiode des neuen Parlaments. Die CDU wurde die Partei des Westens, der Eindämmung der kommunistischen Gefahr und der engen Bindung der Bundesrepublik an die Vereinigten Staaten und das Atlantische Bündnis. Der SPD, dazu war Adenauer entschlossen, wurde die Gegenposition zugewiesen. Zum Teil unverschuldet, zum Teil gewollt wuchs sie ihr zu. Kurt Schumachers Vorwurf an Adenauer, er sei der Kanzler der Alliierten, ist ein Echo dieser Rollenverteilung.

Die kommunistische Drohung war real. Die Sowjetunion hatte bereits vor den ersten Schritten, die schließlich zur Gründung der Bundeswehr führten, mit dem Aufbau paramilitärischer Verbände in ihrer Besatzungszone begonnen. Als die Nordkoreaner im Koreakrieg mit chinesischer Hilfe die Grenze nach Südkorea überschritten, erging sich Ulbricht in lauten Überlegungen über die Notwendigkeit, dem »kapitalistischen Revanchismus in der Bundesrepublik« mit ähnlichen Mitteln zu begegnen. 1953 wurde der Aufstand der Arbeiter im kommunistischen Teil Deutschlands niedergeschlagen, 1956 der Aufstand in Ungarn. Immer wieder kam es zu bedrohlichen Behinderungen des Berlin-Verkehrs. Die Möglichkeit eines neuen europäischen Krieges wurde von der Führung der Sowjetunion nicht ausgeschlossen. Ihre Ideologen hielten ihn für unvermeidlich.

Die Bürger der Bundesrepublik wollten Frieden, den Frieden in Freiheit. Diese Freiheit war bedroht. Die Mitgliedschaft der Bundesrepublik im Atlantischen Bündnis, die Sicherheitsgarantien der Vereinigten Staaten, der eigene militärische Beitrag durch die Bundeswehr: alles dies war geeignet, sie wirksam zu schützen. Das Bündnis war, wie wir heute wissen, ungewöhnlich erfolgreich. Es hat den Frieden länger bewahrt als je zuvor auf europäischem Boden, wenn auch um den Preis der Teilung Europas und der Unfreiheit der Deutschen jenseits des Eisernen Vorhangs.

Die CDU war die Partei der NATO, der Freundschaft mit den USA und der Bundeswehr. Jahrelang hatte die SPD zu keinem dieser Faktoren unserer Sicherheitspolitik ein wirkliches Verhältnis. Die NATO lehnte sie ab, gegen die Bundeswehr war sie zu Felde gezogen, und kaum einer ihrer führenden Politiker hatte engere Beziehungen zu den Vereinigten Staaten. Sieht man von Willy Brandt ab, der als Regierender Bürgermeister Berlins und kraft eigener Neigung Verbindung zu Amerika unterhielt, war der wichtigste bundesdeutsche Verbündete gegen die Gefahr aus dem Osten für die SPD jahrelang eher Terra incognita.

Aber nicht nur dies trug dazu bei, daß das Wahlvolk rund zwei Jahrzehnte vor allem in der CDU den Garanten seiner äußeren Sicherheit sah. Die SPD bemühte sich immer wieder um Kontakte mit dem anderen Teil des geteilten Deutschland. Später zeigte sie Verständnis für die Positionen Polens, aber auch der DDR im geteilten Europa. Damit öffnete sie sich dem Verdacht, mit dem Osten »gemeinsame Sache« zu machen. Im innenpolitischen Machtkampf wurde diese Chance weidlich genutzt. Seine Nachwirkungen sind gerade in diesem Bereich besonders intensiv. Herbert Wehner, auch Brandt selbst, waren die prominentesten Opfer. Vor allem deshalb hat mich Brandts Rede am 16. Juni 1989 im Deutschen Bundestag beeindruckt, in der er dem Bundeskanzler der CDU zu den Ergebnissen des Besuchs von Michail Gorbatschow in Bonn gratulierte – und damit zugleich einen Schlußstrich unter die jahrzehntelangen Auseinandersetzungen über seine Ostpolitik ziehen konnte.

Adenauer hat die Sicherheitspolitik und ihre parteipolitische Zuordnung zur CDU nicht nur – und zu Recht – als sein herausragendes Verdienst angesehen, so wie Erhard seine Entscheidung für die soziale Marktwirtschaft. Er hat sie auch im Wahlkampf genutzt. Wahlplakate aus den Jahren 1953 und 1957, die vor der drohenden Gefahr aus dem Osten warnten, sind Beispiele für seine Strategie. So wie Johannes Rau ein Vierteljahrhundert später im Landtagswahlkampf 1980 verbreiten ließ, wer sich für die CDU – und damit für Franz Josef Strauß als Kanzler – entscheide, entscheide sich für den Krieg, hatten Adenauer und die Union nichts gegen den Eindruck einzuwenden, sie seien überzeugt, nur die CDU könne die Bundesdeutschen vor der Bedrohung aus dem Osten schützen.

Später, als sie auf den Oppositionsbänken saß, war die Union überzeugt, die Brandtsche Ostpolitik müsse zum Ausverkauf deutscher Interessen und zur endgültigen Preisgabe jeder Hoffnung auf Wiedervereinigung führen; eine eher ironische Wendung der Fronten, nachdem sie die SPD wegen ihrer Bemühungen um jede noch so vage Chance der Unzuverlässigkeit ausgesetzt hatte. Als die SPD später das Gespräch mit der SED aufnahm, um Unvereinbarkeiten ebenso zu protokollieren wie mögliche Bereiche für weitere Dialoge, wurde ihre Verläßlichkeit erneut bezweifelt. Als der Bann durch Gorbatschow gebrochen war, drängten auch die bisherigen Kritiker in die Nähe des kommunistischen Generalsekretärs. Ich habe die Ablehnung der von Erhard Eppler oder Egon Bahr mit SED-Politikern geführten Gespräche immer für falsch gehalten. Strategisch gesehen entsprachen sie der natürlichen Arbeitsteilung zwischen Regierung und Opposition. Inhaltlich war es wichtig zu erfahren, wie weit man in ideologisch relevanten Fragen mit den Machthabern in Berlin überhaupt in ein Gespräch kommen konnte.

Jedenfalls war es angesichts dieser Diskussionslage kein Wunder, daß Franz Josef Strauß seine Partei zutiefst irritierte, als er nur kurze Zeit nach dem Regierungswechsel 1982 bereit war, der DDR einen Kredit in Milliardenhöhe zu gewähren. Die Entstehung der Republikaner erhielt hier ihren ersten Anstoß. Sie war die Reaktion auf eine unvorbereitete Wende. Noch heute zehren politische Kräfte im rechten und im linken Bereich des politischen Spektrums von den damaligen Auseinandersetzungen und gegenseitigen Verdächtigungen.

Sicher ist, daß der innere Zusammenhalt der CDU und die Forderung nach Geschlossenheit jahrelang nicht nur mit der Abwehr sozialistischer Wirtschaftsexperimente im Inneren begründet werden konnte. Ihre Überzeugungskraft verdankte die Partei vor allem der Notwendigkeit, durch eine eindeutige außen- und sicherheitspolitische Position »mit beiden Beinen im Westen« (Rainer Barzel) die Sicherheit und Freiheit des Landes zu garantieren und die Bundesrepublik Deutschland vor dem Mißtrauen ihrer Nachbarn zu schützen.

All dies ist heute anders. Die Nachkriegszeit und mit ihr der kalte Krieg sind praktisch zu Ende. Die militärischen Potentiale, auch wenn sie sich noch nicht wesentlich verringert haben, rücken aus dem Mittelpunkt sicherheitspolitischer Betrachtungen an die Peripherie. »Die Disziplin der Furcht verfängt nicht mehr«, schreibt Christoph Bertram. »Die Machtverhältnisse innerhalb des Bündnisses verschieben sich.« Sie verschieben sich nicht nur innerhalb des Bündnisses. Sie ändern sich in ganz Europa.

Der NATO-Gipfel in Brüssel begrüßt – am 40. Jahrestag des Bestehens der Allianz – die Reformen in der Sowjetunion, die bereits zu größerer Offenheit, mehr Achtung für Menschenrechte und zu einer neuen Haltung in der Außenpolitik geführt hätten. Eine Zeit »noch nie dagewesener Veränderungen und Chancen« sei angebrochen. Die Staats- und Regierungschefs erklären, sie wollten die schmerzliche Teilung Europas überwinden und die Nachkriegszeit hinter sich lassen. Eine neue politische Friedensordnung soll in Europa geschaffen werden. Das Bündnis setzt sich eine neue Struktur der Beziehungen zwischen den Staaten in West und Ost zum Ziel. Ideologische und militärische Gegensätze sollten durch Zusammenarbeit, Vertrauen und friedlichen Wettbewerb abgelöst werden.

Zwar bleibt ein starkes und einiges Bündnis nicht nur »für die Sicherheit unserer Länder, sondern auch für unsere Politik der Förderung politischen Wandels von grundlegender Bedeutung«. Aber mehr als jemals zuvor »müssen sich jetzt unsere Anstrengungen zur Überwindung der Teilung Europas mit den zugrundeliegenden Ursachen befassen«. Daher wollen die Bündnispartner auch weiterhin einen umfassenden Ansatz verfolgen, der die vielen Dimensionen der zwischen Ost und West behandelten Themen einschließt. Im Rahmen des Bündnisses und der jeweils bilateralen Beziehungen will man, wo immer angebracht, die Reformprozesse im Osten unterstützen. Zu diesem Zweck sollen der Umfang der Kontakte auf ein breites Themenfeld und über den Bereich der Regierungen hinaus auf Einzelpersonen in Ost und West ausgedehnt werden. Man will erweiterte Wirtschafts- und Handelsbeziehungen anstreben, westliche Erfahrungen und Fachwissen an östliche Staaten weitergeben, die Staaten Osteuropas in gemeinsame Bemühungen einbeziehen, die sozialen, umweltbezogenen und technologischen Herausforderungen der modernen Welt zu bewältigen. Schließlich soll alles gefördert werden, was dazu führt, daß »unsere jeweiligen Gesellschaften sich gegenseitig besser kennenlernen und intensiver miteinander in Verbindung treten«.

Nur wenige Tage später stimmen Gorbatschow und Kohl in ihrer gemeinsamen Erklärung in Bonn darin überein, daß der Mensch mit seiner Würde und seinen Rechten und die Sorge für das Überleben der Menschheit im Mittelpunkt der Politik stehen müsse. Das Recht aller Völker, ihr Schicksal frei zu bestimmen, müsse sichergestellt werden. Auf die Risiken und Chancen moderner Wirtschaft, Wissenschaft und Technik will man gemeinsame Antworten geben. Die natürliche Umwelt soll durch entschlossenes Handeln gerettet, Hunger und Armut in der Welt sollen überwunden und neue Bedrohungen, wie Seuchen und internationaler Terrorismus, energisch bekämpft werden.

Beide Staaten, die Bundesrepublik und die Sowjetunion, betrachten es nach der gemeinsamen Erklärung vom 13. Juni 1989 als vorrangige Aufgabe ihrer Politik, zur Überwindung der Trennung Europas beizutragen. Sie wollen gemeinsam am Aufbau »eines Europas des Friedens und der Zusammenarbeit – einer europäischen Friedensordnung oder des gemeinsamen europäischen Hauses« arbeiten. Europa soll der Welt ein Beispiel für stabilen Frieden, gute Nachbarschaft und eine konstruktive Zusammenarbeit geben. Beide Länder wissen um die Bedeutung ihres Verhältnisses für die Lage in Europa. Um eine gute und verläßliche Nachbarschaft dauerhaft zu begründen, wollen sie »an die guten Traditionen ihrer jahrhundertelangen Geschichte anknüpfen«. Sie wollen der »Aufwärtsbewegung ihrer Beziehungen« Stabilität und Dauer verleihen.

Erklärungen sind kein Ersatz für politische Realität. Aber sie sind Teil dieser Realität. Die gemeinsame Erklärung von Bonn ist nichts weniger als eine historische Zäsur. Sie ratifiziert das Ende des kalten Krieges. Ihre politischen Auswirkungen sind enorm. Nur zu verständlich, daß sie unsere Nachbarn und die internationale Presse ausführlich beschäftigen. Innenpolitisch verwandeln der Besuch Gorbatschows und die vorausgegangenen Entwicklungen im Osten die politische Landschaft. Alles, was sich auf die Ost-West-Konfrontation und die Positionen des kalten Krieges wie auf geodätische Punkte bezog, muß neu vermessen werden. Wer in Zukunft die alten Landkarten parteipolitischer Auseinandersetzung benutzt, wird sich schnell verlaufen und nicht mehr ernstgenommen werden. Begriffliche Abgrenzungen sind überholt. Die Sicherheitspartnerschaft zwischen Ost und West zum Beispiel, vor kurzem noch ein Streitpunkt zwischen den Volksparteien, ist, zunächst in Gestalt der Überlebenspartnerschaft, inzwischen zum allgemeinen Begriff geworden.

Die deutsche Frage steht wieder auf der Tagesordnung, nicht nur in den Ost-West-Gesprächen, sondern auch innenpolitisch. Alfred Dregger plädiert für eine europäische Staaten-Union. Das vereinte Europa der Nationalstaaten von Polen bis Portugal sieht er als friedenserhaltende Mitte zwischen den Weltmächten. Die Bundeswehr muß sich mit der neuen Lage auseinandersetzen und – ähnlich wie die NATO – ihren Auftrag neu definieren. Mit der Abnahme der äußeren Bedrohung nehmen ihre inneren Probleme zu. Ihr Verteidigungsauftrag steht zur Diskussion, ihre Friedensstärke muß neu bestimmt, Rüstungsanforderungen müssen neu begründet werden. Ihr Auftrag ist, wie Richard von Weizsäkker feststellt, nicht weniger wichtig geworden. Aber seine Umrisse sind in Bewegung geraten. Sie werden vom allgemeinen Wandel mit erfaßt.

Die Bevölkerung nimmt in ihrer Einschätzung der Lage vieles bereits vorweg, was erst geschehen soll. Dem sowjetischen Staatspräsidenten Gorbatschow bringt sie ein fast überwältigendes Vertrauen entgegen. 61 Prozent sind nach einer »Spiegel«-Umfrage (Sommer 1989) mit seiner Politik einverstanden, 82 Prozent vertrauen darauf, daß er sich mit seinen Reformen durchsetzen werde. 76 Prozent der Bundesbürger fühlen sich nach der gleichen Umfrage vom Osten nicht länger bedroht. 1962 hielten 62 Prozent unserer Bevölkerung die Bedrohung noch für sehr groß oder groß, 1981 immerhin noch 50 Prozent. Heute sind es noch rund ein Viertel, die sich bedroht fühlen. Auch innenpolitisch hat die Bedrohung aus dem Osten ihre prägende Bedeutung verloren.

Zwar kann niemend ausschließen, daß erneut eine Lage eintritt, die von der Bevölkerung als Bedrohung empfunden wird. Rückfälle in Unvernunft (Richard von Weizsäcker) sind nie ausgeschlossen. Aber selbst dann würden sich die alten Konfrontationsstrukturen nicht wieder einstellen. Zuviel hat sich auf beiden

Seiten der Trennungslinie zwischen Ost und West verändert. Polen hat zum ersten Mal wieder ein frei gewähltes Parlament. Sein neuer – und alter – Staatspräsident wurde nicht mit der für kommunistische Länder üblichen Einstimmigkeit, sondern mit einer Stimme Mehrheit gewählt. Zwischen Ungarn und Österreich wird der Grenzzaun abgetragen. Ungarn will demokratische Wahlen einführen. Die kommunistische Partei des Landes ist bereit, das Risiko einzugehen, nicht mehr die führende politische Kraft zu sein. Niemand kann sagen, ob diese Länder noch für militärische Unternehmungen zur Verfügung stünden, die nicht vom Westen provoziert wären, sondern der Entlastung einer außer Kontrolle geratenen innenpolitischen Entwicklung in der Sowjetunion dienen sollen. Selbst die Fähigkeit der Sowjetunion zu solchen Aktionen erscheint eingeschränkt. Glasnost – die notwendige Bedingung der Perestroika – hat die Spannungen und Zentrifugalkräfte freigelegt, die die kommunistische Partei und die Regierungen des Riesenreiches in der Vergangenheit erfolgreich unterdrücken konnten. Die Nationalitäten fordern Autonomie und Selbstbestimmung. Der sowjetischen Armeeführung sind die Feindbilder abhandengekommen. Ihre Anforderungen an die Volkswirtschaft stoßen zunehmend auf Kritik.

Das militärisch-bürokratische Establishment kann die Reformprozesse des Generalsekretärs zwar boykottieren, erschweren oder behindern. Aber es kann selbst keine Alternative entwickeln. Denn aus vielen Gründen gibt es keine lebensfähige Alternative zu einem umfassenden Umbau der politischen und wirtschaftlichen Strukturen in der Sowjetunion. Gorbatschow selbst hat wiederholt festgestellt, und seine politischen und wissenschaftlichen Berater stimmen ihm zu: Zur Öffnung, Dezentralisation und inneren Erneuerung der Sowjetunion gibt es nur die Alternative von Untergang und Chaos.

All dies bedeutet, daß der Osten noch für lange Zeit Umbrüche, Veränderungen, politische und soziale Konflikte erleben wird. Ihr Verlauf ist ungewiß und ihr Ausgang unsicher. Stabilität wird auf absehbare Zeit durch Bewegung abgelöst bleiben. Die Risiken sind ebenso groß wie die Chancen. Aber sie sind gänzlich anders beschaffen als es die Risiken des kalten Krieges waren. Deshalb werden sie, wenn sie eintreten, auch gänzlich andere Antworten verlangen Mit den alten Denkstrukturen sind diese Antworten nicht zu finden.

5. Fast gleichzeitig mit dem Wandel im Osten verändert sich auch die europäische politische Landschaft. Die politische Einigung Europas auf dem Weg über eine europäische Wirtschaftsgemeinschaft: Das war, neben der sozialen Marktwirtschaft und der Bündnis- und Sicherheitspolitik, die dritte große Aufgabe, die Adenauer und die CDU sich vor 40 Jahren gestellt hatten. Anders als die beiden anderen stieß dieser Teil der Adenauerschen Politik nicht auf den prinzipiellen Widerstand der Sozialdemokraten. Den EVG-Vertrag hatten sie bekämpft, weil mit ihm die Wiederbewaffnung der Bundesrepublik verbunden war. Mit der Gründung der Europäischen Wirtschaftsgemeinschaft durch die Römischen Verträge von 1957 waren sie einverstanden.

Bereits gegen Ende der zweiten Legislaturperiode wurden die Veränderungen der sozialdemokratischen Positionen deutlich, die schließlich zum Godesberger Programm führten. Die Bevölkerung hatte den deutschen Verteidigungsbeitrag akzeptiert. Der marktwirtschaftlichen Ordnung hatte die breite Mehrheit der Wähler zugestimmt. Eine reale Aussicht, im Rahmen der Viermächteverantwortung zu einer Lösung der deutschen Frage zu kommen, bestand nicht mehr. Die europäische Option war der einzige denkbare Weg zu einer langfristig angelegten Überwindung der europäischen Teilung. Da es keinen nennenswerten innenpolitischen Widerspruch gab und die Vorbereitung der Wirtschaftsgemeinschaft im wesentlichen als eine Frage der Experten angesehen wurde, fand die Vertragsunterzeichnung in Rom fast unter Ausschluß der Öffentlichkeit statt. Kartellgesetz und Rentenreform nahmen die innenpolitische Aufmerksamkeit des Jahres 1957 weitgehend für sich in Anspruch. Eine außenpolitische Grundsatzentscheidung von größter Tragweite konnte gleichsam hinter dem Rücken der Öffentlichkeit erfolgen.

Ungeachtet der Zustimmung der SPD, die die Ratifikation des Vertragswerkes erleichterte, blieb die Europapolitik auch weiterhin eine Domäne der CDU. Viele Sozialdemokraten sahen in der Europäischen Wirtschaftsgemeinschaft nur die zweitbeste Entwicklung, nachdem eine Lösung der deutschen Frage nicht möglich war. So blieb die CDU die Europapartei der Bundesrepublik. Da es um die Europäische Wirtschaftsgemeinschaft in den ersten Jahrzehnten kaum wesentliche innenpolitische Auseinandersetzungen gab – wenn man von den Auseinandersetzungen über die Agrarpolitik absieht, die jedoch zum Teil innerhalb der CDU selbst stattfanden –, bestand bei der SPD auch kein ausgeprägtes Interesse, diesen Zustand zu ändern. Und dies, obwohl sie, wie der Grundsatzprogramm-Entwurf betont, die Vereinigten Staaten von Europa bereits in ihrem Heidelberger Programm von 1925 gefordert hatte.

Auch das neue Grundsatzprogramm der SPD zeigt, daß das Interesse der Partei an der europäischen Entwicklung nicht besonders ausgeprägt ist. Es sieht in der Europäischen Gemeinschaft vorrangig einen »Baustein einer regional gegliederten Weltgesellschaft« und eine Station auf dem Weg zu einer gesamteuropäischen Friedensordnung. So selbstverständlich ist die Utopie inzwischen geworden, von der Franz Josef Strauß noch auf dem Bundesparteitag der CDU 1983 in Köln gesprochen hatte, daß man keine Veranlassung mehr sieht, die einzigartige historische Dimension des Zusammenschlusses der west- und südeuropäischen Staaten ausdrücklich zu würdigen. Auch diese große Aufgabe der Nachkriegszeit ist erfüllt.

6. Was bedeutet dies nun für den Wandel in der Parteienlandschaft? Zunächst dies: Die großen Auseinandersetzungen der Nachkriegszeit haben sich erledigt. Soziale Marktwirtschaft und Westintegration, die europäische Einigung und die Normalisierung unserer Beziehungen zu den östlichen Nachbarn sind politische Wirklichkeit geworden und im Grundsatz außerhalb des politischen Streits.

Die Bedrohung aus dem Osten ist der Aussicht auf Zusammenarbeit mit den Staaten des Ostens, einschließlich der Sowjetunion, gewichen. Die ehemals antagonistischen Militärblöcke sind ernsthaft zur Abrüstung entschlossen. Einsicht fördert den Prozeß ebenso wie drängende wirtschaftliche Zwänge, was ihn verläßlicher macht. Mit dem Vertrag über den Abbau der atomaren Mittelstreckenraketen und seiner Durchführung sind wir dem

Ziel, »Frieden schaffen mit weniger Waffen«, ein Stück näher gekommen.

Die Sowjetunion äußert den Wunsch, mit den sieben führenden Industrienationen der Welt wirtschaftlich zusammenzuarbeiten. Mitglieder des Warschauer Paktes haben im Europarat Gaststatus erworben. Der amerikanische Präsident George Bush bezeichnet Polen in einer Rede vor dem neugewählten polnischen Parlament als einen Ort der Freiheit, und der sowjetische Staatspräsident Gorbatschow lobt ihn für diese Rede. Die Hoffnung auf die friedliche Beilegung von Konflikten ist, wie das Stockholmer Friedensforschungs-Institut SIPRI in seinem Jahrbuch 1988/89 feststellt, »stärker begründet als in irgendeinem Jahr zuvor seit dem Ende des Zweiten Weltkrieges«.

Genau darin, in der begründeten Hoffnung auf einen zwar bewegten, aber dauerhaften europäischen Frieden liegt die zweite bedeutende Veränderung, die sich auf die Parteienlandschaft auswirken muß. Die europäischen Völker werden lernen müssen, nicht nur in Frieden zu leben, sondern auch mit ihm. Das gemeinsame Interesse an der Abwehr einer Gefahr aus dem Osten wird an Wirkung verlieren. Der Kitt, den die Bedrohung für den Zusammenhalt des atlantischen Bündnisses wie der Europäischen Gemeinschaft lieferte, zeigt Risse.

Die Übersichtlichkeit einer Konfrontationsordnung wird der Vielfalt einer Friedensordnung weichen. In einem Gespräch, das ich im Februar 1989 mit ihm führte, äußerte Alexander Jakowlew Zweifel an der Stabilität einer europäischen Friedensordnung. Die Hoffnungen, die sich an sie knüpfen, hielt er eher für romantisch. Die europäischen Staaten hätten immer den Tanz um die Macht getanzt. Rußland habe sich daran ebenso beteiligt wie früher Spanien, dann England, dann Frankreich und Deutschland. Zwar dürfte man die Lektion nicht gering bewerten, die uns die beiden Weltkriege erteilt hätten. Aber die geschichtliche Erfahrung lehre doch, daß sich die alte Melodie stets aufs neue wiederhole. Ob man denn wirklich glaube, daß dies alles mit dem Gemeinsamen Markt 1993 zu Ende sei.

Ich antwortete ihm damals, die alten Muster würden sicher nicht verschwinden. Dazu seien sie zu tief in unser geschichtliches

Erbe eingeschliffen. Aber die Vollendung des Gemeinsamen Marktes sei ein weiterer Schritt auf dem Weg zur Unumkehrbarkeit. Das Ende der Entwicklung könne niemand voraussagen. Nationalstaaten von hoher Reife hätten sich noch nie zu einem höheren Gebilde zusammengeschlossen. Dennoch sei der alte Tanz allenfalls noch in ritueller und mediatisierter Form denkbar. Denn folgende Veränderungen hätten die geschichtliche Erfahrung überholt: die Unmöglichkeit, angesichts der nuklearen Bedrohung Probleme durch Krieg zu lösen; die wachsende ökologische Gefährdung Europas, vor allem Zentraleuropas; der wachsende Druck, den der Rest der Welt auf das privilegierte Europa ausüben werde, sowie die immer dichter werdende Kommunikation, die den Aufbau neuer nationaler Konfrontationen fast unmöglich mache, jedenfalls außerordentlich erschwere.

Damit sind bereits einige der neuen Aufgaben und Widersprüche angedeutet, die uns in unserem Land und in Europa beschäftigen werden. Sie werden, im Verein mit der fortschreitenden Integration Europas, dazu führen, daß sich die Grenzen zwischen Innen- und Außenpolitik zunehmend verwischen. Grenzüberschreitende Fragen werden sich mit innenpolitischen Problemen kreuzen. Europäische Entscheidungen werden nationale und lokale Besitzstände und Verteilungsstrukturen tangieren. Die weltweite Integration der Kommunikation wird sich mit dem Wunsch nach Regionalisierung der Lebensverhältnisse stoßen.

Die damit und mit den neuen Herausforderungen verbundenen politischen Fragen werden uns noch beschäftigen. Für die Parteienlandschaft bedeuten sie nicht nur neue Aufgaben, die politisch zu bewältigen sind. Sie führen auch zu neuen Konfliktstrukturen, neuen Bündnissen gesellschaftlicher Gruppen und Interessen. Diese werden keineswegs immer den Bündnissen und Koalitionen entsprechen, die unsere Volksparteien zu organisieren und zu beherrschen gelernt und in denen sie sich eingerichtet haben. Ihr innerer Zusammenhalt und ihre organisatorische Geschlossenheit werden dadurch auf neuartige Weise beansprucht werden.

Dies wird vor allem für die Union eine Herausforderung bedeuten. Sie war – wie wir gesehen haben – in den zurückliegenden

Jahrzehnten die Volkspartei, die die meisten tragenden Pfeiler gestaltet hat, auf denen die Ordnung der Bundesrepublik ruht. Abgesehen von der Ostpolitik war sie die Kraft, die die Grundentscheidungen unseres Landes maßgeblich geprägt hat. Sie ist mit diesen Aufgabenstellungen in besonderer Weise inhaltlich verbunden. Sie ist deshalb stärker als die SPD davon betroffen, daß sich die großen Aufgaben, weil sie verwirklicht sind und ihre Ergebnisse allgemein akzeptiert werden, als parteipolitische Themen erledigt haben.

Das einigende Band, das die Partei im Kampf um die Verwirklichung ihrer großen Ziele – soziale Marktwirtschaft, Westbindung und vor allem Abwehr der Bedrohung aus dem Osten – vereinte, ist heute ein Band, das die ganze Bevölkerung oder doch ihre große Mehrheit eint. Damit hat es seine Tauglichkeit zur Begründung einer parteipolitischen Solidarität weitgehend eingebüßt. Das christliche Abendland vor den Gefahren des atheistischen Kommunismus zu schützen, ist kein brauchbares parteipolitisches Ziel mehr. Das »Reich des Bösen« – wie Ronald Reagan es noch vor wenigen Jahren sah – genießt durch seinen politischen Führer in unserem Volk mehr Sympathien als der Präsident der Vereinigten Staaten. Viele sehen im sowjetischen Generalsekretär einen Hoffnungsträger für den europäischen Frieden, der mit uns in einem gemeinsamen europäischen Haus wohnen möchte. Es mit ihm gemeinsam zu bauen, haben wir uns unter Berufung auf die guten Traditionen unserer jahrhundertelangen gemeinsamen Geschichte feierlich vorgenommen.

Für die SPD ist die Bekämpfung des Klassenfeindes oder die Unterstützung des kleinen Mannes im Kampf gegen die Ausbeutung durch die Besitzenden kein plausibles, ihre Reihen einigendes Ziel mehr, wenn kleine und große Leute mit ihren Fahrzeugen, im gleichmacherischen Stau stundenlang auf der Autobahn eingeklemmt, auf die Möglichkeit warten, ihr Ferienziel im Ausland zu erreichen, um als kaufkräftige Touristen einen Teil ihrer insgesamt 107 arbeitsfreien Tage (ohne Sonntage) im Jahr zu genießen.

Über den Bau des europäischen Hauses, über die Sicherung des Friedens in ganz Europa, über die Notwendigkeit, dabei auch mit der DDR zusammenzuarbeiten, über weitere verteilungspolitische Forderungen zugunsten der breiten Mehrheit der Bevölkerung oder über die Wirtschaftsverfassung läßt sich kein politischer Streit stiften, der bedeutsam genug wäre, die Vielfalt in einer Volkspartei zu einer Kampfgemeinschaft zusammenzuführen. Andere einigende Visionen sind jedoch nicht wohlfeil zu haben. Was also ist dann das Band, das die Volksparteien zusammenhält?

III.
Die neuen politischen und gesellschaftlichen Aufgaben

Der Erfolg ist stets der Vater neuer Probleme. Die erfolgreiche Bewältigung politischer und gesellschaftlicher Widersprüche verändert die Gesellschaft und führt zu neuen Widersprüchen. Diese Widersprüche werden die Politik der kommenden Jahrzehnte bestimmen. Die Parteienlandschaft wird durch sie geprägt werden. Die neuen Widersprüche werden die alten nicht verdrängen, sondern überlagern. Die alten Konflikte werden auf der Tagesordnung bleiben. Daß wir gelernt haben, sie unter heutigen Bedingungen zu lösen, bedeutet *nicht*, daß sie ihre politische und gesellschaftliche Bedeutung verloren haben. Auch in Zukunft muß das erwirtschaftete Volkseinkommen verteilt werden. Auch in Zukunft werden die Ansprüche und Erwartungen größer sein als das, was zur Verteilung ansteht. Schon deshalb wird auch in Zukunft um eine gerechte und angemessene Verteilung gestritten, gestreikt und politisch gerungen werden müssen.

Mit den neuen Widersprüchen und Konflikten werden ebenfalls Ansprüche an das Volkseinkommen verbunden sein. Was wir für den Schutz der Umwelt, für den Bau neuer Kläranlagen, für die Müllbeseitigung, für die Erhaltung der Tropenwälder oder den Schutz der Erdatmosphäre aufwenden, kann nicht gleichzeitig konsumiert werden. Wenn in Zukunft Geld kosten soll, was die Natur bisher kostenlos bereitgehalten hat, werden andere, bisher bediente Ansprüche und Erwartungen zurücktreten müssen.

Wäre es heute schon möglich, Touristen an den Stränden, Skiläufer auf den Pisten und Autofahrer auf überfüllten Straßen mit allen Kosten zu belasten, die ihre Aktivitäten verursachen oder in Zukunft verursachen werden, so gäbe es weit weniger Touristen, Skiläufer und Autofahrer. Wer dann noch zu ihnen gehören wird, weil er es bezahlen kann oder weil ihm die begehrten Möglichkeiten zugeteilt werden: Auch das ist ein Verteilungsproblem von eminenter politischer Bedeutung. Es wird die bisher gefundenen gesetzlich, vertraglich oder politisch abgesicherten Verteilungsschlüssel in der Gesellschaft ebenso beeinflussen wie die zukünftigen Chancen und ihre Verteilung in der Bevölkerung.

Der zentrale Widerspruch, der zunehmend wirksam werden wird, ist der Widerspruch zwischen unseren Anforderungen an die Gegenwart und der Erhaltung der Bedingungen für eine zukünftige Gegenwart: Der Konflikt zwischen Gegenwarts- und Zukunftsinteressen. Er hat sich schon seit längerem angekündigt. Er ist, auf den Punkt gebracht, die Folge unserer derzeit herrschenden Wertvorstellungen von Freiheit, Fortschritt und Emanzipation. Nach rund einhundertjährigen politischen Kämpfen haben wir gelernt, unter den gegenwärtigen Lebenden unseres Volkes einen gesellschaftlichen und sozialen Ausgleich zu finden. Wir haben im Rahmen des sozialen Rechtsstaates und in den Grenzen menschlicher Unzulänglichkeit eine soziale Ordnung geschaffen, die der Mehrheit Wohlstand erlaubt und allen eine im wesentlichen menschenwürdige Lebensgrundlage sichern kann. Damit haben wir die Ausbeutung des Menschen durch den Menschen weitgehend überwunden.

Aber diese Problembewältigung beruht auf einer stillschweigend akzeptierten Prämisse: Wir lösen unsere Verteilungskonflikte teilweise zu Lasten zukünftiger Generationen. Wir bürden ihnen politische und wirtschaftliche Verpflichtungen auf, die wir uns selbst nicht zumuten wollen. Teilweise erweitern wir unsere Verteilungsspielräume zu Lasten der Natur. Das beeinträchtigt wiederum vor allem zukünftige Generationen und deren Lebenschancen – zunehmend allerdings auch unsere eigenen. Mit Hilfe von Wissenschaft und Technik und im Vertrauen auf die Bereitschaft unserer Kinder und Enkel, von uns begründete Verbindlichkeiten anzuerkennen, nehmen wir zur Befriedigung unserer Bedürfnisse mehr in Anspruch, als uns in der Kontinuität der

Generationen zur Verfügung steht. Wir beuten Natur und Zukunft aus. Wir leben zu einem wesentlichen Teil auf Pump.

Vor allem *drei Defizite* sind es, in denen sich diese Ausbeutung, diese Kolonialisierung von Natur und zukünftiger Menschheit, manifestiert: das ökologische Defizit, das demographische Defizit und das Haushaltsdefizit. Jedes dieser Defizite ist Ausdruck des Grundwiderspruchs zwischen Gegenwart und Zukunft. Fortdauer oder Überwindung eines jeden von ihnen entscheidet mit über die Zukunftsfähigkeit unserer politischen und kulturellen Ordnung und ihrer Wertvorstellungen, zumal ihrer Ethik.

Gemeinsam ist diesen Defiziten – und damit den Widersprüchen, die sich in ihnen ausdrücken –, daß sie *quer* zu den alten Widersprüchen liegen, die unsere politische Landschaft bis heute bestimmen. Die Antagonisten der alten Widersprüche sind nicht zugleich die Kontrahenten der neuen. Im Blick auf die neuen Widersprüche und die notwendigen Folgerungen, die sich aus ihnen ergeben, sind sie vielmehr Verbündete. Die Anforderungen der Zukunftssicherung treffen sie beide, ihre Verteilungserwartungen und erworbenen Besitzstände. Wenn ihr Sozialpakt auch deshalb funktioniert, weil seine Bedienung auf der Ausbeutung der Zukunft beruht, dann wird der Pakt gefährdet, wenn die Ausbeutung nicht mehr möglich ist. Es ist eben – auch für die Kontrahenten der gegenwärtigen Verteilungskonflikte – ein Unterschied, ob wir Subventionen, Regionalförderungen, Strukturprogramme oder Arbeitsmarkthilfen durch eine Erhöhung der Steuern oder durch eine Erhöhung der Staatsschulden finanzieren. Im ersten Fall müssen gegenwärtige Verteilungsbesitzstände neu geordnet werden. Im zweiten Fall werden die Kosten Adressaten zugewiesen, denen gegenwärtig keine Möglichkeit zu Gebote steht, Lasten zu verweigern. Deshalb ist es politisch einfacher, den zweiten Weg zu gehen und den Konflikt praktisch in die Zukunft zu verlagern – nach dem Motto: Die kommenden Generationen werden es schon richten.

Daß die Antagonisten der alten Widersprüche Verbündete sind, wenn es um die neuen Widersprüche geht, ist für die Pateienlandschaft von entscheidender Bedeutung. Politische Parteien repräsentieren Interessen, die sich durch ihre Stimmabgabe bei Wahlen

Nachdruck verleihen können. Weder meine Enkel noch die Bäume haben ein Stimmrecht. Sie können sich nicht an Wahlen beteiligen und damit ihren Interessen – neben den ebenfalls vertretenen Gegenwartsinteressen – Beachtung verschaffen. Unser demokratisches Verfahren bündelt die verschiedenen gesellschaftlichen und politischen Interessen durch politische Parteien, gleicht sie innerparteilich aus und stellt den so gefundenen Kompromiß zur Wahl.

Das funktioniert dann, wenn diese Interessen durch Wähler repräsentiert werden. Vor der Notwendigkeit, Zukunftsinteressen angemessen zu respektieren, versagt es. Zukunftsdefizite sind die Folge.

Das läßt sich nur ändern, wenn wir als Stimmbürger neben unseren Gegenwartsinteressen *auch* die Zukunftsinteressen mitvertreten. Das heißt: Wir müssen uns für diese Interessen mitverantwortlich fühlen, auch wenn es sich nicht zugleich um unsere eigenen, sondern um die Zukunftsinteressen unserer Nachkommen handelt. Als heute Lebende und im Bewußtsein der Verantwortung für die zukünftige Menschheit – konkret für unsere Kinder und Enkel – müssen wir den Konflikt zwischen *unseren* Gegenwartsansprüchen und *unserer* Verantwortung für zukünftige Lebensbedingungen in uns selbst austragen: als einzelner wie als Gemeinwesen. Und wir müssen dies auf friedliche, freiheitliche und demokratische Weise tun, wenn wir die Grundlagen unseres Gemeinwesens und unsere Wertordnung nicht gefährden wollen.

Daß dies so ist, darin sind wir uns inzwischen alle einig. Im Beschluß ihres Parteitages in Bremen, 1989, »Unsere Verantwortung für die Schöpfung« spricht die CDU von unserer Verpflichtung, die Schöpfung zu erhalten und weiterzuentwickeln, als dem Ausdruck der Solidarität über Generationen und Grenzen hinweg. Ein »ökologischer Generationenvertrag« müsse die möglichen Folgen unseres Handelns für die Zukunft zur Grundlage unserer heutigen Entscheidungen machen. Wer sich seinen Wohlstand von zukünftigen Generationen bezahlen lasse, verletze diesen Generationenvertrag, weil er die Lebensmöglichkeiten zukünftiger Generationen beeinträchtigt oder gefährdet.

Mit der Politik ihres neuen Grundsatzprogramms wollen die Sozialdemokraten die Natur als Grundlage des menschlichen Lebens schützen. Die ökologische Erneuerung sei zur Frage des Überlebens geworden. Von einer ausdrücklichen Verpflichtung gegenüber den nachkommenden Generationen ist allerdings nicht die Rede. Der Irseer Entwurf von 1986 sprach noch davon, daß die Menschen, indem sie ihre natürlichen Lebensgrundlagen untergraben, ihr eigenes Leben gefährden, »noch mehr das ihrer Kinder und Enkel«. Deshalb werde die Sicherung und die Wiederherstellung natürlicher Lebensgrundlagen zur Voraussetzung dafür, daß »künftige Generationen leben und, ebenso wie wir, für eine bessere Ordnung arbeiten können«. Warum dieser gute Satz in den neuen Entwurf nicht aufgenommen wurde, weiß ich nicht.

Von einer Verpflichtung gegenüber den kommenden Generationen gehen auch die kleineren Parteien aus, vor allem die GRÜNEN. In der Tat hat sich inzwischen ein allgemeines ökologisches Bewußtsein gebildet. Der Schutz der Umwelt findet sich seit Jahren unter den innenpolitischen Themen, die die Bevölkerung für besonders wichtig hält. Heute rangiert er entweder an erster oder, hinter Arbeitslosigkeit, an zweiter Stelle. Das Engagement und die Bereitschaft der Bürger, sich auch im eigenen Lebensbereich auf die neue Herausforderung einzustellen, wachsen, je näher die drohenden Umweltkatastrophen unserer eigenen Gegenwart kommen.

Der breite Konsens wirkt beruhigend. Ich habe allerdings den Verdacht, daß er seine nach wie vor friedliche und eher kontemplative Existenz vor allem einem Umstand verdankt: Daß das wirkliche Ausmaß der neuen Herausforderungen bisher weder wirksam politisch vermessen noch in das allgemeine Bewußtsein eingegangen ist. Sonst könnten die Parteien kaum derart unbefangen und unwidersprochen von den grundlegenden Veränderungen unseres Verhaltens sprechen, ohne die es eine Bewältigung der neuen Widersprüche nicht gibt, ohne die es also nach menschlichem Ermessen auch keine lebenswerte Zukunft geben wird. Noch immer herrscht vielmehr der Eindruck vor – wobei ich die GRÜNEN ausnehme –, irgendwie werde sich eine elegante Kombination heutiger zukünftiger Notwendigkeiten finden lassen, die es erlauben werde, mögliche Beschränkungen zugunsten der Natur und unserer Zukunftsfähigkeit als Gemeinwesen auf ein erträgliches Ausmaß zu beschränken – vielleicht auf Tempo 130 auf Autobahnen. Welches sind, in der gebotenen Kürze, die Herausforderungen, vor die uns die neuen Defizite stellen?

1. Die ökologische Herausforderung

Beginnen wir zur Illustration mit einem praktischen Dilemma. Der erste Satz in der Vorlage zur mittelfristigen Finanzplanung, die der Bundesfinanzminister zusammen mit dem Haushalt 1989 dem Bundestag im September 1988 vorlegte, lautet: »Ziel der Wirtschafts- und Finanzpolitik der Bundesregierung ist die Verstetigung des gesamtwirtschaftlichen Wachstums und die Verbesserung der Beschäftigungslage.« Etwa zur gleichen Zeit warnte Umweltminister Professor Töpfer vor einem Entsorgungsnotstand. Wir könnten der ständig wachsenden Müllberge, im Bereich des Haushaltsmülls wie des Sondermülls, nicht Herr werden – und dies nicht nur in Deutschland, sondern in ganz Europa.

Beide Erklärungen machen deutlich: In unserer Industriegesellschaft finden zwei Entwicklungen statt, die unter den gegebenen Bedingungen einander widersprechen und – ohne Änderung dieser Bedingungen – auch dauerhaft nicht in Übereinstimmung miteinander gebracht werden können. Einerseits halten wir das gesamtwirtschaftliche Wachstum, gemessen in jährlichen Steigerungen des Bruttosozialprodukts, für so wichtig, daß wir es als wichtigste Aufgabe der Wirtschafts- und Sozialpolitik bezeichnen. Andererseits wachsen die Sorgen derer, die damit betraut sind, die Folgen der ständigen Expansion der Produktion und des Konsums von Gütern aller Art zu bewältigen.

Die Ursachen dieses Dilemmas reichen weit zurück. Spätestens seit Ende der 60er Jahre gehört angemessenes Wirtschaftswachstum im Sinne einer quantitativen Vermehrung von Gütern und

Dienstleistungen zu den wichtigsten wirtschaftspolitischen Zielen unseres Landes. Neben Preisstabilität, Vollbeschäftigung und außenwirtschaftlichem Gleichgewicht zählt es zum Zielkatalog der Wirtschaftspolitik. Die jährliche Zuwachsrate des Bruttosozialprodukts gilt als der wichtigste Indikator ihres Erfolgs.

Die Vorstellung, eine ständige Vermehrung von Gütern und Dienstleistungen sei Ausdruck nicht nur wachsenden Wohlstands, sondern auch gesellschaftlichen Fortschritts, ist jedoch älter. Die *Expansivität des modernen Denkens*, das immer weiter ausgreift, immer neue Grenzen überwindet, beginnt im Grunde mit der Aufklärung und der Entwicklung der modernen Naturwissenschaften. Seit dem 19. Jahrhundert beschleunigt sich die Vermehrung ihres Wissens nach exponentiellen Funktionen.

Dieses Wachstum des Wissens wird begleitet von dem, was ich die *Expansivität des Materiellen* nennen möchte. Dem Wachstum des Wissens und seiner technischen Umsetzung folgte die wachsende Inanspruchnahme materieller Ressourcen: vor allem der Rohstoffe und der Umwelt. Dabei galten bis vor kurzer Zeit Rohstoffe und Bodenschätze, insbesondere aber die Umwelt – Wasser, Luft und Natur – als freie Güter. Soweit sie zur Nutzung zugeteilt waren, ging es weniger um die Berücksichtigung ihrer Knappheit als um die Zuweisung des Rechts, sie auszubeuten. Die Steigerung ihrer Inanspruchnahme zum Zwecke der Produktion und damit der Verbesserung des Lebensstandards galt und gilt im Grunde bis heute als Fortschritt. Sie trägt zur Vermehrung des Wohlstands bei. Das Wohlstandsziel wiederum, das in den 50er Jahren – den Jahren des Wiederaufbaus – neu formuliert wurde, sieht im *Überfluß materieller Güter* und ihrer ständigen weiteren Vermehrung einen Ausdruck erfolgreicher Politik. Dieser Überzeugung entspricht die Annahme, unsere materiellen Bedürfnisse seien prinzipiell unbegrenzt. Deshalb wird die Überwindung der Begrenztheit der Bedürfnisbefriedigung ebenso als Fortschritt empfunden wie die ständige Ausdehnung der Bedürfnisse. Beide gelten als wesentliche Grundlagen des wirtschaftlichen Wachstums.

Tatsächlich läuft diese Betrachtungsweise auf eine *Umkehr* des Verhältnisses von Produktion und Bedürfnisbefriedigung hinaus.

Im Prinzip dient die Steigerung der wirtschaftlichen Aktivitäten in den hochentwickelten Industrienationen heute nicht mehr primär der Befriedigung der Bedürfnisse der Bevölkerung, sondern die Steigerung der Bedürfnisse dient der Aufrechterhaltung ausreichender wirtschaftlicher Aktivitäten. Die Wirtschaftspolitik fördert das Wirtschaftswachstum nicht, um die Bedürfnisse der Menschen besser befriedigen zu können, sondern um Arbeitsplätze und damit Arbeitseinkommen zu sichern, das wiederum konsumiert werden kann.

Da der technische Fortschritt eine immer rationellere Produktion erlaubt, die gleiche Gütermenge also immer weniger Arbeitseinsatz erfordert, muß die Produktion steigen, damit es genug Beschäftigung gibt. Nicht die wachsenden Bedürfnisse der Menschen bestimmen so letztlich das Wachstumstempo der Produktion und damit der Wirtschaft, sondern die technisch-naturwissenschaftlichen Entwicklungen. Diese Entwicklungen sind jedoch tatsächlich unbegrenzt.

Technisch-naturwissenschaftliche Grenzen können die *Expansion des Materiellen* deshalb nicht begrenzen. Da wir die Bedürfnisse des Menschen ebenfalls als unbegrenzt ansehen, können wir auch aus ihrer Bewertung keine Begrenzung für die Steigerung ihrer Befriedigung und damit für den Rohstoff- und Umweltverbrauch ableiten. Im Ergebnis heißt das: Das Wachstum der Produktion, der wachsende Verbrauch von Rohstoffen und Umwelt, die Steigerung der Bedürfnisse und ihrer Befriedigung sind – jedenfalls konzeptionell – unbegrenzt. Ihre Entwicklung wird nicht durch Vorstellungen des Gemeinwesens von einer ausreichenden oder angemessenen Befriedigung menschlicher Bedürfnisse bestimmt, sondern durch die technisch-naturwissenschaftlichen Möglichkeiten und deren Wachstum.

Die Entwicklung politischer und gesellschaftlicher Wertvorstellungen über das, was eine ausreichende oder angemessene Bedürfnisbefriedigung sein könnte, gilt, mangels allgemein akzeptierter und vermittelbarer Maßstäbe, als unmöglich. Sie ist nach unseren Vorstellungen mit der Freiheit des einzelnen nicht vereinbar. Für die Ausweitung der technisch-naturwissenschaftlichen Möglichkeiten gibt es ebenfalls bis heute keine verläßlichen Wertmaßstäbe. Bis in die jüngste Vergangenheit galten technisch-naturwissenschaftliche Bereiche als wertfrei. Die große Mehrheit sieht dies auch heute noch so.

Damit fehlen uns sowohl für die Expansion der Bedürfnisbefriedigung wie für die Expansion der technisch-naturwissenschaftlichen Möglichkeiten Kriterien einer Begrenzung. Unsere industrielle Entwicklung, wie sie im wirtschaftlichen Wachstum ihren Ausdruck findet, ist praktisch *entgrenzt*. Ihr Tempo wird nicht von politisch definierten Notwendigkeiten bestimmt, die eine Abwägung zwischen Ertrag und Kosten erlauben würden, sondern von den technisch-naturwissenschaftlichen Entwicklungen. Die Fähigkeit der Nationen, diese voranzutreiben, ist zum eigentlichen Maßstab für die internationale Wettbewerbsfähigkeit geworden.

Wenn so letztlich technisch-naturwissenschaftliche Entwicklungen bestimmen, was Fortschritt ist und wie schnell er sich vollzieht, dann kann das Fortschritts*konzept* keine Kriterien für die Begrenzung der *Expansivität des Materiellen* liefern. Die Expansivität selbst ist das Konzept. Wirtschaftswachstum ist Ausdruck des Fortschritts. Aber es wird auch zunehmend aus Gründen, denen wir an anderer Stelle im einzelnen nachgehen werden (unten Seite 113), von allen westlichen Industrienationen für unverzichtbar gehalten. Es gilt als eine notwendige Bedingung der Regierbarkeit in der modernen industriellen Demokratie.

Bis weit in die 60er Jahre schien es auch keine natürlichen, gewissermaßen externen Begrenzungen der *materiellen Expansivität* zu geben. Die Menschen hatten gelernt, mit Hilfe der Naturwissenschaften und der Technik die Grenzen zu überwinden, die die Natur ihnen und ihren Handlungsspielräumen bis in die späte Neuzeit gezogen hatte. Erst in der jüngsten Gegenwart wird deutlich, daß die *Expansivität des Materiellen* an natürliche Grenzen stößt: an die Grenzen der Tragfähigkeit ihrer eigenen natürlichen Grundlage.

Die Verschmutzung und Vergiftung der Böden und des Grundwassers, die Gefährdung der Lebensfähigkeit der Meere, die zunehmende Belastung der Luft und der Nahrung, die Verwüstung von Landschaften, die Zerstörung der Tropenwälder, die zunehmde Erschöpfung von Rohstoffquellen, die Dezimierung der Artenvielfalt bei Tieren und Pflanzen und die Klimaveränderungen, die durch menschliches Handeln verursacht werden: Alles sind Symptome einer zunehmenden Erschöpfung der Natur. Zum ersten Mal seit Beginn der Menschheitsgeschichte können wir das Leben auf unserem Planeten und damit unsere eigene Zukunft in Frage stellen: durch die atomare und durch die ökologische Katastrophe. Beide unterscheiden sich im Ergebnis nur durch die zeitliche Dimension. Die endgültige Zerstörung unserer Lebensgrundlagen ist in den Bereich des Möglichen gerückt.

Vor rund 15 Jahren warnte der Bericht des *Club of Rome* – erstmals mit politischer Wirksamkeit – vor der selbstzerstörerischen Bedeutung exponentieller Wachstumsverläufe. Inzwischen, nur eine halbe Generation später, sind die Probleme bereits drängend und die zeitlichen Horizonte bis zur möglichen Katastrophe so eng geworden, daß sie nicht mehr nur die Zukunft *künftiger*, sondern bereits die der *heute* lebenden Generationen betreffen. Die Weltwirtschaftsgipfel in Bonn 1978 und 1985 sahen im Wirtschaftswachstum noch den alleinigen Schlüssel zur Überwindung der wirtschaftlichen Schwierigkeiten ihrer Länder. 1978 waren die Staats- und Regierungschefs der sieben wichtigsten Industrienationen überzeugt, daß mehr Wachstum erforderlich sei, »damit die freie Welt den Erwartungen ihrer Bürger ... gerecht werden kann«. 1985 erwähnten sie zwar auch ihre Verantwortung für die Erhaltung der natürlichen Lebensgrundlagen. Wiederum sahen sie dann aber in der unermüdlichen Verfolgung einer Politik, »die dauerhaftem Wachstum und höherer Beschäftigung dient«, den wirksamsten Beitrag für dauerhaften neuen Wohlstand.

Erst in ihrer Wirtschaftserklärung von Paris (Juli 1989) stellen die sieben Staats- und Regierungschefs einen Zusammenhang zwischen Wirtschaftswachstum und Umweltschutz her. Die drei großen Herausforderungen, die die Wirtschaftslage 1989 berge, seien: »Wahl und Durchführung der Maßnahmen, die erforderlich sind, um ein ausgewogenes und dauerhaftes Wirtschaftswachstum aufrechtzuerhalten, der Inflation entgegenzuwirken, Arbeitsplätze zu schaffen und die soziale Gerechtigkeit zu fördern«; zum zweiten »die Entwicklung der zunehmenden Einbindung der Entwicklungsländer in die Weltwirtschaft«; als drittes die »dringende Notwendigkeit, die Umwelt für künftige Generationen zu erhalten«. In der ganzen Welt werde man sich zunehmend der Notwendigkeit bewußt, das weltweite ökologische Gleichgewicht besser zu wahren. Einschneidende Maßnahmen seien erforderlich, um den Verpflichtungen gegenüber zukünftigen Generationen gerecht zu werden. Um eine umweltgerechte Entwicklung zu erreichen, wollen die Staats- und Regierungschefs »die Vereinbarkeit von Wirtschaftswachtum und Entwicklung mit dem Umweltschutz sicherstellen«. Im Bewußtsein ihrer Verantwortung angesichts der Umweltbedrohungen für den gesamten Planeten will auch die Europäische Gemeinschaft auf dem Gebiet des Umweltschutzes eine wesentliche Rolle spielen. National wie international werden die Bedrohungen zunehmend verstanden.

Damit hat sich zunächst die *Erkenntnis* von der Bedrohung durchgesetzt, die für unsere Lebensweise und unsere Zukunft von der Zerstörung der Umwelt durch die Industrialisierung ausgeht. Dies ist bereits ein großer Fortschritt. Wir erkennen, daß wir vom Naturkapital, nicht vom Einkommen der Erde leben. Wir vermehren dieses Kapital nicht, sondern wir vermindern es. Mit der Vernichtung vieler Arten und damit der Reduktion der Artenvielfalt werfen wir die Natur gewissermaßen entwicklungspolitisch zurück. Wir re-barbarisieren sie. Wir treiben mit der Erde Raubbau. Das Buch von Herbert Gruhl, der in meiner Partei keinen Rückhalt fand, als er 1975 mit großer Eindringlichkeit auf dieses Problem hinwies, trägt den zutreffenden Titel »Ein Planet wird geplündert«.

Die Einsicht wächst, daß der Verbrauch des Naturkapitals, der Verbrauch endlicher Rohstoffe, kein dauerhafter Zustand sein kann. Setzt man die Entstehungszeit der Kohlenwasserstoffe mit einem 80jährigen Menschenleben gleich, dann verhält sich deren Entstehungszeit zu ihrer Verbrauchszeit wie 80 Jahre zu einer knappen Stunde. Die Menschheit brennt – entwicklungsgeschichtlich gesehen – das heute bekannte und zugängliche Kohlenwasserstoff-Kapital in einem gigantischen Feuerwerk ab.

Das Bild erinnert an eine Beobachtung von Hans Jonas. Man

könne, meinte er, ohne mit sich selbst in Widerspruch zu geraten, für sich wie für die Menschheit ein kurzes Feuerwerk äußerster Selbsterfüllung der Langeweile endloser Fortsetzung des Mittelmaßes vorziehen. Vorausgesetzt allerdings – so wäre hinzuzufügen – man wird durch seine Verantwortung für die zukünftige Menschheit nicht daran gehindert. Praktisch gesehen stellt sich einem solchen Verhalten kein äußerer Widerstand entgegen, der den zerstörerischen Prozeß hemmt. Wie schwierig es ist, ihn durch politische Maßnahmen zu begrenzen, macht die schnell fortschreitende Zerstörung der Regenwälder deutlich, die nicht nur für die betroffenen Länder selbst, sondern für die ganze Erde unentbehrlich sind.

Begrenzungskrisen hat es, wie der Biologe Hans Mohr feststellte, in der Menschheitsgeschichte immer wieder gegeben. Sie waren regelmäßig lokaler oder regionaler Natur. Die Betroffenen konnten sich ihnen durch Auswanderung entziehen. Diese Möglichkeit besteht nicht mehr. Die heutige Begrenzungskrise ist globaler Natur. Der Ausweg durch Wanderung, durch Erschließung neuer Räume, ist unserer industriellen Gesellschaft, unserer westlichen Welt, man könnte auch sagen: dem christlichen Abendland, für immer versperrt. Zwar versuchen wir, uns zusätzliche materielle Entfaltungsmöglichkeiten zu sichern, indem wir gewissermaßen in die Zukunft »auswandern«. Nur ist auch diese Form der Wanderung inzwischen so intensiv geworden, daß selbst die Zukunft beginnt, sich zu erschöpfen. Die Folgen ihrer Inanspruchnahme werden immer mehr zur Gegenwart *unserer* Leben. So können wir unsere Probleme nicht länger – im wörtlichen oder übertragenen Sinne – durch Auswanderung lösen. Wir müssen uns der Aufgabe der Begrenzung stellen.

Damit steht unsere westliche Industriegesellschaft einer Aufgabe gegenüber, für die es in ihrer bisherigen historischen Entwicklung kein Vorbild gibt: Sie muß selbst eine *inhaltliche Begrenzung* ihrer Handlungsspielräume finden. Begrenzung in diesem Sinne heißt: Sie muß ihr gesellschaftliches und individuelles Handeln in einer Weise begrenzen, die *enger* ist als die Grenzen, welche ihr durch ihr jeweiliges, tatsächliches technisch-naturwissenschaftliches Können gezogen sind. Eine Begrenzung durch

Einsicht und Notwendigkeit also. Letztlich geht es um eine Begrenzung durch eine Ethik der Verantwortung (Hans Jonas).

Ob unser politisches Gemeinwesen, ob unser »System« dies leisten kann, ist keineswegs sicher. Die neue Lage trifft uns gänzlich unvorbereitet. Für eine normative Begrenzung technisch-naturwissenschaftlicher Entwicklungen fehlen uns die Maßstäbe ebenso wie für eine normative Begrenzung der *Expansivität des Materiellen.* Mehr noch: Die Entwicklung solcher Maßstäbe widerspricht unseren derzeit gültigen politischen Vorstellungen.

Begrenzungen im Bereich der Naturwissenschaften erscheinen uns allenfalls dann zulässig, wenn die Würde des Menschen unmittelbar betroffen ist oder von naturwissenschaftlicher Forschung Gefahren ausgehen könnten, die nicht kalkulierbar sind oder uns nicht akzeptabel erscheinen. Versuche, die Expansion von Produktion und Konsum zu begrenzen, stehen in offenem Widerspruch zur herrschenden Ansicht von der Notwendigkeit weiteren Wachstums. Wie immer diese Notwendigkeit im einzelnen begründet werden mag – Überwindung der Arbeitslosigkeit, besserer sozialer Ausgleich, Notwendigkeit von Zukunftsinvestitionen, Erleichterung des Umweltschutzes, politisch problemlosere Bewältigung von Verteilungskonflikten, Unterstützung der Dritten Welt, Ausgleich weltwirtschaftlicher Ungleichgewichte usw. Sicher ist, daß uns die Vorstellung fremd ist, das quantitative Wachstum der Wirtschaft könne normativen Begrenzungen unterworfen werden, die sich aus unserer Zukunftsverantwortung ergeben. Alle Versuche, in diesem Sinne Begrenzungen zu entwickeln, sind mit unserem bisherigen Fortschrittsdenken unvereinbar. Sie stoßen deshalb auf enorme Widerstände.

Dieses Fortschrittsdenken ist ebenso wie unser wirtschaftliches Handeln durch die Erfahrungen des industriellen Zeitalters geprägt. In ihm ist die Vorstellung tief verwurzelt, die Dinge müßten sich vermehren, quantitativ zunehmen, also wachsen. Sie beherrscht nicht nur unsere wirtschaftlichen Aktivitäten. Alle wissentlichen Äußerungen gesellschaftlichen Lebens werden durch unsere politische und kulturelle Vorstellungswelt zunächst danach befragt, ob sie durch Vermehrung und Wachstum gekennzeichnet sind und in diesem Sinn Fortschritt darstellen. Typisch ist die Auswahl der 500 größten Unternehmen in der Bundesrepublik oder in der Welt. Entscheidend ist nicht, ob sie ein optimales Verhältnis von Aufwand und Ertrag erzielt oder in besonderer Weise zur Förderung der Zukunftsfähigkeit der Gesellschaft oder zur Verbesserung der Qualität des Lebens beigetragen haben. Entscheidend ist die Höhe ihres Umsatzes. Was sie mit welchem Ergebnis umsetzen, welche Kosten aus ihren Aktivitäten der Allgemeinheit erwachsen und welchen Nutzen die Allgemeinheit von ihren Aktivitäten hat, sind keine relevanten Entscheidungskriterien für ihre Auswahl.

Dieses quantitative Denken, mit dem wir Erfolg und Fortschritt definieren, hat unser kulturelles Verhalten nachhaltig konditioniert. Eine Art gesellschaftliche Erbmasse oder gesellschaftliche Gene haben sich gebildet, die unsere kulturellen, geistigen, politischen, aber auch philosophischen Denkstrukturen, also auch unsere Wertvorstellungen bestimmen. Deshalb ist die prinzipielle Frage durchaus gerechtfertigt, ob mit unserer gegenwärtigen Art des Denkens alternative Ordnungen überhaupt gedacht und politisch realisiert werden können. Ordnungen, mit deren Hilfe es gelingen kann, unser Handeln durch andere Grenzen zu beschränken als jene, die uns in der Gegenwart als äußere Zwänge oder natürliche Begrenzungen gesetzt sind.

Ich gehe davon aus, daß es *prinzipiell möglich* ist, solche normativen Grenzen für unser wirtschaftliches, gesellschaftliches und politisches Handeln und damit für die Einlösung von Zukunftserwartungen im Rahmen unserer politischen Ordnung zu bestimmen. Bedenkt man die Schwierigkeiten der Aufgabe, so ist dies fast eine *utopische* Annahme. Deshalb ist keineswegs gesagt, daß sich die Gesellschaft in ihrem praktischen Verhalten dieser Einsicht öffnet, daß sie Begrenzungen politisch beschließt und beachtet. Wahrscheinlicher ist, daß man der Einsicht erst folgen wird, wenn ihr eine offenkundige Gefährdung der Gesellschaft als Bundesgenosse zur Seite steht.

Ohne die Evidenz der Bedrohung, ohne die *Offensichtlichkeit* des Zwanges, neuen Gedanken und Konzeptionen bei Strafe der Selbstgefährdung zu folgen, wird es die gesellschaftlichen Veränderungsprozesse kaum geben, mit denen wir unsere Zukunftsverantwortung einlösen. Der Glaube an die Möglichkeit, man könne eine tief im vorhandenen Denken verwurzelte, in der gesellschaftlichen Wirklichkeit weit verbreitete Wert- und Verhaltensvorstellung allein durch Einsicht und Überredung vom Weg des expansiven Fortschrittsglaubens auf einen neuen Weg führen, wäre illusorisch. Das gilt selbst dann, wenn man die Anerkennung aller Zweifel an der Zukunftsfähigkeit des herrschenden Denkens unterstellt.

Das Sprichwort sagt: Not macht erfinderisch. Not macht auch bereit zur Veränderung. Es muß gelingen, die Gefahr so deutlich zu machen, daß sie nicht nur rational, sondern auch emotional begriffen wird. Nur dann wird es möglich sein, das notwendige neue Denken, die neue Sicht der Dinge gegen bisherige Strukturen und Denkweisen durchzusetzen. Nur dann werden sich das Bewußtsein *und* das Verhalten der Menschen so verändern, wie die politischen Programme und Beschlüsse es verlangen. Ungenießbares Trinkwasser, durch Algen ungastlich gewordene Strände, sterbende Wälder oder die Vorboten langfristiger Klimaveränderungen sind eben – leider – die überzeugenderen, weil augenfälligen Argumente.

Die erste Schwierigkeit, auf die wir stoßen, wenn es darum geht, die »Lebensgestaltung der Menschen« zu ändern und in einer »Wohlstandsgesellschaft . . . Bescheidenheit und Sparsamkeit als Tugenden einzufordern« (umweltpolitisches Programm der CDU) liegt in unserem Verhältnis zur Natur begründet. In seiner bisherigen Geschichte hat sich der Mensch stets mit der Natur auseinandersetzen müssen. Während der längsten Zeit seiner Existenz war die Natur für ihn eine Bedrohung. Die Auseinandersetzung mit der Natur, der Kampf gegen die Bedrohungen der Natur hat uns geprägt. Die natürliche Umwelt erschien unseren Vorfahren nicht als ihr Treuhandgut, sondern als eine Quelle von Unwägbarkeiten und Gefahren, die sie bedrohten.

Als Antwort haben die Menschen von Anfang an große Anstrengungen unternommen, diese Bedrohungen zu überwinden oder zu verringern. Sie waren dabei ungewöhnlich erfolgreich. Im Laufe ihrer Entwicklung erwarben sie die Fähigkeit, so gut wie alle natürlichen Begrenzungen zu überwinden. Heute sind sie in die Grenzbereiche natürlicher Begrenzungen vorgedrungen: In die kleinsten Bausteine der Natur, das Atom und die Gene, ebenso wie in die unvorstellbare Dimension des Universums. Diese exponentielle Entwicklung unserer Fähigkeiten, natürliche Begrenzungen zu überwinden und damit zugleich die Möglichkeiten der Natur für uns in Anspruch zu nehmen, hat nicht nur unsere Gesellschaft, sondern unser Menschsein selbst, jedenfalls unser bisheriges Denken bestimmt. Nur so ist es zu erklären, daß wir jede Grenzüberschreitung, jede Überwindung natürlicher Begrenzungen als Triumph empfunden haben und bis heute empfinden.

Erst in jüngster Zeit stellt sich uns die Frage, ob der Sieg über die Natur wirklich ein Sieg ist. Die mit der technischen Entwicklung verbundenen Risiken werden deutlicher. Die Nebenwirkungen unseres Handelns nehmen an Bedeutung zu. Bei der Bewertung technischer Prozesse treten sie zunehmend in den Vordergrund. Die Natur läßt nicht mehr über alle unsere Eingriffe Gras wachsen. In vielen Bereichen hat sie die Fähigkeit verloren, über die Folgen unserer Eingriffe Gras wachsen zu lassen. Ausgerottete Arten sind unwiderbringlich verloren. Was verwüstet ist, trägt keine Früchte mehr.

So entsteht eine historisch neuartige Situation. Wir leben nicht länger in einem Raum *natürlicher Begrenzungen,* in einem durch die Natur bestimmten *Korrektur-Gefüge.* Unsere frühere historische Erfahrung ist nicht länger gültig. Wir *haben* die natürlichen Begrenzungen überwunden. Die Natur *kann* uns nicht länger vor den Auswirkungen unseres eigenen Handelns schützen. *Wir* müssen die Natur schützen. Das heißt: Wenn wir heute und in Zukunft als Gesellschaft im Verhältnis zu unserem *supporting system* existenzfähig bleiben wollen, müssen wir die *natürlichen* Begrenzungen durch *gesellschaftliche* Begrenzungen ersetzen. Darum geht es beim *gesellschaftlichen ökologischen Imperativ.*

Dies ist nicht nur eine technisch-naturwissenschaftliche, es ist vor allem eine politische und kulturelle Leistung. Ihr Wesen besteht darin, daß viele der Restriktionen, die bisher von natürlichen Begrenzungen ausgingen, nun auf andere Weise neu begründet werden müssen. Was früher faktisch deshalb wirksam war, weil die Menschen nicht über die Kenntnisse oder Möglichkeiten verfügten, natürliche Begrenzungen zu überwinden, muß heute durch kulturelle, politische, institutionell gestaltete Begrenzungen ersetzt werden.

In dieser politischen, institutionellen, kulturellen Erneuerung einer Begrenzung der Expansivität, in einer *Wiederentdeckung der Bescheidenheit* liegt die *politische Herausforderung des ökologischen Defizits.* Sie hat ihre Ursache – um es noch einmal zu wiederholen – in der Expansivität des Technischen, deren natürliche Begrenzungen entfallen sind und für die wir keine normativen Begrenzungen entwickelt haben, und in der von ihr beförderten *Expansivität des Materiellen,* die ihren wichtigsten Ausdruck im Wirtschaftswachstum findet. Wir haben keine materiellen Begrenzungen entwickelt, weil es natürliche Begrenzungen gab und deren Überwindung folgenlos schien. Im *Kampf mit der Natur* wären Begrenzungen auch nicht einsichtig gewesen.

Jetzt haben wir uns die Natur nicht nur untertan gemacht. Wir haben sie besiegt. Damit haben wir uns zugleich selbst besiegt. Denn wir sind auch Teil der Natur und haben an ihrem Haushalt und ihrem Stoffwechsel teil. Um die Natur – und damit uns selbst – zu erhalten, müssen wir die Expansivität des Technisch-Naturwissenschaftlichen begrenzen – und mit ihr zugleich die Expansivität des Materiellen. Die Aufforderung des Programms von Neheim-Hüsten, an die Stelle »der sich aus dem Materialismus ergebenden Grundsätze die Grundsätze der christlichen Ethik« zu setzen, gewinnt eine neue Bedeutung und eine hohe Aktualität.

Nicht die größere Menge, sondern was sich vermehrt und zu welchem Nutzen, wird in Zukunft über Wachstum und Fortschritt entscheiden. Nicht der Umsatz, sondern der *Gewinn,* die Verbesserung der Qualität werden den Erfolg bestimmen. Nicht allein die Nützlichkeit für die Gegenwart, sondern der jeweilige Beitrag zur Zukunftsfähigkeit der Gesellschaft muß bewertet werden. Die Ausbeutung der Rohstoffe und Energiequellen, die die Natur als Kapital uns und zukünftigen Generationen zur Verfügung stellt, kann nicht länger als Fortschritt angesehen werden. Als Fortschritt muß in Zukunft gelten: Die Begrenzung der Inanspruchnahme natürlicher Ressourcen, soweit möglich, nach dem Nachhaltigkeitsprinzip. Für die Forstwirtschaft bestimmt dieses Prinzip, daß nicht mehr Holz eingeschlagen werden darf, als jeweils nachwächst. Der Grundsatz ist verallgemeinerungsfähig. Seine allgemeine Beachtung gehört zum Bestand der Begrenzungen, die wir entwickeln müssen.

Nun lassen sich die Kenntnisse, die uns gestatten, die Natur zu überwinden und ihre Ressourcen in fast beliebigem Umfang in Anspruch zu nehmen, nicht auslöschen. Ähnlich wie im Bereich der atomaren Abschreckung können wir auch hier auf bereits vorhandenes Wissen nicht wirksam verzichten. Ebenso wie dort besteht auch hier die Aufgabe darin, vorhandene Kenntnisse und Fähigkeiten dann nicht anzuwenden, wenn ihre Anwendung die zukünftige Existenzfähigkeit der Menschheit gefährden könnte. Wie im nuklearen, so ist auch im ökologischen Sinne Abrüstung gefordert. Das heißt nichts anderes als die Errichtung von Schranken, die uns gegen unsere eigenen Fähigkeiten schützen.

Weil wir die natürlichen Begrenzungen überwunden haben, müssen wir sie durch ethische, moralische, vernunftbegründete und religiöse Normen ersetzen. Sie müssen uns Auskunft darüber geben, wann auf die Inanspruchnahme technisch-naturwissenschaftlicher Möglichkeiten verzichtet werden muß. Mit anderen Worten: Wir müssen lernen, unser Wissen und unsere Kenntnisse in zukunftsfähiger Weise zu beherrschen. Letztlich heißt dies: Wir müssen die Normen und Institutionen, die die gegenwärtige Existenzfähigkeit menschlicher Gesellschaft gewährleisten, um die Dimension Zukunft erweitern. Diese Erweiterung ist die Antwort auf die erworbene Fähigkeit, durch Zerstörung der Menschheit über die Zukunft zu verfügen.

Jeder Versuch, diese Aufgabe zu bewältigen, wäre ohne Aussicht auf Erfolg, wenn er mit der Notwendigkeit verbunden wäre, auf die Errungenschaften unserer bisherigen gesellschaftlichen Entwicklungsstufe zu verzichten. Der Fortgang der gesellschaftlichen Entwicklung, die Bewältigung der hier beschriebenen Aufgaben darf nicht gleichbedeutend sein mit dem Verzicht auf die in unserer Gegenwart erlebten und in Anspruch genommenen Bedingungen und Errungenschaften einer hochentwickelten Industriegesellschaft. Sonst wäre die für notwendig gehaltene weitere gesellschaftliche Entwicklung jedenfalls unter unseren politischen Bedingungen kaum durchführbar. Denn sie wäre offensichtlich nicht mehrheitsfähig.

Hans Jonas, dem wir wichtige Einsichten in die Zukunftsverantwortung des Menschen verdanken, hat deshalb Zweifel an der Fähigkeit der repräsentativen Demokratie geäußert, der ökologischen Herausforderung zu entsprechen. Weil die Gegenwartsinteressen das Wort führen, unterstellt er, daß die Demokratie für die Härte einer Politik der verantwortlichen Entsagung zumindest zeitweise untauglich sei. Bis zum Beweis des Gegenteils bin ich nicht bereit, seiner Einschätzung zu folgen. Aber die Berechtigung seines Zweifels läßt sich nicht bestreiten. Es wird äußerste politische Anstrengungen kosten, ihn zu überwinden.

Die uns gestellte Aufgabe läßt sich damit wie folgt beschreiben: Wir müssen unsere Ordnungen so weiterentwickeln, daß wir einerseits verlorengegangene Begrenzungen menschlicher Handlungs- und Gestaltungsräume durch politisch und gesellschaftlich gestaltete Strukturen, Normen und Institutionen ersetzen und unsere Ordnung damit auf eine höhere Entwicklungsstufe heben. Dabei müssen wir zugleich sicherstellen, daß der bisherige Bestand an politischem und gesellschaftlichem Fortschritt nicht verlorengeht. Einfacher ausgedrückt: Wir wollen den Segen der bisherigen Entwicklung menschlicher Gesellschaft erhalten, aber ihren Fluch überwinden.

Ziel unserer Anstrengungen ist die Entwicklung einer Ordnung, die man als intelligenter bezeichnen kann. Sie ist leistungsfähiger, weil sie nicht nur die Gegenwart, sondern auch unsere Zukunft umfaßt. Sie ist im bildlichen Sinne, nicht zwei-, sondern dreidimensional: freiheitlich, sozial und ökologisch – und damit dauerhaft friedensfähig.

Zu diesem Ziel gibt es keine brauchbaren Alternativen. Insbesondere ist die Forderung »Zurück zur Natur« keine Alternative. Wir können nicht zur Natur zurückkehren. Die Natur kann nicht wieder unsere Handlungsspielräume begrenzen und damit erneut das Gleichgewicht zwischen menschlicher Gesellschaft und der sie tragenden Umwelt sichern. Die Wiederherstellung früherer Verhältnisse steht uns als Ausweg nicht zur Verfügung. Natürliche Begrenzungen im früheren Sinne würden sich allenfalls dann wieder einstellen, wenn wir an unserer eigentlichen Aufgabe gescheitert wären. Die Entwicklungsgeschichte unseres Planeten würde über die Spezies Mensch hinweggehen, wie sie bereits in der Vergangenheit über viele Spezies hinweggegangen ist, die an ihren Begrenzungskrisen gescheitert sind.

Die Erweiterung unserer gesellschaftlichen Ordnung um die Dimension Zukunftsfähigkeit bedeutet, daß sich die bestehende Ordnung insgesamt verändert. Ebenso wie im Fall der sozialen Dimension reicht es auch hier nicht aus, dem bestehenden Gebäude an Regeln und Verhaltensweisen ein weiteres hinzuzufügen. Das Neue und das Bisherige lassen sich nicht gleichsam addieren. Die ökologische Verantwortung muß, wie die soziale Verantwortung, das Ganze erfassen. Unser Staat muß ein *freiheitlicher*, ein *sozialer und* ein *ökologischer* Rechtsstaat werden. Das wird nicht nur die Komplexität unseres Gemeinwesens erhöhen. Es wird auch zu einem Umbruch der bestehenden politischen und gesellschaftlichen Strukturen führen.

Die Entwicklung der neuen Ordnungsvorstellungen wird eine Phase heftiger politischer Bewegungen auslösen. Sie werden von uns, unseren organisierten Interessen und Besitzständen als Unordnung, vielfach als Chaos empfunden werden. Wenn neue Ordnungen sich ankündigen, erscheinen sie der alten stets als Unordnung. Sie nehmen dem Bestehenden seine Sicherheit, ohne sogleich durch neue Verhältnisse neue Sicherheit zu schaffen. Die Vielfalt unterschiedlicher und miteinander konkurrierender Interessen und Zielvorstellungen, die unsere heutige politische Landschaft ausmachen, muß sich neu ordnen. Sie muß mit den Bedingungen der neuen Ordnungsvorstellungen in Einklang und untereinander in eine neue Übereinstimmung gebracht werden.

Als Ludwig Erhard die staatliche Bewirtschaftung eines unvorstellbaren Mangels an Lebensnotwendigem durch die marktwirtschaftliche Ordnung ablöste, war die Zahl derer groß, die ein sicheres Chaos und den Zusammenbruch jeder Versorgung prophezeiten. Sie wurden vom Erfolg der neuen Ordnung widerlegt. Ludwig Erhard hatte einen wichtigen Bundesgenossen: Die Not der damaligen Zeit. Es konnte kaum schlimmer werden – allenfalls anders schlimm.

Wem die Erinnerung an diesen Ordnungswechsel fehlt, der kann ihn derzeit in dem Versuch Gorbatschows erleben, die zentrale planwirtschaftliche Ordnung sozialistischer Prägung in seinem Land durch eine dezentrale, marktwirtschaftliche Ordnung abzulösen. Auch dort geht es darum, jahrzehntelang eingeschliffene Denk- und Verhaltensstrukturen, Normen und Erfahrungen durch neue, von anderen Ordnungsvorstellungen bestimmte Verhaltensweisen abzulösen. Auch dort fehlt die Erfahrung mit dem Neuen und damit die Sicherheit. Auch dort droht die Gefahr, daß Chaos und dauerhafte Unordnung ein längeres Regiment führen könnten, ehe das neue sich durchsetzt. Aber auch Gorbatschow hat die Not der Gegenwart als Verbündete. Die Menschen in der Sowjetunion erleben heute, daß ihnen nur die Ausweglosigkeit als Alternative zur neuen Ordnung bleibt. Diese Gewißheit ist eine mächtige Kraft. Schon immer, sagte mir ein russischer Gesprächspartner, habe sein Volk große Kraft dann entfaltet, wenn es mit dem Rücken zu Wand stand.

Von uns wird mehr verlangt. Wir sollen der neuen Ordnung heute den Weg öffnen, weil unsere Lage sonst *morgen* ausweglos sein wird. Wir sollen uns von Denk- und Lebensgewohnheiten trennen, die sich nicht durch Not denunzieren, sondern durch Wohlleben empfehlen, um zukünftige Not zu vermeiden. Ohne Übertreibung kann man sagen: Gelungen ist es noch nie. Denn es hat diese Situation noch nie gegeben. Unsere Aufgabe ist inhaltlich eine andere, schwierigere als die Ludwig Erhards. Dafür sind wir besser gerüstet: Technisch, materiell und im Wissen und Können. Aber sie hat ebenfalls ein historisches Maß.

Zur notwendigen Neuorientierung gehört insbesondere, das Prinzip Wachstum in Übereinstimmung zu bringen mit der Notwendigkeit, wieder ein Gleichgewicht zwischen der menschlichen Gesellschaft und ihrer natürlichen Umwelt zu finden, das dauerhaft ist. Dies ist nur durch eine Neubestimmung des Wachstumszieles selbst zu erreichen. Nicht die quantitative Vermehrung der Güter und der Nutzung begrenzter Ressourcen als solche, sondern ihre Qualität im Blick auf die Zukunftsfähigkeit der Gesellschaft, der Beitrag des Wirtschaftens zu beiden Dimensionen gesellschaftlicher Existenz – der Gegenwart und der Zukunft – muß Maßstab für »*angemessenes* Wirtschaftswachstum« werden. Die Zunahme von Wissen und Können; die Verfeinerung der Steuerungsmechanismen, die einer komplexeren Gesellschaft erlauben, sich freiheitlich zu verwalten; die Steigerung der Leistungsfähigkeit der Gesellschaft zur Sicherung ihrer *dauerhaften* Existenz und der Wohlfahrt ihrer Bürger: Sie müssen zukünftig vorrangiger Inhalt des Wachstumszieles sein.

Dies wiederum setzt die Entwicklung entsprechender Maßstäbe und Bewertungsmethoden voraus. Mit seinen Anhörungen über die ökologischen und sozialen Folgekosten des Wirtschaftswachstums hat es der Deutsche Bundestag im Mai 1989 unternommen, dazu einen ersten eigenen politischen Beitrag zu leisten.

Die Wiedergewinnung eines Gleichgewichts zwischen der menschlichen Gesellschaft und ihrer natürlichen Umwelt läuft im Ergebnis auf die Erneuerung des verlorengegangenen Systems von »checks and balances«, von Kontrollen und Gegenkontrollen hinaus. Gefragt ist ein *gesellschaftlicher ökologischer Imperativ.* Er muß durch die Einsicht gestützt werden, daß in der hochentwickelten Industriegesellschaft nur solches Handeln verantwortlich ist, das sich in seinen Folgen mit der Zukunftsfähigkeit menschlicher Gesellschaft vereinbaren läßt, das heißt, mit einem dauerhaften Gleichgewicht zwischen ihr und der Natur.

Dreh- und Angelpunkt einer Lösung dieser Aufgabe ist es, das Prinzip Wachstum in Übereinstimmung zu bringen mit dem Prinzip Gleichgewicht zwischen menschlicher Gesellschaft und natürlicher Umwelt. Beide Prinzipien, *Wachsen und Vergehen* sowie *Gleichgewicht* zwischen den Anforderungen der Menschen an die Natur und ihrer Leistungsfähigkeit unter der Bedingung der Nachhaltigkeit bestimmen die zukunftsfähige Ordnung. Dabei steht Nachhaltigkeit für die dauerhafte Leistungsfähigkeit der Natur. Ohne sie gibt es für zukünftige Generationen keine gleichen, jedenfalls keine vergleichbaren Lebenschancen.

Die Erhaltung vergleichbarer natürlicher Lebenschancen: Das ist der allein entscheidende Maßstab für die Begrenzung unseres Wachstums, unserer Lebensformen und unserer gesellschaftlichen und sozialen Wirklichkeit. Zukunftsfähige Politik kann keinem Gegenwartsinteresse größere Bedeutung beimessen als diesem Grundsatz – auch nicht angemessenem Wirtschaftswachstum.

Gesucht ist eine Erweiterung unserer Ordnungsidee, die beides umfaßt, zum einen die Befriedung der menschlichen Gesellschaft, der Beziehungen der Menschen untereinander – dies war die große kulturelle Leistung der Aufklärung und der demokratisch-rechtsstaatlichen Entwicklung. Zum anderen die Entwicklung von Normen, die den Gedanken des Rechtsfriedens und der Achtung der Menschenwürde ausdehnen auf das Verhältnis der heute Lebenden zur zukünftigen Menschheit. Dies schließt die Verantwortung ein, die Umwelt vor der Zerstörung durch den Menschen zu schützen. Verlangt wird von uns ein Akt geistiger und politischer Schöpfung, der politischen Entscheidung, der geistigen Fortentwicklung und der Erweiterung unserer Wertvorstellungen. Das Ergebnis wird geprägt sein durch die Freiheit des Menschen zu entscheiden. Wir haben diese Freiheit, auch die politische Freiheit, zu entscheiden. Wir können die Natur zerstören. Wir können sie erhalten. Keine natürlichen oder historischen »Sachzwänge« werden uns von der Verantwortung befreien, die mit dieser Freiheit verbunden ist.

Das schwierigste Hindernis auf dem Weg zur Einlösung dieser Verantwortung ist die nach wie vor in allen westlichen Industrienationen herrschende Wachstumsdoktrin. Gemeint ist das quantitative Wachstumsdenken, das unsere Wirtschafts- und Sozialpolitik, aber auch unser politisches Handeln bestimmt. Die herrschende Auffassung lautet, wirtschaftliches Wachstum sei für die moderne Industriegesellschaft unverzichtbar. Die Gründe hat Otto Schlecht, Staatssekretär im Bundeswirtschaftsministerium, 1980 in einer noch heute gültigen Weise zusammengefaßt. Danach

1. ist Wirtschaftswachstum die noch immer liberalste und eleganteste Methode zur Erreichung und Sicherung eines hohen Beschäftigungsstandes;
2. entschärft Wachstum die Verteilungskonflikte. Über die Verteilung von Zuwächsen lasse sich weit eher Konsens erzielen als über die Neuverteilung bestehender Besitzstände;

3. ermöglicht Wachstum die Erfüllung der zweifellos gewachsenen öffentlichen Aufgaben. Dies gelte insbesondere für das Netz der sozialen Sicherheit. So sei das Rentenproblem nur bei angemessenem Wachstum zu lösen;
4. ist Wirtschaftswachstum auch deshalb erforderlich, weil so eine verantwortliche Umweltpolitik betrieben werden könne. Wachstum sei die Voraussetzung für notwendige Investitionen zum Recycling, zur Abwässerreinigung, zur Vermeidung von Umweltverschmutzung, ohne daß gleichzeitig Arbeitsplätze gefährdet würden;
5. entspricht das Streben nach höherem Wachstum nach wie vor den individuellen Zielvorstellungen der Mehrheit. Das Verhalten der Mehrheit »sowohl am Markt wie an den Wahlurnen« zeige, daß das Streben nach angemessenem Wachstum nach wie vor eine hohe Zugkraft habe.

Wenige Jahre später beantwortete der damalige Vorstandssprecher der Deutschen Bank, Wilfried Guth, die selbstgestellte Frage, ob das Wachstumsdenken nach den Erfahrungen der 70er Jahre nicht der falsche Ansatz sei. Er stellte fest, Wachstum werde daheim wie in der Weltwirtschaft dringender denn je gebraucht, um mit den Beschäftigungsproblemen fertig zu werden. Wachstum sei nicht Selbstzweck. Es diene als Mittel zur existentiellen Sicherung unseres Wirtschafts- und Sozialsystems. Eine Wirtschaftspolitik, die nicht alle Möglichkeiten sinnvollen Wachstums auszuschöpfen versuche, müsse zwangsläufig zur Stagnation führen. Sie werde dann von verschärften Verteilungskonflikten beherrscht. Ohne Wachstum in den Industrieländern seien auch die Probleme in der Dritten Welt nicht lösbar.

Bereits diese wenigen Äußerungen zeigen, welche Erwartungen mit Wirtschaftswachstum verbunden werden, welche Leistungen es erleichtern und welchen Zielen es dienen soll. Deshalb verwundert es nicht, daß die Volksparteien in ihren programmatischen Aussagen der 70er und 80er Jahre der Sicherung des Wirtschaftswachstums zentrale Bedeutung beimessen. Zwar werden die Feststellungen im Laufe der 80er Jahre zugunsten einer stärkeren Beachtung der umweltpolitischen Ziele relativiert. Der mögliche Konflikt zwischen Umweltschutz und Wohlstandssicherung wird jedoch alsbald wieder aufgehoben. Zwischen Wachstum und Umwelt, so heißt es, allgemeiner, zwischen Ökonomie und Ökologie bestehe kein notwendiger Widerspruch. Das ist selbstverständlich zutreffend. Wir können unsere ökonomischen Ziele so definieren und unsere Wirtschaft so organisieren, daß der Widerspruch vermieden wird. Nur lautet die politisch allein bedeutsame Frage nicht, ob *man* es kann, sondern ob *wir* es können.

Wir können es nur, wenn es uns gelingt, die eigentlichen Ursachen für die Überzeugung aufzudecken und zu überwinden, Wachstum sei eine existentielle Grundlage unseres Gemeinwesens. Sicher gehören zu den Ursachen die bereits erwähnten wirtschaftlichen Gründe. Aber sie allein können den enormen Widerstand nicht erklären, auf den jeder ernsthafte Versuch stößt, die Wachstumsdoktrin zu überprüfen. Daß es allenfalls einen losen Zusammenhang zwischen Wirtschaftswachstum und Überwindung der Arbeitslosigkeit gibt, zeigen die Erfahrungen der noch immer andauernden Konjunktur der 80er Jahre. Sie hat die hohe Arbeitslosigkeit bisher nur geringfügig verringern können. Die Hilfe für die Dritte Welt hat auch nicht wesentlich zugenommen. Die Ungleichgewichte in der Zahlungsbilanz dauern trotz kontinuierlichen Wachstums an. Der Wohlstand ist nachhaltig gewachsen – aber das gleiche gilt, trotz beachtlicher Anstrengungen, auch für die Umweltschäden, die wir erzeugen. Der Wohlstandszuwachs steht deshalb auf unsicherem Boden.

Tatsächlich gehen die Gründe für die Empfindlichkeit gegenüber jeder ernsthaften Wachstumskritik tiefer. Sie haben ihren Ursprung in der Veränderung des Verhältnisses von Staat und Gesellschaft. Genauer geht es um die wachsende Verstaatlichung der Gesellschaft und der gesellschaftlichen Verteilungsentscheidungen, die sich in den 50er und Anfang der 60er Jahren vollzogen hat. Sieht man es vom Staat her, dann in der wachsenden »Vergesellschaftung des Staates« und seiner Organe durch die faktische Besetzung staatlicher Zuständigkeiten durch gesellschaftliche Gruppen. In jedem Fall in der zunehmenden Verflechtung der staatlichen Institutionen und der politischen Parteien mit gesellschaftlichen Sonderinteressen.

Seit Ende der 60er Jahre wird – nicht nur in unserem Lande, sondern zunehmend in allen westlichen Industrienationen – ein *Zwang* zum Wachstum empfunden. In Wirklichkeit geht es um die wachsende Schwierigkeit demokratisch verfaßter Gesellschaften, mit der zunehmenden Entscheidungslast fertig zu werden, die sich der Staat mit der Verstaatlichung gesellschaftlicher Verteilungsprozesse aufgebürdet hat. Die exponentielle Vermehrung staatlicher Zuständigkeiten führt zum Ruf nach exponentiellem Wachstum.

Die Mechanik dieser verhängnisvollen Rückkopplung zwischen Wachstum und Politikfähigkeit ist vergleichsweise einfach. Je umfassender der Staat für Verteilungsentscheidungen zuständig ist (gegenwärtig machen sie direkt und indirekt mehr als 50 Prozent des Bruttosozialprodukts aus), um so umfangreicher und dichter wird auch das Geflecht an Besitzständen und Erwartungen, die der Staat durch seine bisherigen Entscheidungen begründet hat.

Politisches Handeln heißt immer auch, die staatlichen und gesellschaftlichen Verhältnisse der neuen, veränderten Wirklichkeit anzupassen. Prioritäten müssen geändert werden, auch und vor allem im Bereich der staatlichen Leistungen. Ohne Vermehrung seiner Einnahmen kann der Staat Prioritäten nur ändern, wenn er in bestehende Prioritäten eingreift, um neue Vorrangigkeiten zu begründen. Die alten Prioritäten sind regelmäßig zu Besitzständen geworden. In concreto hat die Politik aber Schwierigkeiten, in bestehende Besitzstände einzugreifen – Besitzstände, die sie in der Regel selbst begründet hat und aus politischen Gründen respektieren muß. So ist der Staat nur handlungsfähig, wenn er die neuen Prioritäten setzen kann, *ohne* vorhandene Besitzstände zu beeinträchtigen. Der CDU-Politiker Hans Dichgans hat diese Erfahrungen einmal auf die Formel gebracht: »Reformieren kann nur, wer die Möglichkeit hat, zunächst jedem Betroffenen den Besitzstand zu garantieren.«

Politisches Handeln, das diesem Grundsatz huldigt, ist aber nur bei Wirtschaftswachstum möglich. Deshalb ist es verständlich, daß Wachstum als existentielle Voraussetzung *dieser* Politik angesehen wird. Also müßte man, wenn ständiges Wachstum der Zukunftsverantwortung widerspricht, das politische Verfahren entsprechend ändern. Solchen Vorschlägen begegnen die Volksparteien inzwischen zwar mit Aufgeschlossenheit – und auch das noch nicht lange. Aber es folgt der praktische Einwand, ein solches Vorhaben sei politisch unmöglich. Die Macht der Besitzstände sei zu groß. Dieses Argument wird uns noch beschäftigen.

Ich halte dafür, daß die Beibehaltung einer Wirtschaftspolitik, die auf *quantitatives* Wachstum festgelegt ist und sich deshalb für berechtigt hält, es mit staatlichen Mitteln zu fördern, mit dem anderen Ziel unvereinbar ist, die Wirtschafts- und Gesellschaftspolitik so weiterzuentwickeln, daß sie ökologisch verträglich ist und der Zukunftsverantwortung gerecht wird. Wir werden deshalb, davon bin ich überzeugt, unsere gegenwärtige Wachstumsdoktrin überprüfen müssen.

Wenn es die technisch-naturwissenschaftliche Entwicklung ist, die der *Expansivität des Materiellen* den wesentlichen Antrieb liefert, dann darf es uns nicht überraschen, daß die Technik selbst zunehmend als die Ursache für die Schwierigkeiten angesehen wird, die der Umwelt und der Zukunft mit dem zunehmenden Rohstoffverzehr erwachsen. Die vielfach beklagte »Technikfeindlichkeit« gründet in der Sorge, mit der unkontrollierten Entwicklung von Technik und Naturwissenschaften könne der Mensch sich selbst gefährden. Er könne seine Existenz in Frage stellen. Die schöpferische Kraft des Menschen scheint außer Kontrolle zu geraten und vom Segen zum Fluch zu werden. Deshalb die immer lauteren Rufe nach Rückbesinnung und Einkehr, die Sehnsucht nach Überschaubarkeit und geschützten Räumen.

Die wachsende Sorge kommt auf eindrucksvolle Weise in einer Umfrageserie zwischen 1966 und 1981 zum Ausdruck. Sie wurde vom demoskopischen Institut Allensbach durchgeführt. Auf die Frage »Glauben Sie, daß die Technik alles in allem eher ein Segen oder eher ein Fluch für die Menschheit ist?« waren im Jahr 1966 72 Prozent der Befragten der Auffassung, die Technik sei eher ein Segen, 3 Prozent sahen in ihr einen Fluch, 17 Prozent antworteten mit teils-teils. Zehn Jahre später war der Anteil derjenigen, die in der Technik eher einen Segen sahen, auf 50 Prozent geschrumpft, 1981 auf 37 Prozent. Als Fluch empfanden die Technik 1976 10 Prozent und 1981 11 Prozent der Befragten. Besonders stark stieg der Anteil derer an, die unsicher waren, die in der Technik teils einen Segen, teils einen Fluch sahen. 1976 betrug ihr Anteil 35 Prozent, 1981 48 Prozent. Rund die Hälfte der Bevölkerung hatte zu Beginn der 80er Jahre die Sicherheit des Fortschrittsglaubens verloren. Nur noch ein gutes Drittel empfand die Technik als Segen. Die Einstellung zur wachsenden Umweltgefährdung erscheint fast spiegelbildlich in der Veränderung der öffentlichen Meinung zur Technik.

Wer in dieser Veränderung den Ausdruck von Ignoranz oder den Einfluß der Medien vermutet, hat die wirkliche Bedeutung der Veränderungen nicht verstanden. In ihnen manifestiert sich die Begrenzungskrise. Die Menschen fühlen sich Kräften ausgeliefert, die zu beherrschen ihnen jede historische und kulturelle Erfahrung fehlt. Wer das Wirken dieser Kräfte erkennt und dennoch keine Angst verspürt, dem ist kaum zu helfen. Zu den Pflichten seiner Zukunftsethik rechnet Hans Jonas die Bereitschaft, sich vor den zukünftigen Gefahren zu fürchten. Nur so könne die Einsicht, handeln zu müssen, wirksam unterstützt werden. Denn die Furcht vor Gefahren, die uns nicht betreffen, weil sie in der Zukunft liegen, stelle sich nicht allein ein. Die Furcht vor der entfesselten Technik und der Wunsch, der Gefahr zu begegnen, die man erkannt hat, sind Teil der Pflicht. Beide sind Voraussetzungen für ein zukunftsethisch bedingtes Handeln. Erkenntnis *und* Furcht sind notwendig!

Viele, vor allem politische Äußerungen, die die Technikfeindlichkeit verurteilen oder auf ihre Gefahren hinweisen, unternehmen kaum den Versuch, nach den wirklichen Ursachen für die ablehnende Haltung zu fragen. Täten sie es, würden sie entdekken, daß es nicht die Technik ist, vor der die Menschen Angst haben. Sie wissen, daß wir ohne Technik nicht überleben können. Sie haben Angst vor unserer Unfähigkeit, die Technik zu beherrschen. Die Beherrschung der technisch-naturwissenschaftlichen Kräfte ist aber kein technisch-naturwissenschaftliches Problem. Sie ist eine politische Aufgabe. Hier liegt, wie auch im Fall der

Expansivität des Materiellen, eine Ursache für das ökologische Defizit. Vielleicht wird sie deshalb im politischen Raum so wenig diskutiert. Ohne sie aufzudecken, läßt sich Technikfeindlichkeit aber nicht überwinden. Sie ist ein Symptom für eine »politische Erkrankung« der Gesellschaft.

Die Volksparteien halten die notwendige Neubestimmung der Wachstumsdoktrin für politisch unmöglich. Damit bezeichnen sie ein zweites Hindernis auf dem Weg zur Überwindung des ökologischen Defizits. Es handelt sich wiederum um ein politisches und gesellschaftliches Problem. Ich möchte es den *Verlust der Zumutbarkeit* nennen.

Während der vergangenen 30 Jahre erlebten wir, parallel zum wachsenden Wohlstand der Bevölkerung, zur fortschreitenden Säkularisierung, zur Erweiterung individueller Handlungsspielräume – soweit diese ökonomisch definiert sind –, eine Abnahme dessen, was wir für politisch zumutbar halten. Überall, wo es um die Abgrenzung eigener Verantwortung und eigener Lebensaufgaben gegen den Anspruch auf solidarische Unterstützung und Hilfe durch die Gemeinschaft geht, haben sich die Grenzen verschoben. Stets haben sich die solidarischen Pflichten der Gemeinschaft erweitert. Immer wurden die Lasten verringert, die der einzelne als Eigenverantwortung zu tragen hat. Ob im Bereich des Sozialrechts oder des Arbeitsrechts, bei der Zumutbarkeit eines Arbeitsplatzes für einen Arbeitslosen oder bei familiären Pflichten für den Angehörigen, bei der Bereitschaft, anderen zu dienen oder ein Kind auszutragen: Überall haben wir das, was wir für zumutbar halten, zu Lasten der Gemeinschaft, des Staates oder des ungeborenen Kindes reduziert. Obwohl unsere Leistungsfähigkeit enorm gewachsen ist, gilt heute vieles nicht als zumutbar, was vor 30 Jahren als selbstverständlich angesehen wurde.

1973 habe ich den Grundwert Solidarität abgegrenzt durch die Pflicht des einzelnen, auch schicksalhafte Lasten zu übernehmen. Viele handeln auch heute in diesem Sinne und erbringen Leistungen der personalen Solidarität und Opfer für die Wahrung der Menschenwürde, an denen wir uns aufrichten und aus denen wir Mut und Hoffnung schöpfen können. Aber die Bereitschaft der Politik, in diesen Leistungen den Ausdruck allgemeiner menschlicher Pflichten zu sehen und sie deshalb auch zu *erwarten*, hat abgenommen. Vorstellungen von der Emanzipation des einzelnen haben sich mit dem Wunsch verbunden, frei zu sein von Pflichten gegenüber dem Nächsten. Legitimiert durch den angeblichen Wertewandel, der dieser veränderten Einstellung die Würde des Normativen verleiht, hat dieser Wunsch Eingang in die politische Bewertung des Zumutbaren gefunden.

Eine durch personale Solidaritätspflichten eher unter- als überforderte Bevölkerung macht die Erfahrung, daß sich die Politik nur allzugerne von den Zumutungen politischer Verantwortung mit dem Argument befreit, das eigentlich Notwendige sei nicht zumutbar und deshalb politisch unmöglich. Nur wenige stören sich daran, daß es sich dabei weniger um eine objektive Unmöglichkeit handelt als um die Unfähigkeit oder fehlende Bereitschaft der Verantwortlichen, das an sich politisch Notwendige zu tun und das damit verbundene Risiko zu übernehmen, keine Mehrheit zu finden. Handeln alle so, ist das Unvermögen allgemein, dann sieht es wie Unmöglichkeit aus. Aber auch dann beruht die Schutzbehauptung selten auf objektiven Gegebenheiten. In der Regel hat man es gar nicht versucht. Statt dessen gibt es eine politische Konvention, sich – und den anderen – nicht mehr zuzumuten als das, was allgemein für tragbar gehalten wird. Wird die Konvention im Einzelfall durch weitergehende Überlegungen oder Vorschläge durchbrochen, so wird dagegen – neben allen sonstigen Einwänden – allemal die politische Unmöglichkeit des Gewollten ins Feld geführt. Der Versuch, bestehende Mehrheitsmeinungen zu *verändern*, hat dann kaum eine Chance. Denn gegen solche Abwehr für neue Zumutbarkeiten zu werben, ist wenig aussichtsreich. Das Niveau des politisch Möglichen bleibt niedrig.

Ob die Bürger es honorieren, von notwendigen Zumutbarkeiten verschont zu bleiben, erscheint mir fraglich. Natürlich ist es bequem, nicht gefordert zu werden. Aber das ist auch ein Mangel, ein Verlust an politischer Qualität. Die Wähler jedenfalls belohnen nicht jene, die ihnen eilfertig Zumutungen ersparen wollen. Sie verachten sie eher. Vielleicht gibt es auch aus diesem Grund einen Zusammenhang zwischen dem Verlust der Zumutbarkeit, der die politische Praxis kennzeichnet, und dem niedrigen Ansehen, das Politiker genießen.

Von besonderer Bedeutung ist der *Verlust der Zumutbarkeit* für die politische Aussicht, die Zukunftsdefizite zu überwinden. Aber auch für die politische Sprache hat das Phänomen Bedeutung. Von Zumutung sprechen wir, wenn etwas verlangt oder erwartet wird, das über das Selbstverständliche hinausgeht. Ein Verzicht ist in diesem Sinne eine politische Zumutung. Aufschlußreich für unsere Schwierigkeiten, das Wesen ökologischen Handelns zu begreifen, ist nun der Umstand, daß wir die Begrenzungen, ohne die unsere Gesellschaft nicht zukunftsfähig ist, in der politischen Sprache als »Verzichte« bezeichnen. Wenn es um die Begrenzung des Raubbaus an der Natur geht, sprechen wir vom Verzicht auf Naturzerstörung, so als handle es sich um eine kaum zumutbare Beeinträchtigung unserer Handlungsspielräume. Wir sehen in der notwendigen Begrenzung gesellschaftlicher Aktivitäten, die letztlich der Selbsterhaltung der Gesellschaft dienen, nicht einen positiven Vorgang, der unser Leben bereichert, weil er die Existenz- und Zukunftsbedingungen der Menschheit vor Fehlentwicklungen schützt. Wir verstehen sie nicht als Herausforderung, als etwas Positives, sondern als Verzicht. Verbindet sich die Bewältigung der ökologischen Herausforderung aber mit der Vorstellung, die zukunftssichernden Antworten ließen sich nur unter Inkaufnahme von Verzichten realisieren, so ist die Aufgabe politisch weit schwieriger zu lösen als sonst. Was an der Wortwahl sichtbar wird, ist die Bedeutung der Einordnung der neuen Aufgabe in die Wertordnung. Was im bisher geltenden Koordinatensystem der politischen Ziele und Prioritäten als Verzicht erscheint, ist, bezogen auf die Koordinaten einer durch ökologische Verantwortung geprägten Ordnung, ein Gewinn. Allerdings nur unter der wesentlichen Prämisse, daß auch eine Verbesserung von Gemeinschaftsgütern als eine persönlich zurechenbare Verbesserung erfahren wird, die man im *Tausch* für den Verzicht auf eine individuelle Inanspruchnahme von Gemeinschaftsgütern erhält. Diese Prämisse ist die praktische Konsequenz ökologisch verträglichen Denkens.

Von ihr her gesehen muß auch der Begriff Verzicht neu bestimmt werden, wenn wir dem Umweltschutz nicht begrifflich ein Bein stellen wollen. Danach kann es sich – überspitzt formuliert – nicht um einen Verzicht handeln, wenn wir die Ausbeutung und die »rechtswidrige« Plünderung beenden und zu »rechtmäßigen« Verhältnissen zurückkehren. Als Verzicht kann nicht begriffen werden, wenn wir mit den notwendigen Begrenzungen lediglich versuchen, unserer Treuhänderschaft gegenüber der Natur und zukünftigen Generationen wieder gerecht zu werden. Sollen Worte einen Sinn haben, dann kann nicht als Zumutung empfunden werden, was eigentlich unsere Pflicht und unser existentielles Interesse ist. Die »Perversion des Denkens« muß überwunden werden, die uns als Zumutung und Verzicht erscheinen läßt, was in unserem ureigenen, allerdings durch die Dimension Zukunft und Zukunftsverantwortung erweiterten Interesse liegt. Aufgaben und Handlungsweisen, die heute als nicht zumutbar gelten, müssen wieder akzeptiert und als Teil der Aufgaben begriffen werden, die uns als Menschen gestellt sind. Sie gehören in den Bereich der »natürlichen Zumutungen« des Lebens.

Das dritte Hindernis auf dem Weg zum ökologischen Rechtsstaat ist der Mangel an theoretischen Konzepten und Erkenntnissen für die Gestaltung der *ökologischen Marktwirtschaft.* Der große Erfolg Ludwig Erhards bei der Einführung der sozialen Marktwirtschaft 1948 beruhte unter anderem darauf, daß er sich auf ein gesichertes theoretisches Konzept stützen konnte. Der praktischen Umsetzung waren Jahre der theoretischen Arbeit vorausgegangen. Diese diente der Vertiefung der Probleme einer marktwirtschaftlich gesteuerten Industriegesellschaft im sozialen Rechtsstaat.

Ähnliche Vorarbeiten, auf die sich die Weiterentwicklung der sozialen Marktwirtschaft zu einer ökologischen Marktwirtschaft stützen könnte, fehlen. Ihre Entwicklung ist dringend notwendig. Wichtige erste Ansätze sind schon vorhanden. Übereinstimmungen zeichnen sich ab, die noch vor wenigen Jahren nicht zu erwarten waren. Daß ein Umbau des Steuersystems notwendig ist, wird von den Volksparteien heute nicht mehr prinzipiell bestritten. Zu einem wesentlichen Teil wird das Steuersystem in der ökologischen Marktwirtschaft die Rolle übernehmen müssen, die

die Sozialsysteme in der sozialen Marktwirtschaft erfüllen. Im Ergebnis müssen Güter wertvoller und Arbeit preiswerter werden. Höhere Güterpreise, vor allem für langlebige Güter, werden die Bereitschaft erhöhen, Güter zu erhalten statt wegzuwerfen. Aus der Wegwerfgesellschaft muß eine Erhaltungsgesellschaft werden. Preiswerte Arbeit wird die Erhaltung möglich machen.

Steuern müssen steuern. Sie müssen die Preise knapper Rohstoffe erhöhen. Wertschöpfungen, die die ökologische Qualität des Wirtschaftens steigern, sollten weniger belastet werden als solche, die diese Eigenschaft nicht haben. Das gilt für den Einsatz regenerierbarer Ressourcen wie für die Energiegewinnung aus dem *Energieeinkommen* unseres Planeten. Der Verbrauch von Energiekapital dagegen sollte belastet werden, um zur sparsamen Verwendung anzuhalten. Mobilität, Freizeitindustrien, touristische Inanspruchnahme der Umwelt, die über einen ökologisch verträglichen Gemeingebrauch hinausgeht, sollten als Sondernutzungen an den Kosten für die Erhaltung der Umwelt beteiligt werden. Lokale und regionale öffentliche Investitionen dürfen sich nicht über kostenlosen Umweltverzehr amortisieren usw.

Praktisch darf aus dem Umbau des Steuersystems keine Erhöhung der Staatsquote entstehen. Staatliches Handeln ist weitgehend unempfindlich gegen finanzielle Sanktionen. Das ist ein Grund, warum Umweltschutz in sozialistischen Ländern nicht funktioniert. Mit steigender Staatsquote sinkt zudem die Anpassungsfähigkeit der Gesellschaft. Sie ist jedoch gerade in Zeiten der Umorientierung von besonderer Bedeutung.

Zur ökologischen Marktwirtschaft gehört die Entwicklung von Maßstäben und Entscheidungsverfahren für die Bewertung bisher freier Güter. Methoden müssen gefunden werden, die Umweltkosten in die Kostenrechnungen der Unternehmen und der Haushalte, auch der öffentlichen, einzubeziehen. Verfahren sind gefragt, mit denen sich die Zukunftswerte knapper Ressourcen verläßlich schätzen lassen. Theoretisches Rüstzeug und praktische Erfahrungen werden sich parallel zueinander entwickeln. Wir haben nicht die Zeit zu warten, bis praktisches Handeln sich auf theoretische Gewißheit stützen kann. Das hat den Vorteil, daß sich Theorie und Praxis gegenseitig befruchten können. Sie müssen sich allerdings auch befruchten lassen. Vor allem für die politische Praxis ist das keineswegs ausgemacht. Dafür werden öfter Fehler gemacht werden. Entscheidungen müssen deshalb korrigierbar bleiben. Sie dürfen keine Besitzstände begründen, die Korrekturen erschweren.

Umweltpolitik schützt vor allem Gemeinschaftsgüter ohne Marktpreise. Sie ist deshalb in besonderer Weise auf Alternativen zu Marktdaten, wie Preise, Börsennotierungen etc., angewiesen. Eine ökologische Buchhaltung, die solche Daten liefern kann, muß entwickelt werden. Sie muß sich mit der heutigen Berechnung des Bruttosozialprodukts zu einem gemeinsamen Rechenwerk verbinden lassen. Es muß Auskunft geben können über den Nettonutzen volkswirtschaftlicher Aktivitäten wie über die verursachten kurz- und langfristigen Kosten.

Bruttosozialprodukt-Rechnungen, die nichts über die sozialen und ökologischen Folgekosten des Wirtschaftens aussagen, liefern der Wirtschafts- und Sozialpolitik die falschen Signale. Das gilt auch für die Europäische Gemeinschaft. Es macht keinen Sinn, eine Steigerung des Bruttosozialprodukts um drei Prozent als Erfolg zu feiern, wenn die ökologischen Folgekosten vier Prozent des Bruttosozialprodukts betragen. Ob wir ökologisch über unsere Kosten leben, muß feststellbar werden. Es darf nicht opportunistischer politischer Spekulation in dieser oder jener Richtung überlassen bleiben.

Die Förderung konkreter Techniken durch den Staat sollte so weit als möglich unterbleiben. Der Staat sollte Ziele vorgeben und für die eine Prämie aussetzen, die sie erreichen. Welcher technische Weg zum Ziel führt, wird durch den Wettbewerb besser entschieden. Staatliche Präferenzen behindern nicht nur die Entwicklung von Alternativen, sie schaffen auch Besitzstände. Diese stehen späteren Korrekturen der staatlichen Entscheidungen im Weg.

Zwischen Privateigentum und dem Schutz von Gemeinschaftsgütern gibt es keinen prinzipiellen Widerspruch. Umweltschutz verlangt nicht den Verzicht auf Eigentum an Produktionsmitteln oder natürlichen Ressourcen. Aber ebenso wie es eine Sozialpflichtigkeit des Eigentums gibt, gibt es auch eine Ökologiepflichtigkeit. Eigentum ist beiden Dimensionen des Rechtsstaates verpflichtet. Diese Bindung gilt für alle rechtlichen Positionen, die es erlauben, mit Relevanz für die Gemeinschaft zu handeln. Als Grundsatz ist sie bereits im Wasserrecht und in der Landwirtschaft anerkannt. Sie muß weiterentwickelt werden. Unternehmen, die die Umwelt belasten, verletzen den Grundsatz der Ökologiepflichtigkeit des Eigentums. Für den privaten Grundbesitzer gilt ähnliches. Im Rahmen des Nachbarrechts wird bereits seit langem so verfahren.

Besondere theoretische und praktische Probleme bereitet die sinnvolle *Verzahnung* der ökologischen und der sozialen Dimension staatlichen Handelns. Umweltschutz ist nicht durchführbar, wenn er zu sozialen Ungerechtigkeiten und Spannungen führt. Aber er ist auch nicht möglich, ohne bestehende soziale Gegebenheiten zu berühren. Wird der Gebrauch der Umwelt durch Privathaushalte belastet, ändern sich die bisherigen Einkommensverhältnisse. Das betrifft die staatliche Einkommenspolitik durch Steuerlastverteilung ebenso wie den Gerechtigkeitsgehalt der Sozialsysteme und die Ergebnisse tarifvertraglicher Einkommenspolitik. Die einkommenspolitischen Entscheidungen der Tarifparteien werden dies beachten müssen. Aber der Versuch, Umweltkosten mit Hilfe der Tarifpolitik oder der Sozialpolitik auf andere abzuwälzen, würde im Widerspruch stehen zur beabsichtigten Beeinflussung des individuellen Umweltverhaltens. Er wäre mit den Zielen der Umweltpolitik nicht vereinbar, jedenfalls dann nicht, wenn er die Steuerungswirkung des Verursacherprinzips außer Kraft setzte. Die Tarifautonomie muß dies berücksichtigen. Auch sie unterliegt der Ökologiepflichtigkeit.

Die politische Bewertung der Umverteilungswirkungen der Umweltpolitik muß den Nutzen einbeziehen, den alle von einer Verbesserung der Umwelt haben. Kosten und Nutzen müssen gemeinsam gesehen werden. Es gibt nicht nur eine soziale, sondern auch eine ökologische Gleichung. Nur wer beide Seiten dieser Gleichung berücksichtigt, kann sinnvolle Aussagen über den Gerechtigkeitsgehalt der Ökologiepolitik machen. Diese Gesamtbetrachtung ist im ökologischen Bereich besonders wichtig. Sie ist auch besonders schwierig. Denn sie muß die Vor- und

Nachteile miteinander in Beziehung setzen, die durch den anteiligen Nutzen einer Verbesserung von Gemeinschaftsgütern für den einzelnen und die individuelle Belastung entstehen, die die Verbesserung dieser Güter mit sich bringt. Abwägungen dieser Art sind unserem bisherigen Kosten-Nutzen-Denken fremd. Sie müssen entwickelt werden.

Der grenzüberschreitende Charakter des Umweltschutzes kann den Verzicht auf wirksame nationale Maßnahmen nicht rechtfertigen. Das Argument, ökologische Belastungen beeinträchtigten die Wettbewerbsfähigkeit der Unternehmen und die Qualität des Standortes Bundesrepublik Deutschland, sollten mit derselben Skepsis betrachtet werden wie frühere vergleichbare Argumente gegen soziale Leistungen. Die Bundesrepublik Deutschland ist gerade wegen ihrer sozialen Ordnung und des sozialen Friedens ein attraktiver Standort. Die Umweltqualität wird in wenigen Jahren eine ähnliche Bedeutung haben. Man wird nicht nur den sozialen, sondern auch den ökologischen Frieden zu schätzen wissen. Umgekehrt darf die Anpassungsfähigkeit der Unternehmen nicht überfordert werden. Ein Trade-off zwischen Umweltschutz und Vollbeschäftigung dient weder den ökologischen noch den sozialen Zielen der Gemeinschaft. Aber das Tempo der Anpassung kann sich nicht nach dem schwächsten Glied in der Kette richten. Die tarifvertragliche Einkommens- und Sozialpolitik der vergangenen Jahrzehnte hat solche Rücksichten auch nicht gekannt. Sie hätte sonst nie ihr heutiges Niveau erreichen können.

Diese wenigen Hinweise zeigen, daß die Entwicklung der ökologischen Marktwirtschaft eine ähnliche Jahrhundertaufgabe ist wie der Aufbau der sozialen Marktwirtschaft. Ihre Dimension ist durchaus vergleichbar mit der Verwirklichung der sozialpflichtigen Wirtschaftsordnung. Unterteilt man die industrielle Revolution nicht in technologisch definierte Abschnitte, sondern in ihre normativen Entwicklungsstufen, so kann man sagen: Möglich wurde die industrielle Revolution durch freies Unternehmertum und die Freiheit der Märkte, kurz: durch die Gewerbefreiheit. Die zweite Entwicklungsstufe der industriellen Revolution brachte die wertgebundene marktwirtschaftliche Ordnung in Gestalt der sozialen Marktwirtschaft. An die Stelle der Politik des Laisser-faire trat die Ordnungspolitik. Am Ende der dritten Entwicklungsstufe der industriellen Revolution wird die ökologische Marktwirtschaft stehen. Dann werden die freiheitliche, die soziale und die ökologische Dimension des Wirtschaftens in einer Gesamtordnung der Wirtschaft angelegt sein.

Gegenwärtig ist die Entwicklung einer ökologisch vertretenen Wirtschaftsordnung nicht überwiegend ideologisch, sondern eher pragmatisch bestimmt. Der marktwirtschaftliche Konsens in der Bundesrepublik und in allen Industrienationen der westlichen Welt ist so stabil, daß er durch die ökologische Herausforderung bisher nicht prinzipiell in Frage gestellt wurde. Trotz unterschiedlicher Standpunkte im einzelnen konzentriert sich die Suche nach einer ökologischen Ordnung der Wirtschaft auf die Weiterentwicklung der sozialen Marktwirtschaft. Die Anstrengungen der sozialistischen Staaten, sich von den Fesseln ihrer zentralen Planwirtschaft zu befreien, unterstützen diese Tendenz. Das heißt aber nicht, daß es dabei bleibt. Wahrscheinlicher ist, daß sich im Zuge der Auseinandersetzungen um die ordnungs- und verteilungspolitischen Konsequenzen der ökologischen Marktwirtschaft auch die »Systemfrage« stellen wird. Die Vorstellung ist nun einmal unausrottbar, die Entscheidung wirklicher Zukunftsfragen könne man nicht dem Markt überlassen. Sie müsse dem Staat vorbehalten bleiben. Für die Versuchung, staatlichen Lösungen den Vorzug zu geben, sind nicht nur die Linken anfällig. Beide Volksparteien haben die Tendenz, nach dem Staat zu rufen, wenn unerwartete oder schwierige Probleme auftauchen oder Erfahrungen mit einer marktwirtschaftlichen Problemlösung fehlen.

Daß gegen alle Erfahrungen und politischen Instinkte in einer Zeit katastrophalen Mangels durch politische Entscheidung eine marktwirtschaftliche Ordnung geschaffen werden konnte, war eine historische Ausnahme. Wir verdanken sie einem ungewöhnlichen Zusammentreffen von Umständen, deren Wiederholung sich niemand wünschen kann. Die Mängel und Gefahren, denen heute durch einen ähnlich umfassenden ordnungspolitischen Kraftakt entsprochen werden müßte, machen sich unter Bedingungen bemerkbar, die einem großen Wurf weit abträglicher sind. Zum einen geht es uns gut. Die Wirtschaft floriert. Unmittelbare

Zwänge zum Handeln sind kaum wirksam. Zum anderen ist ein Gebirge von Besitzständen an den bestehenden Verhältnissen entstanden. Es muß überwunden werden.

Viele Gefahren liegen in der Zukunft. Sie werden deshalb nicht als unmittelbare Bedrohungen gesehen. Sich diese Gefahren als Gegenwartsgefahren vorzustellen – wie Hans Jonas es fordert –, setzt erhebliche intellektuelle und politische Anstrengungen voraus. Die Qualität unserer heutigen Lebensbedingungen scheint solche Vorstellungen von einer zukünftigen Bedrohung zudem täglich zu dementieren. In der Zeit zu sparen, um in der Not gerüstet zu sein, war nie selbstverständlich. Sonst würde es nicht als Tugend gelten.

Die Systemfrage wird gestellt werden, falls sich zeigen sollte, daß sich die Gefahren schneller nähern, als wir sie mit unseren heutigen politischen Möglichkeiten beherrschen und überwinden können. Darin liegt ein Problem. Unter Bedingungen akuter Gefährdung ist es schwierig, wenn nicht unmöglich, ordnungspolitisch zu argumentieren oder um Vertrauen für freiheitliche, sich selbst regelnde Ordnungsformen zu werben. Deshalb spricht manches dafür, die Systemfrage bereits zu stellen, ehe sie uns durch Katastrophen aufgezwungen wird.

Ein weiterer Gesichtspunkt spricht für eine baldige Klärung der Grundsatzfragen. Die ökologische Neuordnung unserer Wirtschaftsgesellschaft wird mit *enormen* Umverteilungen von Einkommen und Chancen und mit weitreichenden Eingriffen in unsere bisherigen Lebensgewohnheiten verbunden sein. Wie bereits festgestellt, verdanken wir einen nicht unwesentlichen Teil unseres heutigen Lebensstandards dem Verzehr von Zukunftsressourcen: Im ökologischen, im demographischen und im fiskalischen Bereich. Einer zukunftsorientierten Politik stehen diese Ressourcen nicht zur Verfügung. Sie können also auch nicht verteilt und nicht verbraucht werden.

Jede ökologische Politik wird deshalb auf massive Widerstände stoßen, an denen sie scheitern kann. Selbst wenn sie sich auf Dauer durchsetzt, ohne von ökologischen Katastrophen überholt zu werden, wird sie von erheblichen gesellschaftlichen Konflikten begleitet sein. Diese Konflikte werden nicht entlang der alten

Konfliktlinien verlaufen. Es werden sich neue gesellschaftliche Konfrontationen bilden – quer zu den alten. Die alte soziale Frage wird nicht wiederbelebt werden. Eher gewinnt die neue soziale Frage an Brisanz: Der Schutz nicht organisierbarer Minderheiten und ihre Vertretung im gesellschaftlichen Verteilungskampf durch den Staat. Minderheiten, die sich für die Zukunftssicherung einsetzen, können erhebliche Militanz entwickeln.

Um so wichtiger ist es, daß sich die Grundsatzfragen auch parteipolitisch strukturieren. Nur so sind sie im demokratischen Rahmen politisch zu handhaben. Wie die parteipolitische Konfliktstruktur aussehen wird, ist noch nicht erkennbar. Es hängt vor allem von der weiteren Entwicklung der Volksparteien selbst ab. Erkennbar sind dagegen schon heute die *Konturen* des Konfliktes selbst. Auf den Punkt gebracht werden sich zwei Konzepte gegenüberstehen:

1. Eine wachstumsorientierte Gesellschaft, die unter *dieser* Bedingung – angemessenes Wirtschaftswachstum – auch die sozialen und ökologischen Fragen lösen kann.
2. Eine ökologisch und sozial orientierte Gesellschaft, die unter diesen Bedingungen – ökologische Verträglichkeit und soziale Gerechtigkeit – auch wachsen kann, aber nicht wachsen muß.

Das eine Konzept beruht auf dem Primat der Wachstumsorientierung, das andere auf dem Primat ökologischer und sozialer Gerechtigkeit. Beide Konzepte schließen sich im Prinzip aus.

Die Anhänger der wachstumsorientierten Gesellschaft werden argumentieren: Ohne Wirtschaftswachstum sind alle Forderungen, ökologisch und sozial verantwortlich zu handeln, Schwärmerei. Sie scheitern an der Unmöglichkeit, Prioritäten durch Eingriffe in Besitzstände zu ändern. Es wäre schön – aber es geht nicht. Ökologische und soziale Bedürfnisse lassen sich deshalb nur angemessen befriedigen, wenn das Bruttosozialprodukt expandiert. Die Expansion des Materiellen ist die notwendige Voraussetzung für die Befriedigung neuer materieller Bedürfnisse, seien es öffentliche oder private. Wachstum wiederum kann man nur privatwirtschaftlich organisieren. Wenn dazu Zukunftsressourcen verbraucht werden müssen, ist das legitim. Regierbarkeit und sozialer Friede in der Gegenwart gehen vor.

Die Anhänger der ökologischen und sozial orientierten Gesellschaft werden antworten: Die Erfahrungen der zurückliegenden Jahrzehnte zeigen, daß die am ständigen Wachstum orientierte Gesellschaft nur Gegenwartsinteressen kennt und berücksichtigt. Die Zukunft kommt in ihr als politische Kategorie nicht vor. Sie hat keine Lobby und ist daher machtlos. Das wirtschaftliche Wachstum der Nachkriegszeit wurde zunehmend vom Zukunftsverbrauch getragen. Es hat zu historisch einmaligem Wohlstand für die Gegenwart geführt – dafür aber eine apokalyptische Situation in der Zukunft in Kauf genommen. Sie abzuwenden, verlangt ein Höchstmaß an – politisch auferlegter – gesellschaftlicher Disziplin. Die Unterordnung der Gegenwartsvorteile unter das langfristige Gebot der Zukunft muß zuwege gebracht werden. Genau dies kann die gegenwärtige Ordnung nicht. Sie belohnt Eigennutz, regt zur ständigen Steigerung des Konsums an und fördert damit Egoismus und Hedonismus, statt beide durch Zukunftsverantwortung zu bändigen.

Die Anhänger des Wachstumskonzepts werden erwidern: Es ist utopisch, von einer demokratisch gewählten Regierung zu erwarten, daß sie dem Volkssouverän, von dem sie ihr Mandat hat, das geforderte Höchstmaß an gesellschaftlicher Disziplin und Entsagung auferlegen kann. Damit werden demokratische Politik und demokratische Verfassung bewußt überfordert. Privates Verhalten der Menschen verändert sich nur unter dem Eindruck akuter Gefahren. Anpassungen an veränderte Wirklichkeiten können deshalb politisch nicht vorweggenommen werden, ohne die Menschen zu entmündigen. Der Versuch, das kollektive Bewußtsein der Menschen mit Mitteln der Politik zu verändern, ist eine Entmündigung. Letztlich wird aus dem Anspruch, die Lebensmöglichkeiten zukünftiger Generationen zu sichern, das Mandat abgeleitet, die Freiheit der heute Lebenden zu beseitigen. Damit verliert die Forderung ihre demokratische und moralische Legitimation. Ebenso wenig wie Frieden kann auch Zukunftssicherung den Verzicht auf Freiheit rechtfertigen.

Die Replik der Anhänger ökologisch orientierter Politik wird lauten: Der Optimismus des Wachstumskonzepts geht Hand in Hand mit einem moralischen Pessimismus, für den es keine Rechtfertigung gibt. Wohlstand und Bildung, die Früchte der jetzigen Ordnung, verlieren ihren Sinn, wenn sie nicht für neue Herausforderungen eingesetzt werden können. Die Freiheit ist ohne moralische und politische Legitimation, wenn sie zur Beliebigkeit verkümmert. Nur wenn die Verantwortung für die voraussehbare wirkliche Zukunft erweitert wird, kann sie Freiheitsgewährung rechtfertigen. Freiheit, die ihre Verantwortung dafür verweigert, daß künftige Generationen als freie Menschen leben können, verliert ihren moralischen und ethischen Anspruch. Sie korrumpiert die Menschheit und ist deshalb letztlich Ausdruck moderner Unfreiheit. Das christliche Menschenbild schließt die Achtung vor der Zukunft der Schöpfung ein. Der Mensch gibt seine Würde als verantwortungsfähiges Wesen preis, wenn er den Auftrag verweigert, die Schöpfung für zukünftige Generationen zu sichern.

Ich kann nicht sagen, wie die Auseinandersetzungen im einzelnen verlaufen und zu welchem Ergebnis sie führen würden. Der fiktive Dialog der Konzepte zeigt, daß eine konsensfähige Antwort auf die ökologische Herausforderung nicht einfach zu finden sein wird. Er zeigt aber auch, daß Gleichgesinnte beider Konzepte sich aus allen Bereichen der Gesellschaft rekrutieren werden. Bei Kapital und Arbeit jedenfalls läßt sich der neue Konflikt nicht ansiedeln.

Schon seiner wirtschaftlichen und sozialen Folgen wegen wird er der beherrschende gesellschaftliche und politische Konflikt der kommenden Jahrzehnte sein. Die politischen Parteien werden von ihm ebenso geprägt werden wie vom klassischen Verteilungskonflikt der zurückliegenden Jahrzehnte. Welche Folgen dies für die Parteienlandschaft haben kann, wird uns noch beschäftigen.

2. *Das demographische Defizit*

Die Entstehung der GRÜNEN war die Antwort auf das *ökologische* Defizit und die Unfähigkeit der Volksparteien, ihm politische Repräsentanz zu verschaffen. Mit ihrem ersten Einzug in ein Landesparlament im Jahr 1980 meldete sich die ökologische Herausforderung politisch zu Wort. Seitdem hat sie die politische Landschaft zunehmend beeinflußt.

Mit der Gründung der GRAUEN erleben wir derzeit den ersten Versuch, dem *demographischen* Defizit politisch Gehör zu verschaffen. Ob die Gründung Erfolg haben wird, ist schwer zu sagen. Daß wir es in Gestalt des demographischen Defizits mit einer politischen Herausforderung zu tun haben, steht dagegen schon heute fest.

Was sind die Ursachen des demographischen Defizits und der Herausforderungen, die es mit sich bringt? Im wesentlichen sind es drei Entwicklungen: der starke Rückgang der Geburtenrate seit 1965, unsere zunehmende Lebenserwartung und der Umstand, daß die aktive Lebenszeit sich ebenfalls nachhaltig verlängert hat. Wir leben länger, und wir werden auch später älter.

Betrachten wir zunächst die Tatsachen. Mitte der 60er Jahre wurden in der Bundesrepublik pro Jahr noch mehr als eine Million Kinder geboren. Zehn Jahre später (1975) waren es noch 600 000. Die Zahl der jährlichen Geburten hatte sich praktisch halbiert. 1971 wurden in unserem Land zum ersten Mal mehr Gestorbene als Geborene gezählt. Seit Beginn der 80er Jahre nimmt die deutsche Bevölkerung jährlich um rund 100 000 bis 150 000 Menschen ab. 1984 wurden 586 000 Kinder geboren, 704 000 Menschen starben. Seit Mitte der 70er Jahre werden nur noch zwei Drittel einer Generation durch eigenen Nachwuchs »ersetzt«. Die Bevölkerung schrumpft, das Durchschnittsalter steigt.

Wie es weitergehen wird, sagen uns seit einigen Jahren die Bevölkerungsprognosen. Sie beruhen auf Modellrechnungen mit unterschiedlichen Annahmen. Gewißheit über die Zukunft können sie uns nicht geben. Einmal wissen wir nicht, ob die nächsten Generationen wieder mehr Kinder haben werden oder noch weniger. Zum zweiten ist die Zahl der Ausländer unbekannt, die in den kommenden Jahrzehnten in die Bundesrepublik einwandern werden. Die Schätzungen schwanken zwischen sechs und zwölf Millionen ausländischen Mitbewohnern im Jahr 2030. Wahrscheinlicher ist die vorsichtige Schätzung. Sie ist auch die offizielle. Die Ausländerdebatte hat gezeigt, daß die Bundesrepublik kaum ein Einwanderungsland werden wird.

Legt man die wahrscheinlichste Prognose zugrunde, dann werden in der Bundesrepublik des Jahres 2030 rund 42 Millionen Deutsche und rund sechs Millionen Ausländer leben, also gut zwölf Millionen Menschen weniger als heute. Bei Ausbruch des Zweiten Weltkrieges lebten auf dem Gebiet der heutigen Bundesrepublik rund 43 Millionen Deutsche. Aber sie waren im Durchschnitt wesentlich jünger und hatten mehr Kinder – genug, um die jeweiligen Elterngenerationen zu »ersetzen«. Im Jahr 1900 betrug das Durchschnittsalter der Deutschen 25 Jahre. Im Jahr 2000 – in zehn Jahren – werden sie im Durchschnitt doppelt so alt sein: 50 Jahre.

Die Verdopplung des Durchschnittsalters der Bevölkerung ist ein dramatischer Vorgang. Sie verändert die Altersstruktur in der Bundesrepublik tiefgreifend. 1950 war knapp ein Viertel der Bevölkerung unter 15 Jahre alt. Heute ist nur noch jeder siebte jünger als 15 Jahre. Nur jeder zehnte war 1950 älter als 65 Jahre. Heute ist es schon jeder siebte. Im Jahr 2000 wird noch knapp ein Siebtel der Bevölkerung weniger als 15, fast 20 Prozent jedoch älter als 65. Folgt man den wahrscheinlichsten Voraussagen, dann werden im Jahr 2030 nur noch rund 10 Prozent der Bevölkerung jünger als 15, aber 25 Prozent älter als 65 Jahre alt sein. Das Verhältnis zwischen alt und jung des Jahres 1950 hätte sich genau umgekehrt.

Diese Umkehr ist schon einschneidend genug. Doch durch die Zunahme der Lebenserwartung wird sie zusätzlich verstärkt. Noch zu Beginn dieses Jahrhunderts wurden nur wenige Menschen wesentlich älter als 65 Jahre. Ein heutiger 60jähriger Mann dagegen hat noch eine – statistische – Lebenserwartung von 17, eine 60jährige Frau von 21 Jahren. Derzeit nimmt die Lebenserwartung pro Jahr um einen Monat zu. Da die Lebenserwartung in der Bundesrepublik Deutschland im internationalen

Vergleich eher niedriger ist, können wir von einem weiteren Anstieg ausgehen.

Deshalb wird in den kommenden 40 Jahren vor allem die Zahl der alten Menschen dramatisch zunehmen. 1950 lebten in der Bundesrepublik rund 500 000 Menschen im Alter von über 80 Jahren, 20 000 über 90jährige und etwa 12 000, die das hohe Alter von 100 Jahren überschritten hatten. Bis zum Jahr 2030 wird die Bevölkerung insgesamt abnehmen. Aber die Zahl sehr alter Menschen wird weiter kräftig steigen. Etwa 3,2 Millionen werden dann älter als 80 Jahre sein, weitere 600 000 älter als 90 – etwa die heutige Bevölkerung der Stadt Frankfurt – und zwischen 30 000 und 60 000 werden älter als 100 Jahre werden. Allerdings werden sehr viele Menschen auch sehr viel länger gesund und leistungsfähig bleiben.

Die Frauen werden unter den alten Menschen eine beachtliche Mehrheit stellen, denn sie leben länger. Auf 100 Männer in der Gesamtbevölkerung kommen derzeit 109 Frauen. Unter den Menschen, die über 60 Jahre alt sind, leben schon fast doppelt so viele Frauen wie Männer (179:100). Bei den 85jährigen wächst die Mehrheit der Frauen auf rund 3:1 an. 1986 gab es 1620 100jährige Frauen in der Bundesrepublik, aber nur 396 100jährige Männer. Die ganz alten Menschen werden mehrheitlich Frauen sein.

Ein starker zahlenmäßiger Rückgang bei den jungen Menschen – eine starke Zunahme bei den alten Menschen: Wie wird sich dazwischen die sogenannte Erwerbsbevölkerung entwickeln? Die Menschen also, die die Kinder zur Welt bringen und großziehen und sich um die Alten kümmern sollen, wenn diese Hilfe brauchen?

Bis zur Jahrhundertwende wird sich wenig verändern. Die Zahl der 20- bis 60jährigen, derzeit rund 35 Millionen Menschen in der Bundesrepublik, wird sich zunächst eher noch erhöhen. Erst wenn alle geburtenstarken Jahrgänge das Erwerbsalter erreicht haben und die jungen Frauen und Männer aus den geburtenschwachen Jahrgängen nachrücken, wird die Erwerbsbevökerung langsam abnehmen. Sie wird gewissermaßen von unten her schrumpfen und insgesamt altern. Im Jahr 2010 werden rund 32 Millionen, in 30 Jahren (2020) knapp 30 Millionen und nach 40 Jahren – wenn die Bundesrepublik doppelt so alt ist wie heute – werden noch knapp 23 Millionen Menschen im Erwerbsalter (20 bis 60 Jahre) leben. Scheiden die Menschen dann regelmäßig erst mit 65 oder 68 Jahren aus dem Erwerbsleben aus, wird sich die Zahl entsprechend erhöhen.

Aber nicht alle »erwerbsfähigen« Menschen arbeiten auch oder suchen einen Arbeitsplatz. Von den rund 35 Millionen Menschen zwischen 20 und 60 Jahren arbeiten in der Bundesrepublik zur Zeit gut 26 Millionen, rund zwei Millionen sind arbeitslos. Wie viele der sogenannten stillen Reserve angehören, also eigentlich arbeiten wollen, sich aber bisher nicht gemeldet haben, ist umstritten. Wir wissen auch nicht, ob der Anteil der Frauen, die einen Arbeitsplatz haben werden, höher sein wird als heute. Wahrscheinlich wird er gegenüber heute weiter zunehmen. Aber das ändert nichts daran, daß auch die Erwerbsbevölkerung nach der Jahrhundertwende abnehmen wird – wenn wir unser Land nicht in großem Umfang für Einwanderer öffnen und damit ein Problem gegen ein neues eintauschen.

Unsere Republik wird in den kommenden 40 Jahren viele Veränderungen verkraften müssen. Aber kein Prozeß wird tiefere Spuren erzeugen und das Land und seine Menschen stärker verändern als die Entwicklung des Bevölkerungsaufbaus. Das äußere Bild, das sich dem Besucher bieten wird, wird dem Bild in anderen hochindustrialisierten Ländern, etwa den Mitgliedsstaaten der Europäischen Gemeinschaft, ähnlich sein. Aber es wird sich dramatisch vom Bild anderer Länder – vor allem denen in der Dritten Welt – unterscheiden. Die Bevölkerung Brasiliens wird um die Jahrhundertwende durchschnittlich knapp 20 Jahre alt sein – die Menschen in unserem Land rund 50 Jahre. In Ländern mit einer jungen Bevölkerung werden Kinder und junge Menschen das Straßenbild beherrschen, bei uns werden es ältere sein. Unsere Lebensgewohnheiten werden sich ändern. Und die politisch bedeutsamen Probleme und Konflikte mit ihnen.

Die Entwicklung der Bevölkerung während der vergangenen 40 Jahre verlief zwar auch schon anders als in den weiter zurückliegenden Jahrzehnten. Nachdem der Kinderreichtum zwischen Ende der 50er und Mitte der 60er Jahre »versiegte«, änderte sich bereits das Straßenbild. Aber die heutige Erwerbsbevölkerung ist noch recht jung. Mit den Müttern und Vätern aus den geburtenstarken Jahrgängen hat auch die Zahl der Geburten wieder zugenommen. Es ist das Echo des »Baby-Booms«.

Gleichwohl: Die Wende vom Wachsen zum Schrumpfen hat sich bereits vollzogen. In den ersten 40 Jahren der Bundesrepublik waren die Menschen jünger, aber ärmer. Die Bevölkerung wuchs. In den zweiten 40 Jahren werden Menschen zunehmend älter, aber auch zunehmend wohlhabender werden. Die Bevölkerung dagegen wird abnehmen. Das breite Fundament, auf dem die Bevölkerungspyramide der Vergangenheit ruhte, wird schrumpfen. Schon heute ist es schmaler als der Aufbau, den es trägt. Im Jahr 2030 wird aus der Pyramide ein Baum geworden sein. Das Gewicht der Krone wird auf einem schmalen Stamm lasten. Das Verhältnis der Generationen zueinander wird sich praktisch umkehren. Jahrtausendelang war es von der Ehrfurcht der Jungen vor dem selten erreichten Alter geprägt. Nun wird das Alter das Bild bestimmen und die Jugend selten sein.

Eine radikalere »Wende« in der Entwicklung eines Volkes ist kaum vorstellbar. Sie ist ohne historisches Vorbild. Wir betreten gewissermaßen demographisches Neuland. Erfahrungen, die uns den Weg weisen könnten, gibt es nicht. Wir werden wenig Zeit haben, um uns auf die Veränderungen vorzubereiten. Sie sind bereits in vollem Gange. Wir müssen »lernen durch Handeln«. Vor allem aber: Wir können den Prozeß, der die deutsche Bevölkerungsstruktur verändert, nicht beeinflussen. Wie viele 20jährige im Jahr 2010 in der Bundesrepublik leben werden und damit die Erwerbsfähigkeit erreichen, wird im kommenden Jahr entschieden. Niemand rechnet damit, daß die jungen Menschen im nächsten Jahr oder in den Jahren darauf mehr Kinder haben werden als in diesem. In rund fünf Jahren jedoch wird mit den ersten geburtenschwachen Jahrgängen die Zahl der jungen Mütter und Väter schnell abnehmen. Selbst wenn sich dann wieder mehr junge Menschen für Kinder entscheiden oder die Zahl kinderreicher Familien zunimmt: Die heutige Geburtenrate würde dadurch allenfalls stabilisiert werden. Die voraussichtliche Entwicklung würde sich auch dann nicht wesentlich verändern.

Von der Pyramide zum Pilz

Der Altersaufbau der Wohnbevölkerung im Deutschen Reich und in der Bundesrepublik Deutschland

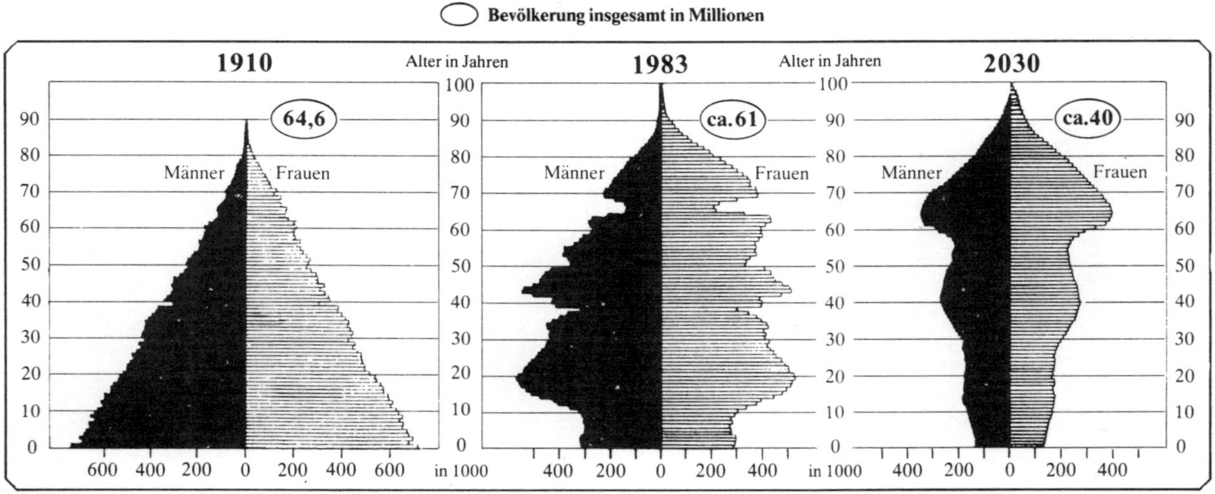

Modellrechnung für 2030 unter der Annahme: konstante Nettoreproduktionsrate 0,627; Quelle: Statistisches Bundesamt

Institut der deutschen Wirtschaft iwd

So können wir allenfalls die Türen unseres Landes für Einwanderer weiter öffnen. Aber die Menschen, die dann zu uns kommen, bringen nicht nur neue Probleme mit sich. Sie werden ebenfalls älter. Sie werden, wenn sie eine Zeitlang bei uns gelebt haben, uns auch ähnlicher, auch in ihrem Geburtenverhalten. So kann Einwanderung die Probleme nicht beseitigen, sondern allenfalls geringfügig verschieben. Das demographische Defizit können wir nicht beseitigen. Es ist endgültig.

Die wichtigste politische Herausforderung dieses Defizits ist die zukünftige Gestaltung des Generationenvertrages. Praktisch geht es um die Reform der gesetzlichen Rentenversicherung und der Alterssicherung der Beamten. Für rund 90 Prozent der Bevölkerung hängt die Sicherheit im Alter von der sicheren Rente oder Pension ab. Nur eine kleine Minderheit kann ihr Alterseinkommen ausschließlich aus eigenem Vermögen sichern.

Auch hier sind die Dimensionen der Veränderung ohne historisches Vorbild. Als Bismarck die erste gesetzliche Alterssicherung für Arbeiter schuf – die heuer 100 Jahre alt wurde –, lebte der Bezieher der bescheidenen Rente im Durchschnitt knapp ein Jahr. Heute ist die durchschnittliche Dauer des Rentenalters auf rund 13 Jahre angewachsen. Es wird, wie wir gesehen haben, weiter zunehmen. Das Rentenalter ist zu einem selbständigen Lebensabschnitt geworden.

Das wäre kein Problem, wenn nicht zugleich die Basis kleiner würde, auf der die »Altenlast« ruht. Genau dies geschieht jedoch. Von Johann Peter Hebel stammt das Bild des Bauern, der drei Brote backt: eins für die Kinder, eins für die Alten und eins für seine Frau und sich. Die beiden zusätzlichen Brote, für Kinder und Alte, die noch nicht oder nicht mehr selbst backen können, sind das, was wir die »Soziallastquote« nennen. Sie gibt das jeweilige Verhältnis der Erwerbsbevölkerung (20 bis 60) zur Jugend (0 bis 20) und zum Alter (61 und älter) an. Wir erhalten damit eine Vorstellung von der Dimension der »Brote«, die die Erwerbsgeneration Jahr für Jahr für jung und alt zusätzlich backen muß.

1950 kamen auf 100 Menschen im Alter von 20 bis 60 Jahren 55 junge und 25 alte, zusammen also 80. Die *Altenlastquote* betrug 25, die *Soziallastquote*, das heißt Junge und Alte, 80.

Damals begann das Arbeitsleben regelmäßig mit 15 und endete mit 65 Jahren. Die tatsächliche Last war deshalb geringer. 1990 kommen auf 100 20- bis 60jährige 35 junge und 36 alte Menschen. Allerdings beginnt und endet das Arbeitsleben heute auch regelmäßig mit 20 bzw. 60 Jahren. In zehn Jahren wird die Zahl der Jungen etwa so hoch sein wie heute; die der Alten wird auf 44 zu 100 Erwerbsfähigen ansteigen. Noch wird die Gesamtlast damit nicht wesentlich höher sein als heute (79 Junge und Alte auf 100 Erwerbsfähige; heute 72).

Aber künftige Entwicklungen deuten sich schon an: Es ist die Ruhe vor dem demographischen Sturm. In 20 Jahren verschiebt sich das Verhältnis bereits deutlich. Die Altenlast klettert auf 49, die Jugendlast sinkt auf 32, die Gesamtlast steht bei 81. Dann ändert sich das Bild dramatisch. Wenn der heute 22jährige 61 wird und damit in die statistische Altersgeneration wechselt, werden auf 100 Erwerbsfähige 81 Menschen kommen, die älter als 60 sind, und 32, die das 20. Lebensjahr noch nicht erreicht haben. 100 Erwerbsfähige müssen für 113 Junge und Alte »Brot backen«.

Nun ist offensichtlich, daß im Jahr 2030 nicht alle »Alten« ab 61 Jahre Rentner sein können. Geht man davon aus, daß die Erwerbsgenerationen mehr Mitarbeit verlangen werden und die Jungen nur bis zum 15., die Alten erst ab dem 65. Lebensjahr mittragen wollen, dann wird die Soziallast etwas leichter. Die Altenlast würde dann nicht auf 81, sondern nur auf 62 ansteigen. Sie wäre dann allerdings fast so hoch wie die *gesamte* Soziallast (Alte und Junge) heute.

Was sich hinter diesen Zahlen verbirgt, ist eine revolutionäre Veränderung der Lastenverteilung zwischen den Generationen. Dabei geht es nicht nur um die Finanzierung der Renten, obwohl darüber am meisten diskutiert wird. Alte Menschen brauchen nicht nur ein gesichertes Einkommen. Sie brauchen, je älter sie sind, um so mehr medizinische Versorgung und Pflege. Bereits heute zahlen die gesetzlichen Krankenkassen für einen über 60jährigen im Durchschnitt zweieinhalbmal soviel wie für einen unter 60jährigen (1984: 3263 DM für den Älteren, 1298 DM für den Jüngeren). Die Kosten für kranke alte Menschen werden mit zunehmender Lebenserwartung nicht nur weiter ansteigen. Es werden auch immer mehr ältere Menschen die Leistungen in Anspruch nehmen.

Mag sein, daß es gelingt, die Krankenkassenbeiträge in den kommenden Jahren zu stabilisieren. Nach der Jahrhundertwende werden sie aus demographischen Gründen erneut steigen. Das Wirtschaftsforschungsinstitut Prognos schätzt, daß sie bis zum Jahr 2030 von 13 auf 21 Prozent der heutigen Beitragsbemessungsgrenze steigen werden. Durch weitere Einsparungen im gegenwärtigen System wird man daran wenig ändern können. Nur eine grundlegende Korrektur kann dann noch helfen. Ob sie möglich sein wird, ohne die Menschen langfristig darauf vorzubereiten, ist sehr fraglich.

Neben Alterseinkommen und Krankenkosten wird auch die Pflegelast nach der Jahrhundertwende schnell anwachsen. Heute werden noch rund 80 Prozent der 1,7 Millionen Pflegefälle in der eigenen Familie betreut. Das wird in 30 Jahren nicht mehr, zumindest nicht mehr im heutigen Umfang möglich sein. Von rund 3,3 Millionen Menschen über 80 Jahren werden nach heutigen Erfahrungen etwa 30 Prozent pflegebedürftig sein, von den über 90jährigen wahrscheinlich ein noch größerer Anteil. Ob sich Fortschritte in der Ernährung und in der Medizin positiv, ob sich Umweltbelastungen negativ auswirken werden, wissen wir nicht. In jedem Fall wird die Kleinstfamilie mit der Pflege weitgehend überfordert sein – zumal auch wieder mehr Kinder geboren und aufgezogen werden sollen.

Millionen alter Menschen werden zudem keine Familie mehr haben, so schön es heute ist, als Single ungebunden die Welt zu erleben oder als kinderloses Ehepaar das Leben zu genießen. Im Alter kann der scheinbare Segen zum Fluch werden. Mit Millionen anderen wird man um Pflegeleistungen konkurrieren, die von Fremden erbracht werden müssen, weil man selbst weder Kinder noch Verwandte hat. Auch die Ehe wird denen, die sich für sie entschieden haben, keinen sicheren Schutz bieten, vor allem den Frauen nicht. Einmal werden sie ihre Männer häufig überleben. Zum anderen werden viele Ehen vorher geschieden sein oder unter der Last einer Pflege zerbrechen. Schon heute wird rund ein

Drittel der geschlossenen Ehen wieder geschieden, in Ballungsgebieten sogar über die Hälfte.

Immer mehr jüngere, aber auch alte Menschen leben allein. 1950 waren rund 20 Prozent aller Haushalte Ein-Personen-Haushalte. Heute ist ihr Anteil auf 33,4 Prozent angewachsen. Ihre Zahl hat sich in den vergangenen 25 Jahren verdoppelt. In den Ballungsgebieten Berlin und Frankfurt hat ihr Anteil an allen Haushalten 50 Prozent überschritten, in Hamburg beträgt er 47 Prozent, in Bremen 42 Prozent, um nur einige Beispiele zu nennen. In zwei Drittel dieser Haushalte leben vor allem ältere Frauen. In keinem modernen Industrieland, auch nicht in den USA, ist die Vereinzelung der Menschen so weit fortgeschritten wie bei uns. Bleibt es bei der derzeitigen Lebensweise der Menschen, dann wird die Zahl der Alleinstehenden weiter zunehmen. Die Einsamkeit wird wachsen, das Band persönlicher Zuwendung und Solidarität seine Kraft verlieren. Fremde müssen leisten, was »die eigenen Leute« nicht mehr leisten können, weil es sie nicht mehr gibt. Maschinen können uns Menschen hier nicht ersetzen.

Obwohl uns die sozialen Auswirkungen der demographischen Revolution am meisten beschäftigen, sind diese keineswegs die einzigen, auf die es ankommt. Jede soziale Leistung ist das Ergebnis wirtschaftlicher Tätigkeit. Der Hebelsche Bauer kann sein Brot nicht backen, wenn er nicht zuvor Getreide angepflanzt und geerntet hat. Die Wirtschaft ist das Fundament der sozialen Ordnung. Wer hungert, kann schlecht teilen.

Wie sich die Wirtschaft eines alternden Volkes entwickelt, wissen wir nicht. Fortschritt und Wachstum, Wettbewerb und Leistung, die Suche nach dem Neuen und die Überwindung des Alten: All dies sind Eigenschaften, die wir eher mit jungen als mit alten Menschen verbinden. Die Jüngeren, so lehrt uns die Erfahrung, sind es, die auf Veränderung drängen. Sie treiben die Entwicklung in der Wirtschaft und der Gesellschaft voran. Sie konkurrieren um die gebotenen Chancen, drängen in die Führungspositionen nach und sorgen dadurch für Bewegung und Aufgeschlossenheit, für das Neue.

Was geschieht in einer Gesellschaft, in der dieser Druck der nachwachsenden Jugend fehlt? In der das Jungsein Seltenheitswert hat – wie früher das Altsein? In der die Alten um die Jungen konkurrieren, weil sie ohne Nachwuchs ihr Unternehmen nicht weiterführen, ihr Haus nicht vermieten, ihr Kapital nicht verzinsen und im späten Alter keine Pflege finden können? Wie verhält sich die »Einzelkind-Jugend« einer wohlhabenden Elterngeneration? Ist sie stark genug, die Besitzstände zu verändern, die sich die ältere Mehrheit (40 Jahre und älter) aufgebaut hat? Oder wird sie sich ein bequemes Leben machen und das Kapital an Wissen und Können verbrauchen, das sie mit auf den Weg bekommt? Was bedeutet eine alternde Bevölkerung für die Wettbewerbsfähigkeit der Wirtschaft in einer Welt, in der die jüngeren Völker wachsen und unser Wissen und Können erwerben?

Werden die Älteren die Rolle der nachdrängenden Jugend übernehmen können, wenn es keine nachdrängende Jugend mehr gibt, sondern leere Schulen und leere Lehrwerkstätten? Wenn Betriebe dem 16jährigen eine Lebensstellung versprechen, falls er bei ihnen als Lehrling – dann wohl als wertvolle Nachwuchskraft – anfängt? Wird der Reichtum an Erfindungen, die Fähigkeit, sich technisch-naturwissenschaftliches Neuland zu erschließen, in einer alternden Bevölkerung zurückgehen? Werden sich die Älteren lieber auf den Lebensabend vorbereiten und über den Sinn des Lebens und Sterbens nachdenken, als sich auch mit 50, 60 oder gar 70 Jahren noch dem Lebenskampf zu stellen?

Diese und andere Fragen mögen uns heute theoretisch erscheinen. Denn noch hat die umwälzende Dimension des Vorgangs nicht unsere Gefühle, unser eigentliches Bewußtsein erreicht. In wenigen Jahren aber, wenn die Probleme sich schnell verschärfen, werden sie das politische Bewußtsein verändern. Wir werden begreifen, welches Ausmaß der demographische Umbruch haben wird, daß er uns alle erfaßt – jedenfalls alle, die heute (1989) jünger sind als 50 Jahre. Dann wird die demographische Herausforderung auch die politische Landschaft verändern.

Wer sein Leben plant, plant in langen Zeiträumen. 30 Jahre beträgt die Laufzeit einer normalen Hypothek. Es war – und ist – der Zeitraum zwischen Hausbau und Familiengründung und dem voraussichtlichen Ende eines aktiven Arbeitslebens. Die Kosten der Investition werden auf das Arbeitsleben verteilt: Zunächst sind es vor allem die Zinsen, später zunehmend die Amortisation. Fragen der Lebensplanung werden in Generationen gemessen.

Man sollte deshalb annehmen, auch die *politische* Bewältigung des Generationenverhältnisses orientiere sich an solchen Zeiträumen. Denn was sich mit hoher Gewißheit in der voraussehbaren Zukunft ändert, darauf kann man sich langfristig vorbereiten. Nirgends ist die Gewißheit der Prognose jedoch größer als bei der Einschätzung der zukünftigen Altersstruktur einer Bevölkerung. Auf der Zuverlässigkeit der Sterbetafeln beruht die Seriosität der Lebensversicherungen. Änderungen im Geburtenverhalten vollziehen sich nur über längere Zeiträume. Der Korridor der Wahrscheinlichkeit, in dem sich die zukünftige demographische Wirklichkeit abspielen wird, ist schmal und überschaubar.

Diese zukünftige Wirklichkeit kann dem Bürger auch vermittelt werden. Daß man über das Lebensalter der Bevölkerung zuverlässige Aussagen machen kann, wissen die Menschen. Anders als über die Einschätzung langfristiger Umweltschäden kann man über Sterbetafeln keinen ideologischen oder sonstigen Streit vom Zaun brechen. Daß die Jüngeren weniger Kinder haben und ihr Leben häufig anders planen als früher, lehrt sie die eigene Erfahrung. Die Bürger selbst wollen vielfach durch Kinder nicht gestört werden. Schreiende Säuglinge am Urlaubsort empfinden sie als Zumutung.

Angesichts all der Zahlen und Fakten sind idealere Voraussetzungen für eine langfristig angelegte Politik kaum denkbar. Aber sie werden nicht genutzt. Die beiden Volksparteien und mit ihnen die sozialbürokratischen Besitzstände haben sich zur großen Koalition der Sozialpolitiker zusammengetan. Sie wollen genau das verhindern, was wir von vernunftorientierter Politik angesichts der Gewißheit zukünftiger Probleme eigentlich erwarten: Uns und unsere gesellschaftliche und politische Entwicklung auf eben diese zukünftigen Gewißheiten vorzubereiten.

In kaum einem anderen Bereich der Politik ist die Unfähigkeit unserer großen Parteien zur Zukunftsgestaltung – voran die meiner eigenen – so offenkundig geworden wie im Bereich der Reform der Alterssicherung. Statt eine Siegesstraße politischer Vernunft markieren die einzelnen Stufen der Entwicklung den Leidensweg des Versuchs, weitgehende Gewißheit über zukünftige Ereignisse in rechtzeitiges politisches Handeln umzusetzen. Gefordert ist Aufklärung der Bevölkerung, Erforschung zukünftiger Möglichkeiten, Diskussion über Alternativen, Organisation eines angemessenen Ideenwettbewerbs und damit die Suche nach neuen Wegen. Bis heute wird mit Erfolg parteiintern wie öffentlich jede echte Diskussion darüber verhindert, wie Sicherheit im Alter, also ein menschenwürdiges Alter, für diejenigen gewährleistet werden kann, die heute 20, 30 oder 40 Jahre alt sind, von der Zukunft der Jüngeren ganz zu schweigen.

Die 30jährigen schließen bereits in Scharen Lebensversicherungen ab, weil sie der zukünftigen Leistungsfähigkeit des heutigen Rentensystems nicht mehr trauen. Von den zuständigen Politikern wird noch immer behauptet, ein Systemwechsel sei nicht erforderlich. Korrekturen im System reichten aus, um die »gute alte Rentenversichung« auch für die kommenden 40 Jahre zu erhalten und die Rente als Alterslohn für Lebensarbeit zu sichern. Wer etwas anderes behauptet, gilt nach offizieller Lesart als Störenfried.

Politiker in verantwortlicher Stellung können sich nicht genugtun, den Vertrauensverlust der Politik zu beklagen und in ihm eine Gefahr für die Demokratie zu erkennen. Mit der Rentenreform liefern sie selbst einen manifesten Anlaß für Vertrauensentzug. Kein Wunder, daß heute mehr als 50 Prozent der Bevölkerung überzeugt sind, weder die Union noch die SPD besäßen die Kompetenz, das Rentenproblem zu lösen. Mehr als 40 Prozent hielten die Union 1986 in dieser Frage für kompetent, gut 30 Prozent 1987 die SPD. Ende 1988 war das Zutrauen in die Kompetenz der CDU auf knapp 25 Prozent, in die der SPD auf rund 22 Prozent gesunken (Demoskopie Allensbach).

Seit Ende der 70er Jahre zeichnet sich die Notwendigkeit einer grundlegenden Reform immer deutlicher ab. Der große alte Mann der Sozialpolitik, Pater Oswald von Nell-Breuning, riet den Politikern damals, den Mut aufzubringen, den Wählern über die notwendigen Veränderungen reinen Wein einzuschenken. »Liebe Leute«, sollten sie sagen, »was wir euch erzählt haben von der bruttolohnbezogenen Rente, ist Unsinn. Wir haben diesen Unsinn selber geglaubt. Wir haben den Strukturwandel im Altersaufbau der Bevölkerung nicht vorausgesehen und wir haben seine Bedeutung völlig verkannt. Auch wir Politiker sind nur Menschen, und Menschen können sich irren.« Er sei überzeugt, sagte er, »der Politiker, der als erster den Mut zu dieser Ehrlichkeit aufbringt, verliert dadurch keine Wählerstimmen, sondern gewinnt«. Sein Rat fiel auf unfruchtbaren Boden.

In seinem Jahresgutachten 1980/81 stellte der *Sachverständigenrat* zur Begutachtung der gesamtwirtschaftlichen Lage fest, die Rentenversicherung werde auf lange Zeit durch die demographische Entwicklung so wesentlich belastet, »daß wohl gar nichts anderes in Betracht kommen wird, als sowohl eine Erhöhung der Abgabenlast wie auch eine Einschränkung der Leistungsansprüche, und zwar beides in massiver Form«. Würden gar Leistungsverbesserungen beschlossen, über die damals heftig diskutiert wurde, so sei von vornherein klar, daß sie »durch die Angehörigen einer Generation zu finanzieren sind, die selbst nicht in den Genuß dieser Verbesserung kommen kann. Mit einem fairen Solidarausgleich zwischen Generationen hätte das wenig zu tun«. Aber auch diese Mahnung traf auf taube Ohren.

Dem bisherigen Rentensystem wird die Grundlage entzogen, wenn die aktiven Generationen sich entschließen, weniger Kinder zu haben als erforderlich, um den »Lebensbaum« gesund zu erhalten. Seit Mitte der 60er Jahre haben sie weniger Kinder. Das gab es bisher nicht. Als die Rentenversicherung 1957 reformiert wurde, hielt man es für selbstverständlich, daß die Menschen immer genug Kinder haben würden. So war es immer gewesen. Es schien auszureichen, die jeweils arbeitende Bevölkerung zu verpflichten, das Alterseinkommen der Rentner durch ihre Beiträge zu finanzieren und sie am wachsenden Wohlstand teilhaben zu lassen. Geregelt wurde deshalb nur die Pflicht des Bauern, ein Brot für die Alten zu backen.

Niemand konnte sich vorstellen, daß auf den gerade einsetzenden »Baby-Boom« eines Tages eine »Baby-Baisse« folgen könnte. Als das Unvorstellbare doch eintrat, wurde es zunächst verdrängt. Die Politik nahm es nicht zur Kenntnis. Man wollte die Menschen nicht verunsichern. Außerdem bestand ja kein unmittelbarer

Handlungsbedarf. Bis zur Jahrhundertwende, also rund fünf Legislaturperioden weiter, waren keine wesentlichen Veränderungen zu erwarten. Dann, so hieß es, könne man weitersehen. Mitte der 80er Jahre begrenzte der Arbeits- und Sozialminister alle Prognosen über den weiteren Rentenverlauf auf die Zeit bis zum Jahr 2000 oder 2005. Auch später weigerte er sich, über die Veränderungen nach dem Jahr 2010 zu diskutieren. Er sei, erklärte er wiederholt, ja nicht der liebe Gott. Deshalb könne er nicht in die Zukunft blicken. Das hielt ihn allerdings nicht davon ab, insoweit diese göttliche Eigenschaft in Anspruch zu nehmen, als es um Voraussagen über die Einhaltung der *Verpflichtungen* ging, die die aktiven Generationen im Jahr 2030 treffen werden. So blieb es beim begrenzten Zeithorizont der Jahrhundertwende. Bis dahin ist, wie wir gesehen haben, mit wirklichen Umbrüchen im Altersaufbau der Bevölkerung noch nicht zu rechnen.

Selbst auf der Briefmarke, die 1989 zum 100jährigen Jubiläum der gesetzlichen Rentenversicherung erschien, wurde diese Vorgabe respektiert. Sie zeigt, neben den Bevölkerungspyramiden der Jahre 1889 und 1989 die des Jahres 2000 – als ob die Zukunft der Postkunden dann endete. Ein Blick 40 Jahre voraus statt 10 hätte nicht nur dem Anlaß der Gedenkmarke, sondern auch dem Jubiläum 40 Jahre Bundesrepublik besser entsprochen.

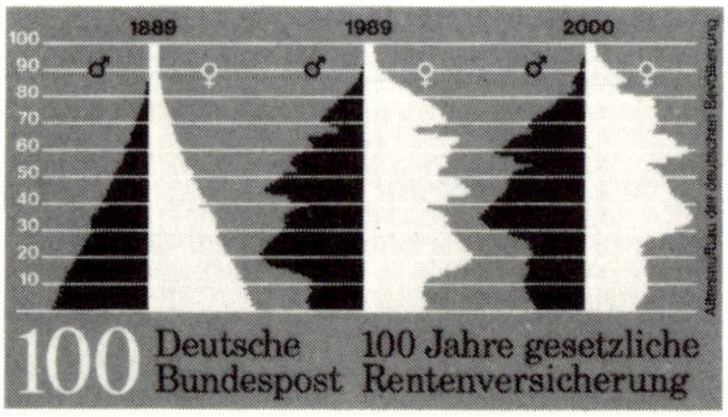

Als Bundeskanzler Kohl das »Thema« Mitte der 80er Jahre entdeckte, bezeichnete er die demographische Entwicklung in den nächsten 40 Jahren zunächst als Katastrophe. Das widersprach nicht nur seinem ansonsten sprichwörtlichen Optimismus. Er wurde damit auch dem eigentlichen Problem nicht gerecht. Nicht die demographische Entwicklung ist eine Katastrophe. Für eine Abnahme der Bevölkerung in einem dichtbesiedelten Land mit ständig steigendem Wohlstand gibt es viele Gründe. Eine wohlhabende Bevölkerung braucht mehr Platz, wenn sie den Wohlstand genießen will. Nicht nur überfüllte Straßen, stundenlange Staus und Wartezeiten auf überlasteten Flughäfen erinnern uns fast täglich daran. Die technische Entwicklung erlaubt es, eine wachsende Güterfülle mit immer weniger menschlicher Arbeit zu produzieren. Bessere Ausbildung eröffnet den Frauen neue berufliche Chancen, die sie wahrnehmen wollen. Zu einer Katastrophe entwickelt sich die Veränderung im Geburtenverhalten in Wahrheit erst dann, wenn die Politik an der Aufgabe scheitert, den Generationenvertrag rechtzeitig an die neuen Verhältnisse anzupassen. Genau danach sieht es zur Zeit aus. Nicht die demographische Entwicklung ist eine Katastrophe. Die politische Entwicklung ist es!

Inzwischen wird das Rentensystem reformiert. Die zuständigen Parlamentarier aus den Regierungsfraktionen und der Oppositionsfraktion haben enorme Anstrengungen unternommen, um die komplizierte Gesetzgebung weiterzuführen. Der Rahmen war ihnen allerdings durch Vereinbarungen zwischen Union, FDP und SPD vorgegeben. Aber nicht die Einsicht in die Notwendigkeiten der kommenden 40 Jahre war bei diesen Absprachen wichtigster Ratgeber. Es war die Sorge der Politiker der Volksparteien vor den »Zumutungen«, die mit einer wirklichen Reform verbunden wären.

Diese Sorge führte dazu, daß die Regierungskoalition sich um die Zustimmung der SPD bemühte. Sie war bereit, weitgehende Zugeständnisse zu machen. Auch die SPD-Politiker wollten das Risiko einer streitigen Auseinandersetzung nicht eingehen, die bei den Rentnern Stimmen kosten könnte. Dabei sind die heutigen Rentner von der Reform gar nicht betroffen. Wer heute »in Rente« geht oder schon Rentner ist, wird das kritische Jahr 2010 wahrscheinlich nicht erleben. Betroffen sind die Jüngeren. Bei ihnen verläßt man sich darauf, daß sie genauso denken wie die Politik: bis zu nächsten Wahl.

So ist allerdings die Vereinbarung zwischen den Volksparteien nicht begründet worden. Offiziell ist vom Wunsch nach Konsens in einer zentralen sozialpolitischen Frage die Rede. In diesem

Wunsch wisse man sich einig mit der Bevölkerung. Diese wolle keinen Streit. Konsens in der Gegenwart – so scheint es – ist eben politisch wertvoller als Frieden zwischen den Generationen in 30 Jahren. Für den, so die Pragmatiker, seien diejenigen zuständig, die dann die Verantwortung trügen. Wahlen habe man schließlich noch nie mit »Zukunftsopfern« gewonnen.

Dabei widerspricht die Erwartung, der Generationenkonflikt könne friedlich gelöst werden, wenn er tatsächlich auftritt, jeder politischen Erfahrung. Nirgends ist langfristige Anpassung an veränderte Umstände wichtiger als im Generationenvertrag. Das Rentensystem berührt ein zentrales menschliches Interesse: Das Interesse an zuverlässiger Sicherheit im Alter. Die Erfahrung, Reformen seien unter demokratischen Bedingungen nur möglich, wenn zunächst jedem der Besitzstand garantiert werde, ist deshalb gerade hier bedeutsam. Ohne Eingriffe in den gegenwärtigen Besitzstand der Rentner und derjenigen, die dafür Beiträge zahlen, läßt sich die Rentenversicherung aber nur fortentwickeln, wenn die Durchführung der Reform über einen längeren Zeitraum erfolgt. Steht der Konflikt unmittelbar bevor, fehlt es an der Zeit für eine Anpassung ohne schwerwiegende Eingriffe in bestehende Besitzstände oder Erwartungen.

Weil man den Mut nicht hat, die Dinge beim Namen zu nennen, werden sie verschleiert. Für die jetzt anstehende Reform wurde eine besonders wirksame Tarnung gewählt. Es wird behauptet, die Lasten der demographischen Veränderungen würden auf mehrere Schultern verteilt. Neben Rentnern und Beitragszahlern werde der Bund einen Teil der Lasten übernehmen. Der Bund, also der Staat, ist jedoch kein Dritter im Bunde. Der Staat, das sind wir alle. Was der Staat bezahlen soll, müssen wir bezahlen.

Mit Hilfe des Staates können wir uns nur dann zusätzliche Geldquellen erschließen, wenn sich der Staat vordergründig zu unseren Gunsten, unterm Strich aber zu unseren Lasten weiter verschuldet. Wenn der Bund in Zukunft einen größeren Teil der Alterseinkommen finanzieren und damit Beitragszahler und Rentner entlasten soll, belastet er sie nur auf andere Weise. Statt höhere Beiträge zu leisten oder niedrigere Renten zu erhalten, zahlen beide höhere Steuern. Höhere Steuern müssen allerdings auch diejenigen zahlen, die weder eine Rente noch eine Pension zu erwarten haben. Ihnen wird in der Tat ein Teil der Last auferlegt, obwohl sie mit der eigenen Altersvorsorge schon genug belastet sind. Aber ihr Beitrag wird viel zu gering sein, um Beitragszahler oder Rentner fühlbar zu entlasten.

Was Politiker am sozialen System interessiere, meinte Pater von Nell-Breuning bereits vor Jahren, sei: »Wie können wir das so finanzieren, daß derjenige, der es wirklich zahlt, es nicht merkt, oder daß man überhaupt nicht weiß, bei wem die Belastung hängenbleibt.« Die Behauptung, der Bund sei die dritte Säule, die heutige Jugend könne sich auf ihn stützen, wenn es um die Sicherheit im Alter gehe, ist nicht nur ein Musterbeispiel für diese Haltung. Sie ist auch falsch und zutiefst unehrlich – und es fällt mir schwer, keine härteren Formulierungen zu wählen. Alle, die mit ihr argumentieren, auch der Kanzler, weigern sich damit, den Menschen in einer zentralen Frage ihrer eigenen Zukunft die Wahrheit zu sagen. Die Behauptung dient nicht der Gerechtigkeit. Sie korrumpiert sie.

Tatsächlich kann die beschlossene Reform das Rentensystem nicht langfristig sichern. Sie wird die Finanzierung der Renten in den 90er Jahren und in den ersten Jahren des nächsten Jahrhunderts garantieren. Das ist eine beachtliche Leistung und bereits ein wichtiges Ergebnis. Die Renten sind damit für die kommenden rund 15 Jahre sicher. Allerdings wird zugleich eine wirkliche Reform wieder vertagt. Die Zeit, die für einen reibungslosen Übergang vom heutigen System zu einem neuen zur Verfügung steht, wird immer kürzer. Der Verzicht auf eine Reform, die diesen Namen verdient, wird mit einem weiteren Vertrauensverlust erkauft.

Praktisch bedeutet eine Verdopplung der »Alten-Last«, wie sie in den nächsten 40 Jahren eintreten wird, daß sich der Anteil der Alterseinkommen am Volkseinkommen verdoppelt. Für sich genommen ist das kein Problem. Ernst wird es erst, wenn man von den Erwerbsgenerationen verlangt, auch diese neue Last durch Steuern oder Beiträge aufzubringen. Behielte man die gegenwärtige Rentenversicherung unverändert bei, würden sich die Beiträge fast verdoppeln. Niemand glaubt, daß dies durchsetzbar wäre. Deshalb sollen die Renten nicht mehr so schnell und die Beiträge langsamer steigen. Der Zuschuß des Bundes soll zunehmen. Aber diese Regelung verletzt die entscheidende Grundlage jedes Generationenverhältnisses: die Gerechtigkeit. Sie ist eine Art Vergleichsverfahren zur Abwendung des Konkurses der heutigen gesetzlichen Rentenversicherung. Die zukünftigen Generationen werden ihr Ergebnis nicht honorieren.

Was die Volksparteien den Bürgern sagen müssen, ist dies: Die wesentliche Voraussetzung für den Generationenvertrag ist, daß jede Generation während ihrer Erwerbstätigkeit wenigstens so viele Kinder aufzieht und ausbildet, daß der Altersaufbau der Bevölkerung konstant bleibt. Die aktiven Generationen müssen nicht nur die Alterseinkommen durch Beiträge und Steuern finanzieren. Sie müssen auch die Kosten für den Nachwuchs übernehmen. Er muß ausreichen, die Stabilität der Bevölkerungsstruktur zu sichern. Sie müssen, wie es in der Fachsprache heißt, den »Bestand an Humankapital« gewährleisten. Bilden sie nicht genug »Humankapital«, dann ist die wichtigste Voraussetzung für die Fortsetzung des Generationenvertrages entfallen.

Denn die Beiträge, die die heute Aktiven zahlen, zahlen sie für die Renten ihrer *Eltern*. Sie sind die *Gegenleistung* dafür, daß die Eltern für eine ausreichende Kinderzahl gesorgt und damit die notwendige Jugendlast übernommen haben. Die Höhe dieser Beiträge sagt zugleich etwas darüber aus, was man unter dem Gesichtspunkt der Gerechtigkeit von den *nachfolgenden* Generationen erwarten darf. Was man sich selbst für seine Eltern zumutet, das darf man auch seinen Kindern zumuten, wenn man selbst alt ist. Die Eltern des Bauern haben Anspruch auf eines der Brote, denn sie haben früher auch für ihre Eltern gebacken.

Die heute Aktiven dürfen von ihren Kindern dagegen *nicht* erwarten, daß sie *die Lasten* übernehmen, die entstehen, weil die Aktiven nicht ausreichend für Nachwuchs gesorgt haben. Die heutigen Erwerbsgenerationen sparen dadurch, daß sie weniger Kinder aufziehen, als im Rahmen eines stabilen Generationenvertrages notwendig ist, derzeit rund 40 Milliarden Mark pro Jahr ein. Diesen Betrag können sie nicht den nachfolgenden Generationen als zusätzliche Lasten aufbürden. Wer es dennoch versucht, macht den Generationenvertrag zu einem Vertrag zu Lasten Dritter. Verträge zu Lasten Dritter sind nichtig. Gegen die Gerechtigkeit kann auch der Staat den Generationenvertrag nicht erzwingen. Wenn der Bauer für seine Kinder kein Brot übrig hat, kann kein noch so gutes Argument begründen, warum andere Kinder ihm später mehr Brot lassen sollen, als er zum Leben unbedingt benötigt.

»Investieren« die gegenwärtig aktiven Generationen weniger in Kinder – so müssen die Volksparteien fortfahren, wenn ihr Konsens ehrlich und nicht taktisch sein soll –, müssen sie *selbst* einen höheren Beitrag zu ihrer *eigenen* Altersversorgung leisten. Wie das geschehen soll, darüber kann man streiten. Christian Schwarz-Schilling, Meinhard Miegel und andere, auch ich selbst, haben dazu Vorschläge gemacht. Im politischen Raum wurden sie allerdings nie wirklich diskutiert. Darüber, daß etwas geschehen muß, dürfte es eigentlich keinen ernsthaften Streit geben. Denn was die aktiven Generationen an »Humankapital« nicht bilden, das müssen sie als Geldkapital ansammeln. Die Brote, die der Bauer für die Kinder nicht backen will, muß er auf Vorrat backen, damit er sie im Alter verzehren kann.

Was Johann Peter Hebels Bauer aus jahrhundertelanger Erfahrung weiß und immer wieder erlebt, das muß in der hochentwickelten Industriegesellschaft durch die Ordnung der Alterssicherung vermittelt werden. Wie im Falle des ökologischen Defizits ist es auch hier die erste zukunftsethische Pflicht, die »zukünftige Gefahr« in die Gegenwart zu holen. Nur so wird sie erkannt und kann vermieden werden. Die Union und die SPD haben diese Pflicht mit ihrer Vereinbarung über die Rentenreform nicht nur verletzt. Sie verhindern darüber hinaus mit allen staatlichen und politischen Mitteln, daß andere sie wirksam erfüllen können.

Aus eigener Erfahrung weiß ich, daß sie dabei sehr erfolgreich sind. Vorschläge und Vorlagen, die wir durch unser Institut für Wirtschaft und Gesellschaft – IWG Bonn – in den zurückliegenden knapp zehn Jahren vorgelegt haben, wurden ignoriert. Ihre Diskussion wurde verweigert. Ausarbeitungen für die Parteiführung blieben ohne Resonanz. Teilweise wurde nicht einmal ihr Eingang bestätigt. Die Unionsfraktion diskutierte die Reform zu einem Zeitpunkt, als die politischen Entscheidungen längst gefallen waren. Abstimmungen wurden vermieden. Änderungen waren praktisch nicht mehr möglich. Nicht wirkliche Aufklärung, sondern Beruhigung war die Parole. Damit wurde auch die zweite zukunftsethische Pflicht verletzt: Die Bereitschaft zu erzeugen, die sonst drohende Gefahr abzuwenden. Statt schöpferisch zu handeln, wurde beruhigend gehandelt.

Damit mag man vorübergehend den politischen Wettbewerb begrenzen und Risiken für die eigene politische Position verringern. Die Menschen beruhigt das Ergebnis nicht. Auch wenn sie die Zusammenhänge nicht durchschauen, spüren sie die wachsende Unsicherheit, die das unbewältigte Defizit erzeugt. Sie fühlen, daß man von seinen Nachkommen nicht verlangen kann, was man sich selbst nicht zumuten will. Sie wissen im Grunde, daß es unmoralisch ist, Lasten auf die nachfolgenden Generationen abzuwälzen, für die man eigentlich selbst zuständig wäre. Und sie glauben nicht daran, daß die Kindergenerationen bereit sein werden, sich krummzulegen, weil die Elterngenerationen das Leben genießen wollten.

Deshalb versuchen sie, selbst vorzusorgen. Sie tun es durch Vermögensbildung und Versicherungen. Aber sie tun es zum erheblichen Teil auf Verdacht. Denn die Regierung, die soviel Wert auf verläßliche Daten für wirtschaftliches Handeln und *unternehmerische* Investitionen legt, verweigert ihnen genau diese Daten. Damit fehlt ihnen die Grundlage für die wichtigsten *privaten* Investitionen überhaupt: Für Investitionen in die Sicherheit des eigenen Alters. Statt dessen hält die Regierung die Illusion aufrecht, der Staat könne diese Sicherheit dauerhaft garantieren.

Daß diese Illusion nicht lange halten wird, ist schon jetzt erkennbar. So fordern die Frauen zu Recht Korrekturen an den getroffenen Beschlüssen. Ihre Diskriminierung durch das bestehende System wird auch durch die Reform nicht beseitigt. Noch immer ist der arbeitende und die Familie unterhaltende Mann das Leitbild der Rentenversicherung. Frauen, die Kinder großziehen, damit für Humaninvestitionen sorgen und deshalb weit weniger oder keine Beiträge zahlen können, müssen sich trotz der Anerkennung von Erziehungszeiten mit Minirenten zufriedengeben. Ihre Altersarmut ist häufig programmiert, wenn sie nicht selbst vorsorgen können.

Eine Familie, in der die Frau sich drei Kindern widmet und jahrelang unentgeltlich als Hausfrau und Mutter arbeitet, trägt durch die Beiträge des berufstätigen Mannes und durch die Kosten für die Kinder (derzeit rund 750 000 Mark) zum Generationenvertrag bei. Als Gegenleistung erhält der Mann eine Rente, die Frau allenfalls geringfügige Leistungen aus den sogenannten Erziehungszeiten. Das kinderlose Paar, bei dem beide verdienen, erhält zwei Vollrenten, auch wenn es für das eigene Alter nicht vorgesorgt, also auch kein Kapital investiert hat. Mit den Grundsätzen Solidarität und Gerechtigkeit ist dies unvereinbar.

Die Vorstellung, zukünftige Generationen würden dennoch höhere Lasten übernehmen, ist illusorisch. Umfragen zeigen, daß die heutige Jugend, die in ihrem Alter vom demographischen Defizit am stärksten betroffen sein wird, selbst nicht von solchen Annahmen ausgeht. Sie machen zugleich deutlich, wie stark die Widersprüche schon sind, die die Sozialpolitik, insbesondere die Rentenpolitik, erzeugt hat.

Nach einer Umfrage des Wickert-Instituts aus dem Jahr 1989 haben die jungen Generationen (Alter von 18 bis 35 Jahren) ein gutes Verhältnis zu alten Menschen (97 Prozent). Sie fühlen sich zu 93 Prozent verpflichtet, für Alte und Rentner zu sorgen. Zu 92 Prozent sind sie bereit, ihre Eltern zu Hause zu pflegen. Die überwältigende Mehrheit (94 Prozent) ist der Ansicht, daß die ältere Generation genug geleistet hat, um heute großzügig versorgt zu werden. Praktisch niemand stimmt den Behauptungen zu: Die Alten hätten unsere Welt ruiniert, und jetzt sollten die Jungen auch noch finanziell für sie bluten, oder: Die Alten hätten mehr Renten ansparen müssen, dann müßten wir Jungen nicht soviel zahlen. Sie fühlen sich zu 83 Prozent verpflichtet, ihren Eltern einen sorgenfreien Lebensabend zu ermöglichen. Und immerhin 67 Prozent wären auch bereit, ihren Eltern mit monatlich 500 Mark zu helfen, falls diese in Not geraten. Der Generationenvertrag zwischen den Alten und den heute Aktiven ist in Ordnung.

Für die Zukunft dagegen sieht es anders aus. Eine große Mehrheit der Befragten (86 Prozent) glaubt nicht daran, daß das heutige Rentensystem auch noch in 30 Jahren funktionieren kann. Das Bewußtsein, das jeder Reform vorausgehen muß, ist also vorhanden. Aber das Vertrauen in wirkliche Problemlösungen ist gering. 61 Prozent haben Angst, später einmal von ihrer Rente nicht angemessen leben zu können. 53 Prozent würden, wenn sie die Wahl hätten, deshalb lieber privat für ihre Kranken- und Altersvorsorge aufkommen. Ebenso viele fänden es besser, wenn jeder privat für seine Zukunftssicherung aufzukommen hätte, dafür aber mehr Lohn bekäme. 32 Prozent sind schon heute der Ansicht, die Sozialabgaben seien zu hoch. Die Hälfte (49 Prozent) ist nicht bereit, für steigende Kranken- und Rentenversicherungskosten höhere Sozialabgaben zu zahlen. 43 Prozent würden es deshalb vorziehen, einer Krise der Sozialversicherungen durch geringere Leistungen statt durch höhere Beiträge zu begegnen. All dies spricht nicht dafür, daß die jungen Frauen und Männer aus geburtenstarken Jahrgängen viel Vertrauen in die Fortsetzung des Generationenvertrages haben, wie er durch die gesetzliche Rentenversicherung gestaltet wird. Fast die Hälfte der jungen Menschen (46 Prozent) fühlt sich an den Generationenvertrag nicht mehr gebunden. Sie geht davon aus, daß sie, auf sich selbst gestellt, für ihre Sicherheit im Alter sorgen muß.

Vergleicht man ihre Haltungen mit dem praktischen Verhalten dieser jüngeren Generationen, insbesondere mit ihrem Geburtenverhalten, so kann man die Klarheit und Nüchternheit nur bewundern, mit der sie die Folgen ihres eigenen Handelns einschätzen. Sie sind der Rentenrhetorik damit meilenweit voraus. Das beruhigt. Was beunruhigt, ist die voraussehbare Gewißheit, daß sie ihre Haltung auch an die nachkommenden Generationen weitergeben werden. Kein gesetzlich noch so abgesicherter Generationenvertrag ist jedoch das Gesetzespapier wert, auf dem er steht, wenn in 30 Jahren die dann aktiven Generationen seine Einlösung verweigern.

Dazu hören wir allerdings von den Rentenpolitikern, zukünftige Ansprüche, die heute durch Beiträge erworben würden, seien verfassungsrechtlich gegen Enteignung geschützt. Davon kann in

Wahrheit aber keine Rede sein. Geschützt sind allenfalls die tatsächlich erbrachten eigenen Leistungen. Darüber hinaus gibt es keinen rechtlichen Schutz vor zukünftigen Eingriffen. So hat der Versicherte keinen verfassungsrechtlich geschützten Anspruch auf eine ständige Dynamisierung seiner Rente. Er kann von zukünftigen Erwerbsgenerationen nicht verlangen, daß sie ihn am Wohlstandszuwachs teilhaben lassen, wenn dies höhere Beiträge bedeutet als heute. Und er hat nur dann einen Anspruch an die Allgemeinheit, seine Rente aus Steuermitteln aufzubessern, wenn er sonst unter das Existenzminimum fallen, also zum Sozialhilfeempfänger werden würde. Alles andere sind *Erwartungen* im Rahmen des Generationenvertrages. Daß ihnen entsprochen wird, kann nur erwarten, wer *selbst* seinen Teil des Generationenvertrages eingelöst hat.

In der offiziellen Rentenpolitik, mit der die Union die Zukunft sichern und bei der die SPD sich von der Erkenntnis leiten lassen will, bloßes Fortschreiben der bisherigen Entwicklungen ergebe keine Zukunft mehr, ist von all dem nicht die Rede. Statt dessen heißt es in einem Musterpresseartikel der CDU-Bundesgeschäftsstelle, die Rentenreform sei keine Sache nur für eine Legislaturperiode. Sie »stellt die Weichen für Generationen«. Weil die soziale Sicherung im Alter von ihrer Verläßlichkeit und Berechenbarkeit abhänge, wolle man keine radikale Veränderung der gesetzlichen Rentenversicherung. Man wolle vielmehr »eine Anpassung der grundsätzlich bewährten Strukturen« an die veränderten Verhältnisse.

Von der Radikalität der Veränderung dieser Verhältnisse ist nicht die Rede. Zahlen über den zukünftigen Bevölkerungsaufbau sucht man vergebens. Die wichtigste Botschaft ist – wie immer – die erste Zeile: Die Renten werden am 1. Juli 1989 um drei Prozent steigen! »Die *Rentnerinnen und Rentner* können sich darauf verlassen, daß die Renten auch in Zukunft sicher bleiben und pünktlich bezahlt werden; dafür hat die CDU mit der Rentenreform gesorgt.« Schon die versprochene Pünktlichkeit wird Stimmen bringen, denke ich, auch wenn mir von schleppender Bedienung des Generationenvertrages in den vergangenen Jahren nichts bekannt ist. Die jungen Menschen, um die die Union sich händeringend bemüht, und deren Sorge kommen in dem Text nicht vor. Die jungen Generationen wären mit allgemeinen Formeln auch kaum zufriedenzustellen.

Sollte der Musterartikel zum wichtigsten Zukunftsproblem unserer Bürger tatsächlich in einer Zeitung abgedruckt worden sein, dann war er womöglich auf der gleichen Seite mit drei weiteren Meldungen zum Thema zu finden.

Die eine könnte von Änderungsforderungen der Frauen- und Familienverbände berichtet haben, die sich mit den offensichtlichen Mängeln des Reformwerkes nicht abfinden wollen. Er hätte uns in unserer Überzeugung bestärkt, daß *diese* Rentenpolitik tatsächlich nur die Sache einer Legislaturperiode ist. Die Reform, mit der die Renten »auch über das Jahr 2000 sicher bleiben«, wird in der kommenden Legislaturperiode wieder auf dem Beratungstisch des Parlaments liegen.

Die zweite Meldung könnte Neues über die Auseinandersetzungen über das sogenannte »Babyjahr« bei Beamten und Rentenversicherten gebracht haben. Weitere Verbände oder Organisationen könnten ihrer Empörung über die Besserstellung der Beamten oder über die Mißachtung der verfassungsrechtlich geschützten Grundsätze des Beamtentums Ausdruck verliehen haben. Der Streit hätte unsere Vermutung bestätigt, daß es unter dem Druck des demographischen Defizits auf Dauer kaum möglich sein wird, die allgemeine Alterssicherung der Rentner und die wesentlich bessere Alterssicherung der Beamten nebeneinander aufrechtzuerhalten.

Die dritte Meldung schließlich könnte von der Gründung der lokalen Parteiorganisation der GRAUEN berichtet haben. Sie hätte uns darauf aufmerksam gemacht, daß die demographische Revolution nicht nur das soziale System und die Wirtschaft erfassen wird, sondern auch die politische Landschaft. Schon heute ist die Mehrheit der Wahlbevölkerung älter als 40 Jahre. Anfang des kommenden Jahrhunderts werden bereits die über 50jährigen über die politische Mehrheit verfügen. Im Jahr 2030 werden die über 60jährigen gut 40 Prozent der Wahlbevölkerung ausmachen – ideale Zeiten für die Nachfolger Trude Unruhs.

Nun werden politische Haltungen in der Parteienlandschaft nicht vorwiegend durch das Alter bestimmt. Das kann sich jedoch ändern, wenn ein durch Lebensalter geprägter sozialer Konflikt zur Entscheidung ansteht. Genau dies ist beim Generationenkonflikt der Fall. Er wird sich mit voller Wucht entladen, wenn die Jüngeren alle Ansprüche der Älteren aus dem Generationenvertrag ablehnen, die über die soziale Mindestpflicht hinausgehen, und die Älteren versuchen, ihre Ansprüche mit Hilfe des Staates durchzusetzen, den sie dank ihres Stimmengewichts praktisch kontrollieren können.

Wie man vor solchen Gefahren für den sozialen Frieden zwischen den Generationen die Augen verschließen und in bewährten Strukturen weiterwursteln kann, ist mir unerfindlich. Natürlich kann man sich vorstellen, daß die Leistungsfähigkeit der Rentenversicherung auch durch eine Ausdehnung der Beitragspflicht auf die noch nicht versicherten Aktiven weiter gestärkt werden könnte. Aber der Zwang zur kollektiven Sicherheitsvorsorge wird zunehmend auf Widerstand stoßen.

Bürger mit mittleren und höheren Einkommen werden versicherungspflichtige Arbeitsverhältnisse aufkündigen und den freieren Werkvertrag oder die Selbständigkeit dem Schutz des Arbeitsvertrages vorziehen. Andere werden ihre Alternative in der Schattenwirtschaft suchen. Der Versuch, solchen Verweigerungen durch Kriminalisierung und Verschärfung des Zwanges zu begegnen, wird die Rechtsgesinnung ebenso zersetzen wie die Bereitschaft zur Solidarität. Der Generationenvertrag – oder das, was von ihm dann noch übrig ist – wird korrumpiert. Sich ihm zu verweigern, wird als vernünftig und billig empfunden werden. Die staatliche Macht gerät in Widerspruch zur materiellen Gerechtigkeit.

Dies ist ebensowenig ein falsches, übertriebenes Schreckensszenarium, wie es steigende Meeresspiegel und überflutete Küsten als Folgen der Klimaveränderung vor wenigen Jahren waren. Vor der ökologischen Bedrohung verschließen wir nicht länger die Augen. Parlament und Regierung erforschen mit wissenschaftlicher Hilfe Möglichkeit und Ausmaß der zukünftigen Gefahren. Internationale Zusammenarbeit wird gesucht, um ihnen zu begegnen.

Für unser Thema kann von alldem keine Rede sein. Dabei ist die

Gewißheit beider Ereignisse nur eine Frage der Zeit und unserer Unfähigkeit zu handeln. Wie wir uns schließlich das Zusammentreffen *beider* Entwicklungen vorzustellen haben, davor versagt meine Phantasie.

Dabei wäre der Konflikt zwischen den Generationen so leicht zu vermeiden. Die Politik müßte nur bei Zeiten *langfristige* Vorgaben machen. Noch ist eine Anpassung an die Ereignisse der demographischen Revolution ohne übermäßige Schwierigkeiten möglich. Was uns dabei hilft, ist nicht nur die Vernunft der Jugend. Hilfe erhalten wir auch von der heutigen Großelterngeneration. Sie hat nicht nur für ihre Eltern gesorgt und reichlich Kinder großgezogen – die ihnen heute vielfach die Freude der Enkel vorenthalten. Sie hat auch Vermögen gebildet. Dieses Vermögen werden die Großeltern in den kommenden Jahrzehnten vererben. Auf rund 1,6 Billionen Mark schätzt man das private Vermögen, das allein bis zur Jahrhundertwende auf die jüngeren Generationen übergehen wird. Da der Prozeß der Vermögensbildung, fast unabhängig von konjunkturellen Schwankungen, sich eher weiter verstärken wird, wird sich auch der Umfang der Erbgänge erhöhen.

Im Jahr 1900, als das Bürgerliche Gesetzbuch in Kraft trat, enthielt sein 5. Buch: *Erbrecht*, Recht für eine kleine Minderheit. Heute gehört es zur Pflichtlektüre der Mehrheit. Auch dies ist ein Symptom der Revolution, an der wir alle teilhaben. Praktisch heißt das: Die Rentnergenerationen in der Zeit nach 2010 werden nicht nur durch eigene Vorsorge, sondern auch dank ererbter Vorsorge ihrer Eltern in der Lage sein, einen wesentlichen Teil *ihrer* Alterssicherung selbst zu finanzieren. Dies allerdings nur, wenn der Staat dieses Vermögen nicht in Anspruch nimmt, um *seine* Bedürfnisse aus einer ständig expandierenden kollektiven Alterssicherung zu befriedigen.

Die Solidargemeinschaft kann sich auf die Leistungen beschränken, die sie auch heute erbringt: rund 13 Prozent des Bruttosozialprodukts für gesetzlich geregelte Alterseinkommen. Die Mittel können so eingesetzt werden, daß es keine Altersnot und keine Diskriminierung der Frauen mehr gibt. Diejenigen müssen nicht benachteiligt werden, die ihren Beitrag nicht in

Geld, sondern in »Humaninvestitionen« geleistet haben. Wahrscheinlich wird die Solidargemeinschaft die notwendigen Mittel dann nicht mehr durch Beiträge, sondern durch Steuereinnahmen finanzieren. Die Last würde nach der Leistungsfähigkeit des einzelnen verteilt, soweit sie durch direkte Steuern finanziert wird. Wer sich zunächst selbst kümmert – weiter Geld verdient, vom Vermögen oder bei seinen Kindern lebt – und die Gemeinschaft erst später beansprucht, erhält ein höheres Alterseinkommen. Wer gleich »in Rente« geht, ein niedrigeres. Die Höhe der Gemeinschaftsleistung, der staatlichen Rente, ist so abhängig von der *eigenen* Vorsorgeleistung, die es erlaubt, die Gemeinschaft erst später in Anspruch zu nehmen. Sie ist damit wirklich leistungsgerecht.

Voraussetzung für diese Zukunftsentwicklung ist, daß alle bereits erworbenen Ansprüche eingelöst werden. Deshalb braucht man eine lange Übergangszeit. Da man die Zeit nicht nach hinten schieben kann – wann die hohen Belastungen auftreten werden, steht fest –, muß man vorn zügig beginnen. Ideal wären rund 25 Jahre für den Übergang, weniger als die Laufzeit einer Hypothek, aber durchaus vergleichbar mit der Aufgabe, die »Hypothek« des geltenden Rentensystems abzutragen. Wichtig ist, daß man schnell entscheidet, damit nicht ständig neue Schulden, das heißt neue Ansprüche der Versicherten, nachwachsen. Sie verlängern die Laufzeit der Hypothek oder erhöhen die Abzahlungsraten.

Daß es möglich ist, auf diesem Weg den Generationenkonflikt abzuwenden und auf verträgliche Weise das demographische Defizit zu meistern, davon bin ich überzeugt. Fast zehn Jahre haben wir im IWG Bonn nach Antworten gesucht, unsere Positionen korrigiert, sie immer wieder öffentlich zur Diskussion gestellt und außerhalb der offiziellen Parteihierarchie der Union auch Partner gefunden, die mit uns diskutierten. In keiner öffentlichen Veranstaltung bin ich bisher bei dem Versuch gescheitert, den Weg aus dem demographischen Dilemma verständlich zu machen. Viele Bürger, nicht nur die Jüngeren, sind bereit zu folgen. Doch die Welle der Einsicht bricht sich an den Mauern der Besitzstände. Sie werden von der Sozialbürokratie und all denjenigen errichtet, die glauben, durch pünktliche Rentenzahlungen könne man dankbare

Rentner in dankbare Wähler verwandeln, solange sie nur wissen, wem sie die Rente wirklich verdanken: dem Staat, der CDU oder SPD – wie es gerade kommt.

Zu den Rückzugsargumenten, mit denen die Besitzstände in der Rentendebatte verteidigt werden, gehört die Behauptung, eine Strukturänderung der gesetzlichen Alterssicherung sei schon deshalb nicht möglich, weil dann über lange Zeit zwei Alterssicherungssysteme gleichzeitig finanziert werden müßten. Die Behauptung ist aus beiden Volksparteien zu hören. Mit ihrer offiziellen Verbreitung ist der politische Stellvertreter des Bundesarbeitsministers, der Parlamentarische Staatssekretär Wolfgang Vogt, betraut. Er hat sich um die Verteidigung der sozialbürokratischen Besitzstände auszeichnungswürdig Verdienste erworben, denen selbst Fernerstehende, wie die sozialdemokratische Opposition, ihren Respekt nicht versagen.

Mein Vorschlag – den ich hier kurz wiederholt habe – verschweige, so Vogt, daß er viel teurer sei als alle Alternativen. Nicht nur müßten, wie gesagt, lange Zeit zwei Alterssysteme nebeneinander finanziert werden. Den aktiven Arbeitnehmern würde nicht nur diese doppelte Last auferlegt. Von ihnen würden überdies noch »kostenträchtige private Vorsorgemaßnahmen« verlangt, weil nur dann »im Alter der Lebensstandard gesichert werden kann«.

Auch für Bewunderer des Staatssekretärs lohnt es sich, einen Augenblick bei seinen Argumenten zu verweilen. Denn sie enthalten, angefangen von der Überschrift bis zur Sprache der Erklärung, alle Elemente eingeübter Diskussionsabwehr, an denen (sozialpolitische) Reformbestrebungen regelmäßig scheitern.

Die Einstimmung erfolgt mit der Feststellung, der Vorschlag sei nur als Störpotential geeignet. Schon das mache ihn unseriös. Der Autor, so heißt es, stelle sich mit dem Vorschlag ins Abseits. Damit ist bereits gesagt, daß man sich weder mit dem Autor noch mit seinen Überlegungen befassen muß. Gibt man sich gleichwohl mit ihnen ab, dann ist das eher Ausdruck besonderer Nachsicht mit einem Irrenden. Man ist schließlich für eine Gesellschaft mit menschlichem Gesicht. Sodann werden die Fehler des Vorschlages aufgedeckt. Sie sind so gravierend, daß sie eigenes Nachdenken kaum noch erforderlich erscheinen lassen. Das Ganze geschieht mit der Autorität des sachverständigen Amtes, so daß Nachfragen sich eigentlich erübrigen.

Tatsächlich ist die Behauptung einer Doppelbelastung schlichter Unfug. Niemand hat vorgeschlagen, den Rentnern für die Übergangszeit eine doppelte Rente zu zahlen. Daß die Belastungen sich erhöhen, wenn die Zahl der Rentner wächst, und man ihnen trotzdem die gleiche Rente zahlen will, wird von niemandem bestritten. Daß vor allem die jüngeren Arbeitnehmer zunehmend sparen, weil sie der offiziellen Rentenpolitik nicht mehr trauen, kann man von jeder Lebensversicherung und aus der Vermögensstatistik erfahren.

In der Erklärung des Staatssekretärs sucht man solche Hinweise vergebens. Statt dessen steht am Ende das Urteil über den Vorschlag: »Rentner und rentennahe Jahrgänge werden rechtlich enteignet und finanziell verarmt, da sie einerseits an den realen Einkommenssteigerungen nicht mehr teilnehmen und andererseits keine Möglichkeit mehr zur privaten Vermögensbildung« haben. Nunmehr ist auch dem letzten klar: Solche, die Grundlage der sozialen Gerechtigkeit erschütternden Angriffe auf das Bewährte kann selbst eine so diskussionsfreudige Partei wie die CDU nicht weiterverfolgen. Der Angriff ist, wieder einmal, abgeschlagen.

Man könnte das Ganze auf sich beruhen lassen, wenn sich hier – wie in anderen Fällen – nicht der Versuch, Denkverbote zu verhängen und Besitzstände zu beruhigen, mit der Autorität des Staates verbinden würde. Darin liegt die eigentlich Gefahr für jede Anstrengung, zu neuen Antworten auf die neuen Herausforderungen zu kommen. Neue Antworten müssen aber gefunden werden, wenn wir unserer Zukunftsverantwortung gerecht werden und späteren Gefahren rechtzeitig begegnen wollen.

Gesellschaftliche Institutionen verkrusten und erstarren, wenn sie unfähig werden, den Veränderungen der Wirklichkeit zu folgen und neue Problemlösungen hervorzubringen, die den neuen Herausforderungen entsprechen. Wer am »Bewährten« festhält, obwohl die Welt, in der es sich bewährt hat, längst nicht mehr existiert, sorgt nicht für mehr Stabilität, sondern für Konflikte.

Überholte Systeme geben falsche Antworten auf neue Fragen. Sie erzeugen mehr Probleme, als sie lösen können. Wenn ein System mit seinen Problemlösungen mehr neue Probleme erzeugt, als es an alten Problemen erledigt, dann ist es instabil. Die Weigerung, es zu verändern, weil man Einfluß, Positionen, Ämter und Karrieren nicht gefährden will, untergräbt seine Legitimation.

Besitzt die Institution, wie im Falle der gesetzlichen Alterssicherung, praktisch ein Monopol, auf das die überwältigende Mehrheit der Bevölkerung direkt oder indirekt angewiesen ist, werden Einstellungen wie die der Sozialbürokratie zum öffentlichen Ärgernis. Die Unfähigkeit zur *wirklichen* Reform bedroht nicht nur die Institution selbst. Sie bedroht alle, die auf sie angewiesen sind. Alle – nicht nur die Experten – sind deshalb auch zuständig, wenn es um die Überwindung der institutionellen Selbstblockaden geht. Dabei wäre es eine der vornehmsten Aufgaben der Volksparteien, diese zu überwinden.

Helmut Kohl beklagt seit einiger Zeit Verkrustungen und Verbonzungserscheinungen in der Union. Er hat dabei vor allem die Untergliederungen der Partei im Auge. Veränderungen werden dort – auch wenn sie notwendig sind – kaum möglich sein, solange das Übel, das Verharren in überholten Denkstrukturen, in der unmittelbaren Umgebung seines Kabinettstisches ständig aufs neue Urständ feiern – und sich dabei gelegentlich auch noch des Kanzlers Wohlwollen sicher sein kann.

Der wahren Dimension der demographischen Herausforderung werden die Regierung Kohl und die Union – aber auch die SPD – auf dem bislang eingeschlagenen Weg jedenfalls nicht gerecht werden können. Behalten sie ihn bei – jeder in seiner Rolle –, dann entziehen die Wähler den Volksparteien in dieser zentralen Frage zu Recht ihr Vertrauen.

3. Das fiskalische Defizit

Wenn die derzeitige Aufschwungphase eines Tages zu Ende geht und die Wachstumsrate unter zwei Prozent sinkt, werden wir um eine wichtige politische Erfahrung reicher sein. Falls wir sie so ernst nehmen, wie es ihrer Bedeutung gebührt, müssen wir aus ihr nachhaltige Konsequenzen für unsere politische und soziale Verfassung ziehen. Die Erfahrung wird lauten: Den Volksparteien gelingt es auch unter denkbar günstigen wirtschaftlichen und sozialen Bedingungen *nicht*, das Land zu regieren, ohne den Staat ständig weiter zu verschulden. Offenbar ist es unter den politischen und organisatorischen Gegebenheiten unserer industriellen Demokratie unmöglich, dem Grundsatz zu entsprechen, daß man nur ausgeben kann, was zuvor erarbeitet wurde. Und offenbar dürfen wir – auch mit Blick auf die Erfahrungen unserer Nachbarn – *nicht* damit rechnen, daß es uns gelingt, im Bereich der öffentlichen Finanzen zukunftsverantwortlich zu handeln.

Als Meinhart Miegel und ich 1979 unser Buch »Die programmierte Krise – Alternativen zur staatlichen Schuldenpolitik« vorlegten, waren Helmut Schmidt Bundeskanzler, Hans Matthöfer Finanz- und Otto Graf Lambsdorff Wirtschaftsminister. Die Einleitung zu unserer Analyse der damaligen Haushaltspolitik begann mit der Feststellung: »Die Wirtschafts- und Finanzpolitik der letzten Jahre hat die Bundesrepublik Deutschland an den Rand einer Finanzkrise gebracht. Der Grund: Die öffentlichen Hände, allen voran der Bund, haben sich in einem Ausmaß verschuldet, wie es in der bisherigen deutschen Geschichte – von Kriegszeiten abgesehen – ohne Beispiel ist. Im Rahmen einer normalen wirtschaftlichen Entwicklung lassen sich diese Schulden kaum noch abtragen.«

Die Hoffnung der Bundesregierung, sie könne die Verschuldung der öffentlichen Hände im Zuge eines wirtschaftlichen Aufschwungs abbauen, »hat sich als trügerisch erwiesen. Schon heute ist der Schuldenberg so groß, daß für seine Beseitigung Wachstumsraten erforderlich wären, mit denen niemand rechnen kann«. Die Bundesregierung spreche deshalb auch nicht länger von einem Abbau des Schuldenberges. »Sie strebt nur noch eine Minderung der jährlichen Neuverschuldung an und sieht bereits darin eine Konsolidierung des Haushaltes.« Die Gesamtschulden sollten dagegen auch in den kommenden vier Jahren (bis 1983) wachsen. »Zu dem, was danach kommen soll, schweigt die Bundesregierung.«

Würde man heute, aus sozialdemokratischer Sicht, die Einleitung zu einer ähnlichen Studie zu schreiben haben, müßte man lediglich die Zahlen ändern. Der Befund selbst würde sich vom früheren kaum unterscheiden. Dieselbe Wortwahl würde ihm gerecht. Nur: Die Situation selbst ist dramatischer geworden. Die Verschuldung der öffentlichen Hände beginnt zu einer wirklichen Bedrohung unseres Gemeinwesens zu werden.

1976 und 1980 war die wachsende Staatsverschuldung eines der wichtigsten Themen der Bundestagswahlkämpfe dieser Jahre. 1981 war der Abbau der Staatsverschuldung für fast 80 Prozent der Bevölkerung ein dringendes Anliegen. Noch im Bundestagswahljahr 1983 waren über 70 Prozent dieser Ansicht. Knapp 40 Prozent hielten damals die Union für kompetent, das Problem der Staatsverschuldung zu lösen. Nur 10 Prozent trauten der SPD diese Fähigkeit zu. Heute halten nur noch knapp 10 Prozent die Union in dieser Frage für kompetent, etwa 7 Prozent die SPD (Demoskopie Allensbach). Das Vertrauen der Bevölkerung in die Fähigkeit, die immer weiter ausufernde Staatsverschuldung zu bändigen, ist praktisch geschwunden.

Verstummt ist allerdings auch die politische Auseinandersetzung über die Schuldenpolitik. Für die SPD ist es angesichts ihrer eigenen Beiträge zur Staatsverschuldung kaum möglich, die Union wirksam zu stellen. Die Union wiederum hat die Erfahrung gemacht, daß es auch ihr schwerfällt, die ständig wachsenden Ansprüche an den Staat zurückzudrängen und den Bundeshaushalt auszugleichen. Auch in guten Zeiten gelingt es ihr nicht, auf Neuverschuldung weitgehend zu verzichten, geschweige denn frühere Schulden abzutragen.

Dabei war die Verschuldung des Staates keineswegs von Anfang an ein Problem der jungen Bundesrepublik. In den 50er und 60er Jahren war man mit Erfolg bemüht, Einnahmen und Ausgaben im großen und ganzen im Gleichgewicht zu halten. Obwohl der Wiederaufbau des zerstörten Landes fast jede Verschuldung hätte rechtfertigen können, wurde er nicht mit Schulden finanziert. Die Bevölkerung, die politischen Parteien, das Parlament und die Regierung hatten die Kraft, sich und der Gemeinschaft die Anstrengungen des Wiederaufbaus zuzumuten. Niemand verlangte ernsthaft, einen wesentlichen Teil der Wiederaufbaukosten auf zukünftige Generationen abzuwälzen. Es gelang der Regierung in dieser Zeit sogar, Rücklagen zu bilden. Die Aufnahme von Krediten hielt sich in engen Grenzen und diente in erster Linie der Finanzierung langfristiger Investitionen.

Zwar war man auch damals bereit, eine wirtschaftliche Rezession durch staatliche Programme zu bekämpfen. Vor allem die Große Koalition der beiden Volksparteien von 1966 bis 1969 hatte sich diese Aufgabe gestellt. Doch als die Wirtschaft wieder Tritt gefaßt hatte und die staatlichen Einnahmen mit der Belebung der Konjunktur anstiegen, wurden die aufgenommenen Kredite zurückgezahlt. Man hielt sich an die Grundsätze der sogenannten »antizyklischen Finanzpolitik« nicht nur, als es darum ging, die Ausweitung der staatlichen Ausgaben zur Bekämpfung der Rezession zu rechtfertigen. Man glich den öffentlichen Haushalt im nachfolgenden Aufschwung auch wieder aus. Allerdings war es auch das einzige Mal, daß dieses Kunststück staatlicher Selbstbeschränkung gelang.

Mit Beginn der 70er Jahre vollzog sich ein deutlicher Kurswechsel – bei uns und in den meisten westlichen Demokratien. Innenpolitischer Anlaß in der Bundesrepublik war der erste Regierungswechsel von der Union zur SPD. Die Parole vom privaten Reichtum und der öffentlichen Armut kam auf. Die angeblich notwendige, schnelle Steigerung der staatlichen Ausgaben rechtfertigte wachsende Schulden. Äußerer Anlaß war wenig später die erste Ölpreiskrise, die die zweite Nachkriegsrezession auslöste. Sie führte ebenfalls zu staatlichen Maßnahmen, die wiederum durch staatliche Defizite finanziert wurden. In der Zeit von 1973 bis 1975 stieg die jährliche Neuverschuldung um das Sechsfache an, von 11,7 auf 64 Milliarden Mark. 1976 belebte sich die konjunkturelle Entwicklung, auch dank dieser gewaltigen Finanzspritzen.

Aber an einen Abbau der Schulden dachte niemand mehr. Man setzte die Politik der Neuverschuldung zur Stärkung der wirtschaftlichen Entwicklung, wenn auch mit geringerer Neuverschuldung, fort. Und dies selbst noch dann, als das Wirtschaftswachstum 1979 real vier Prozent erreichte. Offiziell wurde diese Politik nicht nur in der Bundesrepublik Deutschland, sondern auch im Ausland mit einer Krisenhaftigkeit der 70er Jahre begründet. Die SPD/FDP-Regierung hielt die wirtschaftliche Aufwärtsentwicklung nicht für ausreichend, denn trotz des Wirtschaftswachstums nahm die Arbeitslosigkeit nicht wesentlich ab. Weitere staatliche Stützungsmaßnahmen bis zum Ende des konjunkturellen Aufschwungs schienen deshalb notwendig.

Der Preis für diese Politik war beachtlich. Als die Aufschwungphase 1979 auslief und die wirtschaftliche Entwicklung in einen erneuten Abschwung überging, waren die Schulden früherer konjunktureller Stützungsmaßnahmen noch nicht bezahlt. Weil der Staat auch noch im Wirtschaftsboom der zweiten Hälfte der 70er Jahre ständig durch die Aufnahme neuer Kredite in die Bresche sprang, war ein Schuldenberg entstanden, der in keinem zukünftigen Boom mehr abgetragen werden konnte. Die Staatsverschuldung aller Gebietskörperschaften betrug im Jahr 1979 insgesamt 414 Milliarden Mark, rund 30 Prozent des Bruttosozialprodukts. 1973, *vor* Beginn der zweiten Rezession, hatte die Verschuldung nur 168 Milliarden oder 18 Prozent des Bruttosozialprodukts betragen. Sie war damit von Beginn des Abschwungs bis zum Ende des darauffolgenden wirtschaftlichen Aufschwungs um 67 Prozent gestiegen, die Verschuldung des Bundes auf 203 Milliarden Mark (1973: 61 Milliarden) angewachsen.

Die jährliche Neuverschuldung belief sich Ende 1979 auf 43 Milliarden Mark oder 3,1 Prozent des Bruttosozialprodukts. 60 Prozent der Neuverschuldung gingen auf das Konto des Bundes. Für Zinsleistungen wurden etwa 25 Milliarden Mark oder 5 Prozent aller öffentlichen Haushalte aufgewendet. Drei Jahre lang, so rechnete das IWG Bonn damals vor, müßte das reale Wachstum jährlich mindestens 10 Prozent betragen, um die konjunkturell bedingte Verschuldung abtragen zu können. Realistisch war es weder damals noch später, mit einem solchen Wachstum zu rechnen.

Weil die Schulden während des Aufschwungs nicht zurückgezahlt, sondern sogar noch vergrößert wurden, war der Staat auf einen neuen Abschwung wesentlich schlechter vorbereitet. Er hatte kaum noch Spielräume, bei künftigen Rezessionen wirksam gegenzusteuern. Als die Bundesrepublik dann, zusammen mit den meisten anderen marktwirtschaftlichen Industrieländern, 1980 erneut in einen Abschwung geriet, versuchte die Regierung zwar wiederum, durch kreditfinanzierte Ausgaben die Konjunktur zu stützen. Aber ihre Maßnahmen bewirkten nur noch wenig. Die unverzichtbare Voraussetzung einer antizyklischen Haushaltspolitik, die Abfolge von Verschuldung und Entschuldung, war in den 70er Jahren aufgegeben worden. Der Staat war zu einer wirklichen finanzpolitischen Steuerung der Wirtschaft nicht mehr in der Lage.

Von den Unionsparteien, die damals in der Opposition waren, wurde dieser Zustand heftig kritisiert. Folgerungen für die eigene Politik wurden jedoch kaum gezogen. Obwohl im Herbst 1982 ein neuer wirtschaftlicher Aufschwung begann – der bis heute fortdauert –, setzte die neue Regierung die »sozialdemokratische Politik« der zweiten Hälfte der 70er Jahre fast unverändert fort. Zwar gelang es, die jährliche Neuverschuldung in der Anfangsphase zunächst zu drosseln (1984: 25 Milliarden Mark). Aber der vorhandene Schuldensockel konnte auch diesmal nicht abgebaut werden. Ein Teil der Ersparnisse wurde für die längst überfällige Rückgabe heimlicher Steuererhöhungen und für eine Veränderung der Steuerstruktur benötigt. Probleme in strukturschwachen Regionen erforderten zusätzliche staatliche Maßnahmen. Auch deshalb konnte man die Subventionen nicht reduzieren oder streichen. Obwohl es mit der Wirtschaft wieder aufwärts ging, blieb die Arbeitslosigkeit hoch. Erst in jüngster Zeit bessert sich die Lage auf dem Arbeitsmarkt ein wenig.

Zugleich mußten zusätzliche und neue Aufgaben übernommen und finanziert werden. Die fortschreitende Integration Europas forderte ihren Preis. Maßnahmen zum Schutz der Umwelt mußten gefördert, die Forschungen in diesem und in anderen Bereichen unterstützt werden. Die kräftige konjunkturelle Entwicklung brachte all diejenigen auf den Plan, die sich für Verbesserungen im sozialen Bereich, für Frauen und Familien einsetzen. Wer bereits Leistungsansprüche an den Staat hatte, wollte, daß sie mit dem steigenden Wohlstand wachsen. Andere, die bisher hatten zurückstehen müssen, wollten nun bedient werden.

Die Folgen dieser Politik werden jetzt sichtbar. 1982, am Ende der letzten Rezession, hatte sich der Bund mit 309 Milliarden, alle öffentlichen Haushalte mit 615 Milliarden Mark verschuldet. Das entsprach rund 38 Prozent des Bruttosozialprodukts. Ende 1988 war die Gesamtverschuldung des Bundes auf 475 Milliarden, die aller öffentlichen Haushalte auf rund 890 Milliarden oder reichlich 42 Prozent des Bruttosozialprodukts angewachsen. 1990 wird die Gesamtverschuldung der öffentlichen Haushalte mehr als 1000 Milliarden Mark betragen – knapp die Hälfte des jährlichen Bruttosozialprodukts.

Der ständige Anstieg der Gesamtverschuldung des Bundes führt auch zu höheren jährlichen Zinsbelastungen. 1982 mußte der Bund 22 Milliarden Mark an Zinsen bezahlen, 9 Prozent seines Haushalts. 1990 wird die Zinslast auf 38,5 Milliarden Mark oder 13,2 Prozent des Bundeshaushalts anwachsen. Alle öffentlichen Haushalte zusammen mußten 1982 rund 45 Milliarden Mark oder 8 Prozent ihrer Ausgaben für Zinsen bezahlen. 1988 war die Zinslast auf 63 Milliarden oder knapp 10 Prozent der öffentlichen Ausgaben angestiegen. Damit entspricht sie etwa den Steuereinnahmen aus der Körperschaftssteuer und den zur Einkommenssteuer veranlagten Einkommen.

Die Entwicklung wäre noch dramatischer verlaufen, wenn nicht die Bundesbank von 1982 bis 1988 rund 50 Milliarden Mark zur Entlastung des Bundeshaushalts beigetragen hätte. Wären die Bundesbankgewinne nicht zur Finanzierung der Ausgaben des Bundes herangezogen worden, wie die Union es *vor* der Regierungsübernahme gefordert hatte, dann wäre die Gesamtverschuldung allein des Bundes Ende 1988 auf rund 525 Milliarden Mark angestiegen.

Als Folge dieser Entwicklung haben sich die politischen Handlungsspielräume des Bundes deutlich verringert. Sie sind heute kleiner als 1980 oder zur Zeit des Regierungswechsels am 1. Oktober 1982. 1980 mußte der Bund nur 6 Prozent seiner Ausgaben für

Die Entwicklung von Staatsquote und Staatsverschuldung: 1. Anteil der Staatsausgaben (Gebietskörperschaften und Sozialversicherung) am BSP in %. – 2. Verschuldung der öffentlichen Haushalte insgesamt in Mrd. DM.

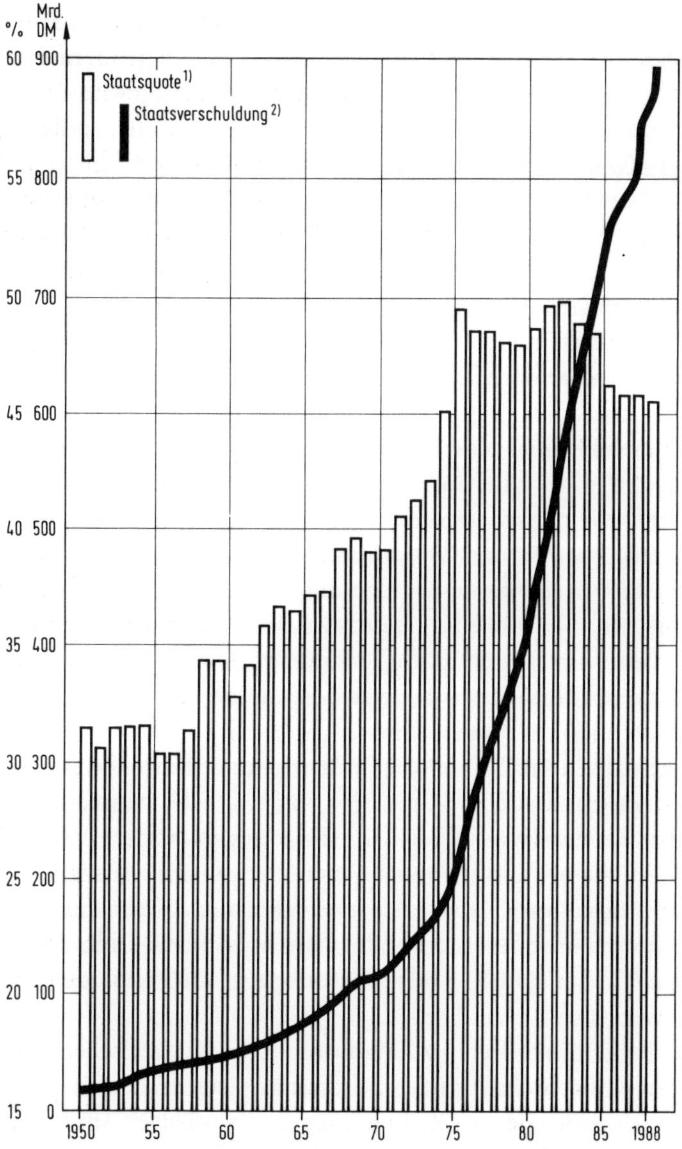

Quelle: Deutsche Bundesbank, Statistisches Bundesamt und IWG, Bonn

die Verzinsung seiner Schulden aufwenden. Als Helmut Kohl die Regierung übernahm, mußte der Bund bereits 9 Prozent seines Haushalts für Zinszahlungen bereithalten. 1990, also nach sieben Jahren stetiger wirtschaftlicher Aufwärtsentwicklung und vor einer möglichen neuen Abschwungphase, wird die Zinslast des Bundes auf 13,2 Prozent seines Haushalts angestiegen sein. Damit hat sich der Anteil der Zinszahlungen an den Bundesausgaben während des konjunkturellen Aufschwungs, der unser aller wirtschaftlichen Wohlstand vermehrt hat, um rund 47 Prozent erhöht. Verglichen mit der Situation zu Beginn der letzten Abschwungphase 1980 hat sich der Anteil der Zinsen am Bundeshaushalt weit mehr als verdoppelt.

Zugleich sind die Aufwendungen für den Sozialbereich und für Subventionen überproportional gestiegen. Von 1983 bis 1988 nahmen die Subventionen um 66,3 Prozent zu, ohne daß der Haushalt an anderer Stelle entsprechend entlastet worden wäre. Der Bundeshaushalt ist auch dadurch immer unbeweglicher geworden. Ein grundlegender Wandel dieser Entwicklung ist nicht in Sicht. Wenn die jetzige Aufschwungphase zu Ende geht, wird man erneut versuchen, konjunkturpolitisch gegenzusteuern. Die staatlichen Maßnahmen werden das Defizit weiter erhöhen. Die Zinslast wird weiter zunehmen. Die Ansprüche an den Subventions- und den Sozialhaushalt werden, schon im Blick auf mögliche konjunkturelle Risiken, weiter wachsen.

Schon heute ist ohne Berücksichtigung konjunktureller Einbrüche oder zusätzlicher Verpflichtungen des Bundes aus außen- oder innenpolitischen Aufgaben, ein weiteres Ansteigen der Staatsverschuldung und der Zinslast programmiert. Bis Ende 1993 soll die Verschuldung um mindestens weitere 85 Milliarden Mark anwachsen. Dabei ist die Reform der Unternehmensbesteuerung, die in der nächsten Legislaturperiode beschlossen werden und noch vor Vollendung des europäischen Binnenmarktes in Kraft treten soll, nicht berücksichtigt. Die Reform soll den Unternehmen Entlastungen in Höhe von rund 25 Milliarden Mark bringen. Eine Wende in der Finanzpolitik wird es damit weder 1990 noch 1993 geben. Die Bundesbank wird auch in Zukunft ihre Gewinne in voller Höhe zur Minderung des Haushaltsdefizites beisteuern müssen. Die Idee, sie für andere Zwecke zu verwenden, ist aufgegeben worden.

Gewollt hat diese Entwicklung gewiß niemand. Schon Ende der 70er Jahre waren SPD und FDP von der Notwendigkeit überzeugt, den eingeschlagenen Weg nicht weiter fortzusetzen. Hans Matthöfer erklärte 1980 für seine Regierung, niemand wolle die Verschuldung weitertreiben. Zugleich zählte er jedoch die Gründe auf, warum sie dennoch weitergetrieben werden müsse: Unerfüllte Wachstums- und Beschäftigungsziele, der weitere Ausbau der sozialen Sicherheit. Am Ende des Boomjahres 1979 stellte er lapidar fest, wir brauchten mehr Wachstum, »weil wir Vollbeschäftigung haben müssen«. Seine Beamten unterstützten ihn: »Öffentliche Ausgaben«, so teilten sie mit, »die zur Sicherung des sozialen Netzes und zur Gewährleistung wachstumspolitischer Vorsorge dienen, stehen grundsätzlich nicht zur Disposition.«

Franz Josef Strauß formulierte die gleiche Priorität fünf Jahre später mit der ihm eigenen Deutlichkeit noch definitiver – und setzte damit zugleich allen Versuchen, zu einem wirklichen Schuldenabbau zu gelangen, ein Ende. Es habe keinen Sinn, so räumte er noch vorhandene Konsolidationsillusionen beiseite, »einem sterbenden Volk gesunde Haushalte zu überlassen. Deshalb ist der Finanzierung lebenswichtiger, dem Wohl des Bürgers dienender Projekte Vorrang vor reiner Spartätigkeit einzuräumen«. Daß er als Kanzlerkandidat wenige Jahre zuvor seine Zuhörer mit vernichtender Kritik an der sozialdemokratischen Schuldenpolitik zu Begeisterungsstürmen getrieben hatte, war vergessen.

Etwa zur gleichen Zeit (1984) stellte die CDU in ihren Stuttgarter Leitsätzen für die 80er Jahre fest, die sozialdemokratische Politik habe die Staatsausgaben und die Staatsverschuldung in unvertretbarer Weise erhöht. Diese verhängnisvolle Entwicklung habe die Unions-geführte Bundesregierung beendet. »Die CDU wird den erfolgreich eingeschlagenen Weg der Konsolidation der Staatsfinanzen konsequent fortsetzen.« Ein weiterer Abbau von Subventionen sei vordringlich. Denn: »Durch die Gesundung der öffentlichen Haushalte gewinnen Wirtschaft und Politik wieder mehr Handlungsspielraum.« Tatsächlich ist der *politische* Handlungsspielraum des Bundes noch nie kleiner gewesen als heute.

Wenn programmatische Theorie und politische Praxis so eklatant auseinanderfallen, kann dies nicht nur am fehlenden guten Willen der Beteiligten liegen. Es muß tiefere Ursachen haben. Und diese Ursachen gibt es. Sie sind in den finanziellen und sozialpolitischen Folgen der Entgrenzung, der *Expansivität des Materiellen* zu suchen. Wir haben sie bereits als Ursache für die zunehmende Bedrohung der Umwelt ausgemacht. Ökologisches Defizit und fiskalisches Defizit haben, jedenfalls teilweise, die gleichen Wurzeln. Der Schlüsselbegriff hier wie dort ist *Wachstum*.

Schulden, die Wirtschaftswachstum fördern, sind gute Schulden, wenn Wachstum die Bedingung ist für Regierbarkeit, Überwindung der Arbeitslosigkeit und sozialen Konsens. Kredite sind gute Kredite, wenn mit ihnen berechtigte soziale Anliegen finanziert werden, ohne deren Berücksichtigung der soziale Frieden gefährdet wäre. Und – was niemand so sagen wird, aber viele so sehen – eine weitere Staatsverschuldung ist *politisch* legitim, wenn sie der Machterhaltung dient. »Wir dürfen die Sparsamkeit nicht übertreiben. Das wird der Wähler nicht honorieren«, ist ein gewichtiges politisches Argument für soziale Leistungen. Es kann mit guter Aussicht auf Erfolg auch dann vorgetragen werden, wenn die Neuverschuldung im gleichen Jahr rund 40 Milliarden Mark beträgt.

Die *Expansivität des Materiellen*, auch über die Möglichkeiten der Gegenwart hinaus, und der Wille, im Wettbewerb um die politische Macht erfolgreich zu sein: das sind die eigentlichen Ursachen für die wachsenden Schuldenberge. Beide sind Ausdruck der Entgrenzung politischen und wirtschaftlichen Strebens. Sie sind letztlich nicht ein wirtschafts- oder finanzpolitisches, sondern ein allgemein politisches, ein kulturelles und ethisches Problem. Die kulturellen und ethischen Barrieren, die den Wunsch nach materieller Expansion und Befriedigung aller angemeldeten politisch wirksamen Ansprüche zum Zweck der Machterhaltung begrenzen könnten, sind zu schwach ausgebildet.

Zwar wird kein politisches Programm mehr beschlossen, in dem nicht ein neues Bewußtsein gefordert wird, das der zunehmenden Zerstörung aller Zukunftsmöglichkeiten Einhalt gebieten könnte. Aber es fehlt die politische Kraft – vielleicht auch die politische

Fähigkeit –, der Forderung in der gesellschaftlichen und politischen Wirklichkeit Geltung zu verschaffen.

Die Ursachen für dieses zentrale *politische Defizit* müssen wir zumindest auch in den Strukturen politischer Willensbildung und Entscheidung suchen. Diese Strukturen sind so, wie sie heute funktionieren, ein Produkt der Entwicklung der vergangenen 40 Jahre, der wir auch die Zukunftsdefizite verdanken, von denen hier die Rede ist. Statt ihre Ursachen zu überwinden, reproduzieren diese Strukturen stets aufs neue die Fehlentwicklungen, die zu den heutigen Defiziten geführt haben.

Kein Politiker hat diesen Teufelskreis früher und klarer erkannt und zu durchbrechen versucht als Ludwig Erhard. Ordnungspolitik war für ihn der Versuch, die expansiven Kräfte durch eine Gesamtordnung zu zähmen. Sie sollte nicht wirtschaftlichem Nutzen oder steigendem Konsum, sondern primär selbstverantworteter Freiheit verpflichtet sein. Durch Wettbewerb, der die wirtschaftliche Macht kontrollieren soll, wollte er die Wirtschaft, durch das Subsidiaritätsprinzip die Sozialpolitik auf Ordnungsgrundsätze verpflichten. – Beide wollte er damit zugleich begrenzen.

Die Düsseldorfer Leitsätze der CDU von 1949 enthielten bereits beide Prinzipien. Für die Begrenzung der Wirtschaft sollte der Grundsatz gelten: »Wer frei sein will, muß sich dem Wettbewerb unterwerfen und darauf verzichten, Macht auf dem Markt zu erstreben. Wer Macht auf dem Markt besitzt, das heißt, wer nicht durch Wettbewerb kontrolliert ist, darf nicht frei sein.« Die sozialpolitischen Leitsätze bekennen sich zu einer Neubesinnung auf der Grundlage »sozialer Gerechtigkeit, gemeinschaftsverpflichtender Freiheit und echter Menschenwürde«. Ziel ist eine »umfassende Sozialpolitik für alle wirtschaftlich und sozial abhängigen Volksschichten«. Diese fortschrittliche Sozialpolitik sollte »der inneren Befriedung unseres Volkes dienen, das Vertrauen der breiten Schichten in die neue demokratische Ordnung stärken und den Willen zur Mitarbeit am Wiederaufbau unseres Staats- und Volkslebens fördern«.

Die beiden grundsätzlichen Entscheidungen für die wertgebundene Wettbewerbsordnung und für eine umfassende Sozialpolitik, sind bis heute konstitutiv für die Wirtschafts- und Sozialpolitik unseres Landes geblieben. Unsere Wirtschafts- und Sozialverfassung wird von ihrem Dualismus geprägt. Was bis heute nicht gelungen ist, ist die ordnungspolitische Verbindung von Marktwirtschaft und Sozialpolitik in einer Gesamtordnung, die auch die nationalen Interessen des Gemeinwesens und seine Zukunftsfähigkeit umfaßt. Eine Gesamtordnung, die beide Elemente, Wirtschaft und Soziales, in einem politisch stets aufs neue austarierten Gleichgewicht halten kann.

Die Schwierigkeit dieser Aufgabe wird verständlich, wenn man bedenkt, daß beides, wirtschaftliche Entwicklung und soziale Entwicklung, selbst keine Begrenzung in sich tragen. Die wirtschaftliche Entwicklung beruht – wie wir gesehen haben – auf der Annahme, daß die Bedürfnisse der Menschen prinzipiell unbegrenzt sind. Der sozialpolitische Anspruch, der sich nicht an den Mindestbedingungen einer menschenwürdigen Existenz orientiert, sondern »der inneren Befriedung unseres Volkes dienen« und »das Vertrauen der breiten Schichten in die neue demokratische Ordnung stärken« soll, ist ebenfalls prinzipiell unbegrenzt. Wenn es um den sozialen Frieden und die Zustimmung des Volkes zur Demokratie geht, ist jede sozialpolitisch begründete Leistung des Staates gerechtfertigt, wenn das Parlament einen konkreten Handlungsbedarf beschließt. Beides, die wirtschaftlichen Bedürfnisse und die sozialpolitischen Ansprüche, ist somit prinzipiell unbegrenzt.

Keine politische Ordnung kann auf Dauer der Dynamik unbegrenzter wirtschaftlicher und sozialer Ansprüche standhalten. Es ist deshalb notwendig, diese Dynamik durch äußere Grenzen politisch zu zähmen. Genau dies sollte die Ordnungspolitik leisten. Tatsächlich haben sich die Dinge anders entwickelt. Auch hier wurden die Weichen bereits in den Düsseldorfer Leitsätzen gestellt. Am Schluß ihres sozialpolitischen Teils heißt es: »Mit besonderem Nachdruck ist jedoch darauf hinzuweisen, daß die Grundlage einer gesunden Sozialordnung eine erfolgreiche Wirtschaftspolitik ist. Die besten Versicherungsgesetze nützen nichts, wenn eine unsachverständige Kredit- und Finanzpolitik die Kaufkraft, die Produktionshöhe, den Beschäftigungsstand, die Sparkapitalien mindert oder gar vernichtet. Die beste Sozialpolitik nützt nichts, wenn sich nicht Wirtschafts- und Sozialordnung wechselseitig ergänzen und fördern.« Die Formel, mit der eine Antwort auf die Wechselbeziehung zwischen Wirtschafts- und Sozialpolitik gegeben wurde, lautet also: Die Grundlage einer gesunden Sozialordnung ist eine erfolgreiche Wirtschaftspolitik.

Die Versuche, dieses Wechselverhältnis genauer zu definieren, ziehen sich wie ein roter Faden durch die politische Programmatik der Union und die praktische Politik unseres Landes. Nach der Revision ihrer politischen Überzeugungen im Godesberger Programm und nach der späteren Übernahme der Regierungsverantwortung haben sich auch die Sozialdemokraten an diesen Definitionsversuchen beteiligt. Heute können wir feststellen, daß es bisher nicht gelungen ist, das ambivalente Verhältnis von Wirtschafts- und Sozialpolitik zu stabilisieren. Praktisch galt für das Verhältnis von Sozial- und Wirtschaftspolitik von Anfang an, daß die Wirtschaft leistungsfähig sein und bleiben müsse. Die sozialpolitischen Ansprüche dürften die Leistungsfähigkeit der Wirtschaft nicht mindern oder gar vernichten. Alles, was diese Grenze respektiert, war und ist durch den umfassenden sozialpolitischen Auftrag in das politische Ermessen des Parlaments und damit der Parteien gestellt. So gesehen hatte der Vorschlag der SPD Anfang der 70er Jahre, die »Belastbarkeit der Wirtschaft zu testen«, über den sich die Union zu Recht empörte, durchaus seinen Sinn.

Die Entgrenzung der Sozialpolitik mußte eine unwiderstehliche Versuchung begründen, den angebotenen Handlungsspielraum auch auszufüllen. Das war so lange kein Problem, als die Prioritäten des Wiederaufbaus und damit der Bedienung der dringendsten Produktionsbedürfnisse offensichtlich waren. Bis Mitte der 50er Jahre waren dadurch auch die eigentlichen Grenzen der sozialpolitischen Zuständigkeit des Staates gezogen. Aber schon Mitte der 50er Jahre zeichnete sich eine sozialpolitische Wende ab: Es kam zu den ersten Mahnungen und Vorhaltungen Ludwig Erhards, Maß zu halten.

1956, im Zusammenhang mit der Diskussion über die Neuregelung der Rentenversicherung, stellte er fest, es widerspreche der marktwirtschaftlichen Ordnung, die »private Initiative bei der

Vorsorge für die Wechselfälle und Notstände des Lebens auch dann auszuschalten, wenn der einzelne dazu fähig und gewillt ist, selbstverantwortlich und eigenständig vorzusorgen«. Deshalb sei es notwendig, das Subsidiaritätsprinzip als eines der wichtigsten Ordnungsprinzipien für die soziale Sicherheit anzuerkennen. Der Selbsthilfe und Eigenverantwortung müsse soweit wie möglich Vorrang eingeräumt werden. Erhard wollte, daß nicht die Leistungsfähigkeit der Wirtschaft, sondern die Leistungsfähigkeit des einzelnen und seiner Familie Maßstab für die sozialpolitische Zuständigkeit des Staates sein sollte. Die Volkspartei CDU folgte ihm darin nicht.

So sind die Grenzen der Sozialpolitik bis heute nicht normativ bestimmt. Sie waren – und sind es bis heute – das Ergebnis der jeweiligen Kräfteverhältnisse zwischen den unterschiedlichen wirtschafts- und sozialpolitischen Interessen und deren politischen Vertretungen. Dabei fiel der CDU eher die wirtschaftspolitische, der SPD eher die sozialpolitische Seite des Konfliktes zu, wenn auch beide Parteien sich im Laufe der Zeit bemühten, zugleich die jeweils andere Seite zu vertreten. Sozialpolitik und ihr Verhältnis zur Wirtschaft waren jedenfalls seit Mitte der 50er Jahre nie das Ergebnis ordnungspolitischer Entscheidungen, sondern stets ein Ergebnis von Machtpolitik.

Die machtpolitische Begrenzung der wirtschaftlichen und sozialen Bedürfnisse durch die parteipolitisch organisierte Form eines Sozialvertrages kann nur funktionieren, wenn den Parteien des Konfliktes kein Weg offensteht, ihre Verteilungsprobleme zu Lasten Dritter zu lösen. Nur wenn sie ganz aufeinander angewiesen sind, wird sich aus dem Spannungsverhältnis von wirtschaftlichen und sozialen Bedürfnissen und Erwartungen ein dynamisches Gleichgewicht entwickeln. Unter dem Eindruck der engen Grenzen, die ihnen damals wirtschaftlich wie politisch gezogen waren, haben die Verfasser der Düsseldorfer Leitsätze 1949 wohl genau diese Situation unterstellt, als sie die Grenzen der Sozialpolitik durch die Leistungsfähigkeit der Wirtschaft und die Grenzen wirtschaftlicher, sprich unternehmerischer Ansprüche durch die Aufgaben der Sozialpolitik bestimmten.

Wenn sie es so gesehen haben sollten, war dies ein verhängnisvoller Irrtum. Anders als im Fall der Tarifpartnerschaft sind die Kontrahenten in unserem Fall nicht privatrechtlich verfaßte Koalitionen oder Verbände, sondern politische Parteien. Sie haben, was sonst niemand von Rechts wegen hat: den Zugriff auf den Staat. Das gibt der Balance zwischen Wirtschaft und Sozialem im Bereich der Politik eine andere Qualität. Denn der Staat eröffnet die Möglichkeit, sowohl den »berechtigten Forderungen« der Wirtschaft als den »berechtigten Forderungen« des Sozialen auch dann noch zu entsprechen, wenn an sich kein Verteilungsspielraum mehr besteht. Der Staat – und nur der Staat – kann den Verteilungsspielraum erweitern: durch die Förderung von Wachstum, durch Staatsverschuldung oder durch beides zugleich.

In der Großen Koalition hatten sich beide Volksparteien für beide Wege zugleich entschieden: für Wirtschaftswachstum als wirtschaftspolitisches Ziel und für die Staatsverschuldung als konjunktur- und sozialpolitisches Instrument. In unserem Land war die Große Koalition die Geburtsstunde des »dritten Weges« der Konzertierten Aktion und der Globalsteuerung. Man befand sich dabei in guter Gesellschaft. Die anderen industriellen Demokratien gingen ähnliche Wege.

Mit dem Stabilitäts- und Wachstumsgesetz lieferte die Große Koalition zugleich – nicht zuletzt durch den sozialdemokratischen Wirtschaftsminister Karl Schiller – die theoretische Rechtfertigung für eine Politik, die zur Entgrenzung führen mußte. Denn ein Kartell der organisierten Interessen, die Konzertierte Aktion, kann auch theoretisch niemals die Bindungen ersetzen, die die Ordnungspolitik begründen kann. Die prinzipiell unbegrenzten wirtschaftlichen und sozialen Bedürfnisse sollten durch Schillers »aufgeklärte« Marktwirtschaft und ihre angebliche »Rechenhaftigkeit« (Schiller) gezähmt werden. Tatsächlich ließ Schiller die Zügel schießen. Wenige Jahre später nahm er mit dem Ruf: »Genossen, laßt die Tassen im Schrank!« seinen Hut. Die Geister, die er gerufen hatte, hatten ihn überwältigt. Bis heute ist es nicht gelungen, sie in ihr ordnungspolitisches Gehäuse zurückzubringen.

Dies gilt insbesondere für die Rolle des Staates. Umfassende Sozialpolitik heißt Umverteilung nach politischem Ermessen im

Rahmen des wirtschaftspolitisch Verträglichen. Was sozial ist, läßt sich dabei nur insoweit bestimmen, als es um die Sicherung der Mindestbedingungen geht, die ein menschenwürdiges Leben gewährleisten. Sieht man vom Bereich der Tarifautonomie ab, so kann nur der Staat Einkommen und soziale Chancen umverteilen. Nur der Staat hat die Macht dazu. Der sozialpolitische Anspruch ließe sich deshalb theoretisch auch vom Staat begrenzen. Er könnte dies tun, indem er seine staatliche Macht nur für solche sozialpolitische Anliegen zur Verfügung stellt, die ordnungspolitischen Grundsätzen entsprechen, also etwa dem Gebot der Eigenverantwortung bei ausreichender Leistungsfähigkeit folgen. Auch das sollte die Aufgabe der sozialen Ordnungspolitik sein. Sie wurde nicht verwirklicht – weder von der CDU noch, was auch kaum zu erwarten war, von der SPD.

Zwar werfen sich beide Parteien stets aufs neue gegenseitig vor, den Staat in verantwortungsloser Weise für die jeweiligen eigenen Interessen in Anspruch zu nehmen. Aber es gibt in der politischen Praxis kaum ein Sozialgesetz, das von einer Volkspartei abgelehnt worden wäre, weil die versprochenen Leistungen zu hoch gewesen oder die Zuständigkeiten des Staates überschritten worden wäre. Die Folge: Wir haben es nicht nur mit prinzipiell unbegrenzten sozialpolitischen Erwartungen zu tun, sondern auch mit einem Staat, dessen verteilungspolitische Zuständigkeiten lediglich durch zwei Normen begrenzt sind: durch das Verbot der Enteignung und die jeweiligen Notwendigkeiten des Wirtschaftlichen. Das Bundesverfassungsgericht hat stets Wert darauf gelegt, diesen Ermessensspielraum nicht weiter als unbedingt nötig zu begrenzen.

Damit waren alle Voraussetzungen für eine umfassende Teilnahme des Staates an einer sozialpolitisch begründeten Umverteilung gegeben. Was folgte, war eine zunehmende Verstaatlichung gesellschaftlicher Verteilungsentscheidungen, die den Staat zugleich immer tiefer in die gesellschaftlichen Bereiche zog. Die prinzipielle Trennung zwischen staatlicher Macht und organisierten Sonderinteressen, die dem Wohle des Staates ebenso wie dem der Gesellschaft dient, wurde zunehmend aufgehoben. Die Brücke vom Sonderinteresse zur staatlichen Macht bauten die politischen

Parteien. Denn nicht nur für die organisierten Interessen ist der Zugang zur staatlichen Macht und ihrer Zuständigkeit zur sozialpolitischen Umverteilung wichtig. Auch die Parteien haben an einer Ausweitung dieser Zuständigkeit ein Interesse. Der Wettbewerb um marginale Wählergruppen zwischen den Parteien führt dazu, daß immer neue Gruppeninteressen aufgespürt werden, die man bedienen kann. Bisher private Anliegen werden zu gemeinsamen Anliegen, also zu solchen der staatlichen Sozialpolitik. Auch der politische Wettbewerb fördert die Ausdehnung staatlicher Zuständigkeit, die Verstaatlichung gesellschaftlicher Verteilungsprozesse und damit das Wachstum der Ansprüche an den Sozialstaat.

Als Folge setzte eine exponentielle Vermehrung staatlicher Zuständigkeiten ein. Diese wiederum führte zum Ruf nach immer mehr Wachstum. Denn nur unter Wachstumsbedingungen konnte man der wachsenden Flut von Erwartungen noch politisch Herr werden. Wenn der Staat vorrangig Sozialstaat ist, ist er ohne Wachstum handlungsunfähig.

Seitdem versuchen wir, die wachsenden Widersprüche, die durch immer umfangreichere staatliche Eingriffe in den Wirtschaftsablauf für eine immer größere Zahl von Gruppen und Sonderinteressen ausgelöst werden, mit Hilfe eines »angemessenen Wirtschaftswachstums« zu bewältigen. Die Globalsteuerung der Wirtschaft und die Konzertierte Aktion sollten dafür als Instrumente dienen. Sie haben weitgehend versagt. Nicht die politischen Strukturen wurden überprüft und an die wirtschaftliche Wirklichkeit angepaßt. Die wirtschaftliche Entwicklung sollte an die bestehenden Strukturen angepaßt werden. Das Konzept der aufgeklärten Marktwirtschaft sollte dem Ganzen den Segen geben.

Erhard hat die Gefahr einer solchen Entwicklung am Ende der 50er Jahre vorausgesehen. Aber seine Maßhalteappelle wurden belächelt. Sie verhallten ungehört. Die politische Dynamik der Expansion war größer als die Kraft zur Einsicht in die Notwendigkeit ordnungspolitischer Begrenzung. Dem Schrei nach immer noch mehr »kollektiver Sicherheit«, den Erhard bereits 1959 »immer lauter« vernahm, konnte keine politische Partei widerstehen. Die organisierten Interessen begannen, den Staat zu besetzen.

Erhard hat dagegen vergeblich angekämpft. Schon in den 50er Jahren erkannte er, daß es immer schwieriger werden würde, die organisierten Gruppeninteressen in das Ganze einzubinden, wenn die Politik deren Forderungen zunehmend Rechnung trage. Wieder und wieder mahnte er die Bundesbürger, appellierte an das Gewissen der Menschen und an ihre wirtschaftliche Vernunft. In einer Regierungserklärung zur konjunkturpolitischen Lage im Oktober 1955 stellte er fest: »Die Maßstäbe für das, was jeder einzelne aus einer Hochkonjunktur für sich an Nutzen ziehen kann, und für das, was der gesamten Volkswirtschaft dienlich ist, drohen allenthalben verlorenzugehen.« Deshalb wandte er sich, wie später noch so häufig, an alle Organisationen und Verbraucher, weil er glaubte, »daß der Ablauf des wirtschaftlichen Geschehens weitgehend von dem Willen lebendiger Menschen gestaltet wird und daß der Appell an die wirtschaftliche Vernunft sehr wohl Gefahren zu beseitigen geeignet ist, denen jede Wirtschaft ausgesetzt sein muß, in der Maß und Besinnung verlorenzugehen drohen«.

Prophetisch war, was Erhard im gleichen Jahr voraussagte, falls es nicht gelingen sollte, die Ordnung des Ganzen zu erhalten und gegen die Dynamik und die Macht der Verbände und Sonderinteressen zu schützen.

> »Es entspricht dem *Zeitgeist*, wenn heute die Durchsetzung von Gruppeninteressen und Sonderwünschen . . . immer mit dem Hinweis auf die Notwendigkeit einer Ordnung vertreten wird, obwohl Teilregelungen dieser Art das Gefüge der umfassenden Ordnung sprengen und in die Atomisierung . . . treiben müssen. Demgegenüber *erkläre ich*, daß es in einem geordneten Staat *nur* eine *Ordnung* geben kann; das ist die gesellschaftliche Ordnung als Ganzheit.
>
> Die Zerklüftung und Zerrissenheit einer Gesellschaft wird sich um so stärker ausprägen, je mehr diese in sogenannte Teilordnungen aufgegliedert ist. Der staatliche Dirigismus und Kollektivismus werden um so üppiger gedeihen, je mehr aus diesem Grund ein Zwang vorliegt, das Getrennte mit künstlichen Mitteln wieder zu einem Ganzen zusammenzu-

fügen. Wo Marktordnungen und Berufsordnungen überhand nehmen, da wuchert der Egoismus. Wo alle Gruppen einen besonderen Schutz ... haben wollen, werden die Menschen immer unfreier werden und immer mehr an echter Sicherheit verlieren.«

1962 machte Erhard erneut den Versuch, »unmittelbar an das menschliche Gewissen« zu appellieren. Es sei nicht die augenblickliche Lage, »sondern es ist der Blick in die Zukunft, der uns besorgt sein lassen muß, wenn wir alle Warnungen in den Wind schlagen und auf dem eingeschlagenen Weg weiterschreiten«. Aber seine Appelle und Versuche, zu einer neuen, ordnungspolitisch begründeten Begrenzung und damit zu einer neuen »Bescheidenheit« zu finden, scheiterten. Heute mahnt die CDU mit ihrem Parteitagsbeschluß zum Umweltschutz eine »Änderung der Lebensgestaltung der Menschen« an. Gerade in einer Wohlstandsgesellschaft, stellt der Beschluß fest, »sind Bescheidenheit und Sparsamkeit als Tugenden einzufordern. Wir müssen anders leben, damit andere überleben«.

Damals haben weder seine eigene Partei noch der Mann auf der Straße, noch die Organisationen und Verbände Ludwig Erhard verstanden. Die Großunternehmen, mit denen Schiller das optimale Wachstum der expansiven Gesellschaft langfristig planen wollte, haben die einmalige Wachstumsentwicklung der damaligen Zeit als dauerhafte Gesetzmäßigkeit mißverstanden und wurden deshalb zum Teil Opfer enormer Fehlplanungen. Auch die Bevölkerung und ihre Abgeordneten glaubten an die Dauerhaftigkeit der Expansion. Die »Hybris«, von der Erhard sprach, hatte sie erfaßt. Das Kartell der organisierten Interessen und der Erwartungen an den Staat entstand. Es ist zu einem wesentlichen Teil unserer politischen Landschaft geworden.

Dieses Kartell und seine Wirkungen liefern uns die weitere wesentliche Erklärung für die scheinbare Zwangsläufigkeit, mit der sich unsere Republik ständig tiefer verschuldet – und dies, obwohl der höchste Lebensstandard, den unser Volk je erlebt hat, ausreichen sollte, sowohl unsere wirtschaftlichen und sozialen Bedürfnisse zu befriedigen als auch die Aufgaben zu finanzieren, die unserem Gemeinwesen gestellt sind. Um das Kartell und seine Wirkungen zu verstehen, müssen wir davon ausgehen, was Sozialpolitik soll. Sozialpolitik soll die Wirklichkeit korrigieren und durch andere Wirklichkeiten ersetzen. Sie will nicht nur Rahmenbedingungen für menschliches Handeln schaffen, sondern Erwartungen erfüllen, Einkommen gewähren, Ungleichheiten ausgleichen, Kaufkraft zuweisen und umverteilen. Am wirksamsten ist sie im Bereich der Geldleistungen. Einkommens- und Subventionsströme lassen sich politisch leichter steuern als etwa die Bereitschaft zu sozialen Diensten. Geldleistungen werden auch unmittelbarer dem zugerechnet, der sie leistet, also dem Staat oder denjenigen, die sie durch Einflußnahme auf die staatliche Gesetzgebung anordnen oder bewirken können.

Inhaltlich befaßt sich Sozialpolitik mit wirtschaftlichen Nöten und wirtschaftlichen Ungleichheiten. Sie soll allen eine menschenwürdige Existenz sichern, für den Abbau wirtschaftlich bedingter Abhängigkeitsverhältnisse und für den Ausgleich wirtschaftlicher Ungleichheiten sorgen. Diese Aufgaben verbinden sich in der modernen Industriegesellschaft mit der Politik. Sie ist darauf angewiesen, die Zustimmung der Bürger zu suchen und die Mehrheiten zu sichern. Also spricht sie bestimmte Gruppen an, deren Zustimmung sie gewinnen oder erhalten will. Diesen Gruppen kann sie die Erfüllung bestimmter Erwartungen, den Mitgliedern eine Verbesserung ihrer Lage in Aussicht stellen.

Da die sozialpolitischen Erwartungen unbegrenzt sind, sich weitgehend widersprechen und niemals sämtlich erfüllt werden können, ist die Politik – genauer: sind die politischen Parteien – auf die Technik der »partikularen Erfüllung von Teilerwartungen« angewiesen (Hans F. Zacher). Das heißt, die geltend gemachten Ansprüche können immer nur teilweise befriedigt werden. Die Auswirkungen dieses Verfahrens auf die organisierten Gruppen sind unterschiedlich. Diejenigen, deren Erwartungen erfüllt werden, sind zufrieden. Andere, die mit diesen konkurrieren, werden ihre Ansprüche neu anmelden. Sie fühlen sich durch den Umstand ermutigt, daß andere organisierte Erwartungen bereits erfüllt worden sind. Wieder andere Gruppen sehen, daß die Erfüllung ihrer Erwartung näherrückt.

Das »sozialpolitische Umlaufverfahren« hat somit immer drei Wirkungen: Es stellt diejenigen zufrieden, deren Erwartung erfüllt ist. Es veranlaßt diejenigen zur Neuorientierung ihrer Interessen, die konkurrierende Erwartungen haben. Diejenigen schließlich, die Ansprüche angemeldet haben, dürfen hoffen, daß ihre Erwartungen in Erfüllung gehen. Das Ergebnis ist ein buntes Bild: Kinder, Jugendliche, Auszubildende, Studenten und Eltern, Frauen, Hausfrauen, Schwangere, geschiedene und getrennt lebende Ehegatten, Witwen und Witwer, Waisen, Behinderte, alte Rentner, Kriegsopfer, Arbeitnehmer, ausländische Arbeitnehmer, Arbeitslose, Landwirte, Selbstständige, Autofahrer, das Bauhandwerk, die Kohle, die Energiewirtschaft, der Verkehr usw. werden in einem unablässigen Reigen immer neu betroffen: begünstigt oder belastet, nicht selten beides zusammen.

Dieser Reigen kann nie zu Ende gehen. Denn es kommt für die »berechtigten Forderungen« nicht nur darauf an, was man selbst bekommt. Wichtig ist auch, was andere mehr haben oder weniger. Ist eine andere Forderung bedient worden, entsteht deshalb ein *Nachholbedarf*. Je wohlhabender die Gesellschaft wird, um so häufiger ist es nicht das Gebot der Sozialpflichtigkeit des Staates, für Schwache einzustehen, sondern die sozialpolitische Forderung in Gestalt des Nachholbedarfs, die den Reigen in Gang hält. Der Nachholbedarf in allen denkbaren Variationen ist der Motor des Umverteilungskarussells.

Das sozialpolitische Umlaufverfahren müssen wir nun im Zusammenhang sehen mit der Konkurrenz der Parteien um Mehrheiten. Darf der Staat sozialpolitisch begründete »Leistungen« zusagen, werden die politischen Parteien für solche Leistungen auch in Anspruch genommen. Sie sind es schließlich, die durch »ihre« Abgeordneten »Leistungen« im Parlament beschließen. Für diese »Leistungen« erwarten sie von den Leistungsempfängern eine »Gegenleistung«: Sie wollen gewählt werden. Umgekehrt: Wenn eine Partei Leistungserwartungen enttäuscht, können die Leistungsempfänger ihr die politische Unterstützung entziehen. Da sie nie alle Erwartungen erfüllen können, müssen die politischen Parteien einen »optimalen Leistungsmix« versprechen, um mehrheitsfähig zu werden. In ihren sozial- und gesellschaftspolitischen Programmen unterscheiden sie sich praktisch vor allem dadurch, wie dieser »Leistungsmix« zusammengesetzt ist.

Die Sache hat allerdings einen entscheidenden Haken. Ist ein bestimmtes Interesse bedient, zum Beispiel die Ruhrkohle oder der Airbus, und sind die öffentlichen Einnahmen begrenzt, mit denen man Leistungen finanzieren kann, dann muß man die Interessen anderer Gruppen dauerhaft enttäuschen. Die Wirkungen sind desintegrierend. Die Enttäuschten wenden sich ab. Sie protestieren oder verweigern sich. Sie betrachten diesen Staat, der ihre »berechtigten Interessen« zurücksetzt, aber genug Geld hat, um andere zu bedienen, nicht mehr als »ihren Staat«.

Bedienen die politischen Parteien – vor allem die Volksparteien – im verteilungspolitischen Umlaufverfahren alle »politisch relevanten«, das heißt für die Mehrheitsfähigkeit bedeutsamen politischen Interessen, so erhöhen sie zwar den sozialen Frieden. Keine wichtige Gruppe droht mehr damit, auf die Straße zu gehen. Aber die Parteien müssen, bei knappen Haushaltsmitteln, die gewährten Leistungen auch widerrufen können. Bisher Gewährtes muß sich wieder einschränken oder aufheben lassen für den Fall, daß andere Aufgaben dringender oder andere organisierte Interessen für die Mehrheitsbeschaffung wichtiger geworden sind. Der Kuchen muß, mit anderen Worten, von Zeit zu Zeit neu verteilt werden können. Das verteilungspolitische Umlaufverfahren kann Erwartungen nur auf Zeit erfüllen.

Bei dem Versuch, Subventionen zeitlich zu begrenzen oder sie gar abzubauen, kann man erleben, wie schwierig dies ist. Es wird »politisch unmöglich«, wenn die Regierung nur über eine geringe Mehrheit verfügt. Je kleiner die Mehrheit, um so größer der Einfluß der Grenz- und Wechselwähler, die über die Mehrheitsfähigkeit entscheiden. Wird die Wahlentscheidung der Bevölkerung von vielen organisierten, einander häufig widersprechenden Interessen und Erwartungen an den Staat beeinflußt, dann können auch kleine Gruppen Wahlen entscheiden, etwa die Bauern oder die Bergarbeiter. Bei Regierung und Opposition läßt die Bereitschaft nach, organisierte Erwartungen zu enttäuschen oder in bereits gewährte Leistungen einzugreifen. Der Einfluß der Grenzwähler wächst. Der Widerstand der politischen Parteien gegen weitere Versprechen an weitere organisierte Interessen sinkt. Die Versuchung nimmt zu, auch dann noch neue Leistungen zuzusagen, wenn die Staatseinnahmen nicht mehr ausreichen. Die politischen oder ideologischen Rechtfertigungen für die Unabweisbarkeit auch solcher »berechtigter Ansprüche« sind schnell bei der Hand.

Verhalten sich beide Volksparteien so, dann muß es jeder unzumutbar erscheinen, anders zu handeln. Es mache keinen Sinn, so heißt es, sparsam zu sein, möglicherweise deshalb die Wahl zu verlieren und der anderen Seite dann die Möglichkeit zu eröffnen, aus dem vollen zu schöpfen. Im Wettstreit zwischen der Vernunft und der Aussicht auf die Macht ist die Vernunft selten überlegen. Sie hat keine Chance, wenn die Macht mit dem Versprechen angestrebt wird, wieder vernünftig zu handeln, sobald man sie errungen hat. Deshalb ist man inzwischen überzeugt, daß eigentlich nur noch in den ersten beiden Jahren einer vierjährigen Legislaturperiode vernünftig gehandelt werden kann. Danach herrscht Wahlkampf – und damit das Streben nach Macht.

Diesem Dilemma, zwischen Vernunft und Macht wählen zu müssen, können wir im Grunde nur entgehen, wenn es uns gelingt, beides zu tun: bereits gewährte Leistungen als Besitzstände zu respektieren – dort, wo es »politisch notwendig« ist – und *zugleich* neue Erwartungen zu erfüllen. Dies geht nur, wenn die öffentlichen Einnahmen ständig wachsen. Voraussetzung dafür ist *Wirtschaftswachstum*. Wer überzeugt ist, mehrheitsfähig zu werden oder zu bleiben sei nur möglich, wenn ständig neue Erwartungen erfüllt werden können, ohne in vorhandene Besitzstände einzugreifen, der *muß* deshalb davon ausgehen, daß die moderne industrielle Demokratie nur bei Wachstum regierbar ist. Stagnation muß, konsequenterweise, den sozialen Frieden gefährden, zur Unregierbarkeit und damit zur Bedrohung der Freiheit führen. Wirtschaftliches Wachstum erhält damit eine Bedeutung, die weit über das Wachstum als wirtschaftspolitisches Ziel hinausgeht. Es wird zur Bedingung der Regierbarkeit. Um diese Bedingung zu sichern, darf sich der Staat auch verschulden. Im Ergebnis heißt dies: Die Regierbarkeit in der Gegenwart lebt vom Verbrauch der Zukunft.

Die Überzeugung, unser Land sei nur bei annähernd gleichberechtigter Bedienung aller »berechtigten« organisierten Interessen regierbar, wird durch die Wirkung verstärkt, die die organisierten Interessen, die Verbände, auf die staatliche Willensbildung praktisch ausüben können. Daß organisierte Interessen eine unverzichtbare Aufgabe haben, ist allgemein unbestritten. Die Bürger haben das Recht, sich zur gemeinsamen Wahrung ihrer Interessen zusammenzuschließen. Es ist verfassungsrechtlich geschützt.

In der heutigen Wirklichkeit der modernen industriellen Demokratie erstreckt sich ein weitverzweigtes Geflecht von Organisationen, Verbänden, Kooperationen und Koalitionen durch die ganze Gesellschaft. Es gibt ihr Struktur und Halt, macht sie leichter überschaubar und in ihrem Verhalten vorhersehbarer. Es schafft Gleichgewichte und ermöglicht Zusammenarbeit. Es erlaubt dem einzelnen Bürger, sich mit seinen Interessen in der Gesellschaft zu verorten. Es gestaltet die gesellschaftlich organisierte Arbeits- und Aufgabenteilung. Es ist, zusammengefaßt, die organisatorische Infrastruktur der Gesellschaft, ihr »soziales Gewebe«.

Dieses soziale Gewebe ist ständig in Bewegung. Neue Interessen entstehen, formieren sich zu Gruppierungen, verfestigen sich, bilden Organisationen und werden zu Besitzständen. Diese wiederum setzen die Erfüllung ihrer Erwartungen durch. Sie lösen damit neue Erwartungen und Interessen aus, wehren diese ab oder versuchen, sie zu integrieren. Als Organisationen wachsen sie über ihren ursprünglichen Zweck hinaus, verselbständigen sich und müssen sich von anderen, die neu auftreten, wieder in Frage stellen lassen. Der Strom der Interessen, Forderungen und Erwartungen wird von den Organisationen gegliedert, kanalisiert und so überschaubar gemacht. Ziel des Stroms ist der Staat. Seine Mündung sind die Volksparteien.

Die Volksparteien vor allem sind es, die den organisierten Interessen den Zugang zur staatlichen Macht verschaffen. Wer den Staat zum Verbündeten hat, kann seine Interessen im gesellschaftlichen Wettbewerb mit staatlicher Hilfe durchsetzen. Er muß andere Interessen im Verteilungskampf nicht selbst zurückdrängen. Wenn der Staat Arbeitszeitbeschränkungen anordnet, muß die Gewerkschaft sie nicht erkämpfen. Setzt der Staat die Preise fest, wie im Verkehrsgewerbe, müssen sie nicht im Markt durchgesetzt werden. Der Staat besorgt das für die Beteiligten.

Betroffen ist, wenn es um finanzielle Leistungen geht, regelmäßig nicht ein anderes organisiertes Interesse, sondern die Allgemeinheit. Deshalb wenden sich die tatsächlich Betroffenen nicht gegen die Begünstigten, sondern gegen den Staat. Wer hohe Steuern zahlen muß, macht den Staat verantwortlich, nicht die Familie mit Kindern, die Bundesbahn, den Kohlebergbau oder die Werften, die staatliche Leistungen erhalten. Und sie verlangen, dann wenigstens auch einmal bedient zu werden.

Das heißt: Übernimmt der Staat es, einen gesellschaftlichen Verteilungskonflikt zu entscheiden, übernimmt er auch die Verantwortung für die Entscheidung. Der Verband, der etwas für seine Mitglieder »erreicht« hat, trägt dagegen keine Verantwortung für die relative Verschlechterung der Lage anderer Interessen oder der Allgemeinheit. Damit entfällt auch die Zurückhaltung, die durch verantwortliches Handeln diktiert worden wäre. Werden Verteilungskonflikte auf gesellschaftlicher Ebene ausgetragen, sind die organisierten Interessen auf Koalitionen mit anderen Organisationen, häufig auch auf die Zustimmung der Öffentlichkeit angewiesen. Diese Zustimmung und die Unterstützung anderer Verbände ist nur zu haben, wenn das geltend gemachte Interesse der Allgemeinheit oder Dritten vernünftig erscheint.

Vor allem die öffentliche Meinung ist in solchen Konflikten ein wichtiger Schiedsrichter. Sie dämpft das Ausmaß der Forderungen ebenso wie die Heftigkeit der Auseinandersetzung. Müßte der Verband der Lehrer Gehaltserhöhungen mit dem Verband der Eltern aushandeln, deren Kinder von den Lehrern unterrichtet werden, wären die Vorteile und die Nachteile der Regelung gleichermaßen deutlich auszumachen. Wer zahlt und wer gewinnt, kann jeder sehen. Die Umverteilung findet gewissermaßen direkt statt. Als Folge werden die Lehrer das Interesse der Eltern bei ihrer Forderung mitberücksichtigen, zumal Lehrer meistens auch selbst Eltern sind. Nutzen und Verantwortung suchen ein Gleichgewicht. Wird der Verteilungskonflikt in überschaubaren Einheiten wie einer Dorfgemeinde oder einer Kleinstadt ausgetragen, dann spielen auch zwischenmenschliche Beziehungen eine Rolle. Schließlich will man auch nach einer Auseinandersetzung noch miteinander reden, aber auch gemeinsam handeln können, wenn es etwa darum geht, von der Stadt- oder Gemeindeverwaltung die Erneuerung der Schule zu verlangen. Das *Verfahren* der Konfliktlösung sorgt für die *Begrenzung* der Ansprüche.

Diese Begrenzung entfällt, wenn der Verteilungskonflikt verstaatlicht wird. Zwar zahlen noch immer die Eltern, zusammen mit allen anderen Steuerzahlern, die Gehaltserhöhungen der Lehrer. Aber sie zahlen in Form von Steuern und an den Staat. Der zieht das Geld nicht für einen bestimmten Zweck, sondern für alle Aufgaben pauschal ein, für die er zuständig ist. Die Lehrer fordern die Erhöhung ihrer Gehälter nicht von den Eltern, sondern vom Staat, in dessen Dienst sie stehen. Beide, Lehrer und Eltern, sind in der glücklichen Lage, nicht nur weiterhin miteinander sprechen zu können, sondern auch ein gemeinsames Thema zu haben: den Unwillen gegenüber dem Staat.

Die Lehrer, weil ihnen ihre Gehaltserhöhung nicht hoch genug ist; dabei ist sie wahrscheinlich höher, als wenn sie mit den Eltern direkt hätte ausgehandelt werden müssen. Die Eltern (und die Lehrer), weil sie hohe Steuern zahlen müssen. Die immanente Begrenzung des Verteilungskonflikts, die wirksam wird, wenn er zwischen den direkt Beteiligten ausgetragen wird, ist entfallen. Was durchsetzbar ist, ist nicht mehr allein eine »Machtfrage« innerhalb des gesellschaftlichen Gefüges. Mit der Verstaatlichung des Konfliktes ist es eine Frage der Macht des Staates und dessen Bereitschaft geworden, diese Macht für das Sonderinteresse einzusetzen.

Die Verstaatlichung des Verteilungskonfliktes beseitigt so die Begrenzungen, die die gesellschaftlichen Gruppen bei der Lösung der Verteilungsprobleme untereinander beachten würden. Damit *enthemmt* die Verstaatlichung der Verteilungskonflikte die Umverteilungserwartungen und die Forderungen, die erhoben werden. Die Verantwortung für die Folgen, die es hat, wenn der Staat die Forderungen erfüllt, wird auf ihn abgewälzt. Die Kosten der Umverteilung werden verstaatlicht. Der Nutzen bleibt bei den Mitgliedern oder den Begünstigten des organisierten Interesses. Er bleibt gesellschaftlich. Alle organisierten Interessen bemühen sich deshalb um staatliche Unterstützung ihrer Ansprüche auf die Umverteilung sozialer Chancen. Gehen staatliche Umverteilungsentscheidungen zu Lasten der eigenen Interessen, ist dies ein Grund für neue Forderungen. So erneuert sich auch ständig die Legitimation, die die Mitglieder bei der Stange und die Funktionäre in Amt und Würden hält.

Dieses Zusammenwirken von gesellschaftlichen Strukturen und politischen Parteien verstärkt den Druck auf Regierung und Parlament, weitere Bereiche gesellschaftlicher Konfliktbewältigung zu verstaatlichen. Sie treibt die Verstaatlichung der Gesellschaft voran und damit den Wachstumszwang, den sie auslöst. Sie ist das Produkt der heutigen *strukturellen Befindlichkeit* unserer demokratischen Industriegesellschaft.

Für die organisierten Interessen ist das Bündnis wichtig. Deshalb sind sie daran interessiert, es möglichst dauerhaft zu gestalten. Dazu muß man es absichern. Das geschieht durch Ämterhäufung. Politische Parteien und Verbände treffen kaum langfristige Vereinbarungen. Sie verbinden Funktionen.

Ist ein Verband zu Sicherung der Wohlfahrt seiner Mitglieder auf dauernde staatliche Subvention angewiesen, ist es von Vorteil, wenn sein Vorsitzender zugleich Mitglied eines Parlaments ist. Er muß die Forderungen seiner Organisation an den Staat dann nicht auf dem Marktplatz der organisierten Interessen vertreten. Er kann sich darauf beschränken, sie in parlamentarischen Gremien vorzutragen. Ist der Funktionär einer Bankenorganisation oder eines Industriezweiges als Parlamentarier an Entscheidungen beteiligt, die die Interessen seiner Organisation berühren, verbessern sich die Chancen im »Verteilungskampf« um einen Anteil am staatlichen Haushalt. Sind konkurrierende Interessen auf ähnliche Weise am politischen Entscheidungsprozeß beteiligt, lassen sich während der parlamentarischen Beratungen Koalitionen bilden und Kompromisse finden. Dies entspricht allgemeiner parlamentarischer Praxis. Unterstützt durch den Sachverstand, die

Möglichkeiten und den politischen Einfluß der beteiligten Gruppen, sind solche Kompromisse fast immer mehrheitsfähig.

Nicht unsere Verfassung, sondern dieses Gewebe personeller Verflechtungen – zwischen gesellschaftlichen Gruppen, organisierten Interessen, öffentlichen Einrichtungen, politischen Parteien, Funktionsträgern im sozialen System, Gewerkschaftlern und Wirtschaftsvertretern – ist das eigentliche Netzwerk, das den Staat, die politischen Parteien und organisierten Interessen dauerhaft zusammenbindet. Den beteiligten gesellschaftlichen Kräften sichert es den Zugang zur Macht des Staates.

Den politischen Parteien sichert es den Zugang zu den Wählern aus dem Bereich der organisierten Interessen. Ist das Netzwerk elastisch und anpassungsfähig, dann ist auch die Gesellschaft beweglich, dynamisch und reformfähig. Erstarrt das Netzwerk aber in einer wachsenden Zahl dauerhafter Koalitionen und Kartelle, erscheint uns das Gemeinwesen verkrustet, unbeweglich, zu Anpassung und Reformen weitgehend unfähig.

Das Gewebe personeller Verflechtungen gehört zum Tatbestand eines pluralistischen, demokratisch verfaßten Gemeinwesens. Es fehlt in keinem Land. Aber es kann auch zur Gefahr für Staat und Gesellschaft werden. Denn es kann die staatliche Gewaltenteilung beeinträchtigen. Es kann den Wettbewerb der gesellschaftlichen Gruppen ausschalten, der ihre Macht beschränken soll. Es verleiht Organisationen Einfluß, die weder ein Mandat haben noch dem Volkssouverän verantwortlich sind. Nimmt deren Einfluß auf die politischen Parteien überhand, sind die Wähler de facto ausgeschaltet. Sie können sich dann zwar noch für die eine oder andere Partei oder für einen ihrer Kandidaten entscheiden. Den wirklichen Einfluß auf die Willensbildung haben jedoch die organisierten Interessen. Und die sind stets in beiden Volksparteien vertreten.

Damit sind alle wesentlichen Elemente des *politischen Mechanismus* beschrieben, der den Wachstumszwang auslöst: die prinzipiell unbegrenzten wirtschaftlichen und sozialen Bedürfnisse, ihre Begrenzung durch Machtgegengewichte, die Zuständigkeit des Staates zur Umverteilung im Rahmen einer umfassend definierten Sozialpolitik, die Begründung ständig neuer Leistungserwartungen durch die organisierten Interessen, schließlich die politischen Parteien, die auch mit Hilfe organisierter Interessen und Gruppierungen mehrheitsfähig werden wollen, dafür staatliche Leistungen versprechen und sich mit den »relevanten gesellschaftlichen Gruppen« auch durch Ämterhäufung verbinden.

Die Wirkung dieses Geflechts zwischen organisierten Interessen und politischen Parteien – vor allem den Volksparteien – ist durchschlagend. Sie macht es dem Staat, konkret den Parlamentsmehrheiten, »politisch unmöglich«, Forderungen abzulehnen, die mit »politischem Gewicht« vorgetragen und *deshalb* als »berechtigt« angesehen werden. Dank der beschriebenen Strukturen hat das Parlament weitgehend die Fähigkeit verloren, das Wohl des Ganzen gegen das Gebirge organisierter Besitzstände durchzusetzen, ohne ständig mehr Mittel zur Verfügung zu haben. Der sonst drohende Verlust der *inneren Souveränität* ist es, der den Wachstumszwang erzeugt.

Wieviel Wachstum brauchen wir nun, um mit unseren politischen Strukturen zurechtzukommen? Das hängt davon ab, ob der Zuwachs der öffentlichen Mittel, das fiskalische Wachstum, ausreicht, um die innere Stabilität des Gemeinwesens zu sichern. Wichtig ist, ob das wirtschaftliche Wachstum genug *fiskalisches Wachstum* erzeugt. Würden wir *diesen* Zusammenhang als Begrenzung akzeptieren: Es kann nur soviel neu verteilt werden, wie durch wirtschaftliches Wachstum neu hinzukommt, dann wäre es möglich, die unbegrenzten Umverteilungsansprüche auf diese Weise einzugrenzen. Wir wären dann wieder bei der Formel angelangt, die bereits in den Düsseldorfer Leitsätzen steht: daß Wirtschaft und Soziales aufeinander angewiesen sind. Der Konflikt würde lediglich durch das Wachstum der Möglichkeiten abgefedert, die beide in Anspruch nehmen können, ohne die jeweils andere Seite dauerhaft zu beschädigen.

Aber dies ist nicht die Welt, in der wir leben. Einmal steht das, was der Staat dank wirtschaftlichen Wachstums mehr verteilen könnte, nicht zu seiner freien Verfügung. Er kann damit nicht nur neue Aufgaben lösen und bisher nicht bedienten Interessen Rechnung tragen. Denn immer stärker fordern die vorhandenen und bereits bedienten Ansprüche, ebenfalls am Wachstum beteiligt zu werden. Immer mehr von dem, was zusätzlich erwirtschaftet wird, fließt in die alten Kanäle. Wer staatliche Leistungen erhält, erwartet, daß sie sich mit dem allgemeinen Wohlstand erhöhen. Wer Subventionen bezieht, verlangt einen weiteren Zuwachs usw.

Das führt dazu, daß der »freie« Teil der staatlichen Haushalte schrumpft. Trotz Wachstum nimmt die »Handlungsfähigkeit« des Staates ab. Ist der Anspruch der Besitzstände, immer auch am Zuwachs beteiligt zu werden – schon damit man nicht schlechter dasteht als andere –, politisch oder rechtlich gesichert, dann kann auch wirtschaftliches Wachstum nicht verhindern, daß der Staat handlungsunfähig wird. Wir sind wieder da, wo wir schon vorher waren: beim Verlust der inneren Souveränität. Mit ihr geht auch das Vertrauen der Bürger verloren.

Eine Steigerung des wirtschaftlichen Wachstums, wenn sie denn möglich wäre, brächte kaum Erleichterung. Der Zuwachs wäre bereits verteilt, ehe er überhaupt entsteht. Dies ist zum Beispiel einer der Gründe, warum das Wirtschaftswachstum der vergangenen Jahre kaum positive Auswirkungen auf die Arbeitslosigkeit hatte. Der größte Teil des Zuwachses ging in Form von höheren Einkommen und mehr Freizeit an diejenigen, die bereits Arbeit haben, und in Form höherer Gewinne an die Unternehmen und ihre Gesellschafter und Aktionäre.

So bleibt nur ein Weg offen: die staatlichen Mittel durch Verschuldung zu erhöhen. Genau dies geschieht seit Jahren. Allein der Staat – so scheint es – kann dauerhaft Schulden machen, ohne sie auf Heller und Pfennig zurückzahlen oder den Konkurs befürchten zu müssen. Wenn er die anstehenden Verteilungsprobleme, die neuen Aufgaben, die zusätzlichen Erwartungen, nicht aus einem laufend wachsenden Einkommen bedienen kann, muß er dieses Einkommen eben vergrößern, indem er sich verschuldet.

Dies erklärt, warum die Staatsverschuldung weiter steigt, obwohl die Wirtschaft auf vollen Touren läuft und unser Lebensstandard noch nie so hoch war wie heute. Es erklärt auch, warum die Staatsverschuldung kaum noch im politischen Streit steht – was ihre Auswirkungen besonders bedrohlich macht. Beide Volksparteien, die allein diesen politischen Streit wirksam austragen könnten, sind von der politischen Mechanik erfaßt, die den Wachstumszwang auslöst und die Staatsverschuldung vorantreibt.

Tatsächlich müßten wir keine Schulden machen, um die Wirtschaft anzukurbeln. Wir brauchen die zusätzlichen Mittel nicht, um Investitionen zu finanzieren. Zahlten wir die Schulden für frühere Investitionen zurück, könnten wir daraus Altes ersetzen und Neues zumindest zum Teil gestalten – so wie dies mancherorts üblich ist. Auch bei den Investitionen trüge jede Generation ihre Lasten selbst.

Aber wir brauchen das Schuldengeld – unabhängig von wirtschaftlichen Auf- oder Abschwüngen und egal wie gut es uns geht – wenn es uns nicht gelingt, uns selbst zu begrenzen. Unsere politischen Strukturen sind nun einmal das Produkt der *Expansivität des Materiellen. Deshalb* können sie nur funktionieren, wenn *fiskalisches Wachstum* herrscht. Mit der politischen Entscheidung, eine ständig wachsende Staatsverschuldung zu akzeptieren und das fiskalische Wachstum damit auch durch Schulden zu finanzieren, haben wir dieses Wachstum ebenfalls entgrenzt.

Wenn es in der Gegenwart nicht reicht, werden unsere wachsenden Ansprüche und Erwartungen zu Lasten der Zukunft befriedigt. Mit unseren entgrenzten Bedürfnissen plündern wir die Lebenschancen kommender Generationen. Sie können der Politik heute nicht gefährlich werden. Sie können keine Mehrheiten bedrohen oder sich denen in den Weg stellen, die darum kämpfen. Denn sie haben bei Wahlen keine Stimme. Wir müßten ihnen unsere Stimme leihen – als ihre Treuhänder. Wir tun das Gegenteil. Das macht sie rechtlos.

Unsere Haltung rechtfertigen wir mit »Sachzwängen«, gegen die wir angeblich machtlos sind. Diese Zwänge sind nicht naturgegeben. Wir haben sie selbst geschaffen. Sie liegen in der politischen Mechanik begründet, die ich beschrieben habe. Ihre Ursachen haben sie in unserer Unfähigkeit, uns durch eine politische und gesellschaftliche Ordnung zu begrenzen. Eine Ordnung, die auch die Erfahrungen unserer Vorfahren und deren Wertordnung respektiert und die Lebensrechte der Bürger von morgen einschließt. Eine Ordnung, die in der Lage ist, den gesellschaftlichen

Verteilungskampf durch Bindungen zu begrenzen, die nicht nur das Produkt der jeweiligen Machtverhältnisse sind.

Solche Bindungen zu erneuern – das ist die eigentliche Aufgabe, die uns politisch gestellt ist. Wie wir ihr gewachsen sind wird darüber entscheiden, ob unsere heutige politische und gesellschaftliche Ordnung und wir selbst eine Zukunft haben.

Die Aufgabe ist gewaltig. Sie erfaßt die ganze Gesellschaft und unsere Art zu leben. Jeder von uns ist von der Aufgabe betroffen. Im Blick auf ihre Dimensionen ist es gerechtfertigt, von einer Erneuerung der Gesellschaft zu sprechen. Denn unsere Art zu denken steht zur Erneuerung an. Deshalb geht es nicht allein um Wirtschafts- und Sozialpolitik, Familien- oder Altenpolitik, Finanz- oder Steuerpolitik und was der kaum noch überschaubaren Spezialfelder sonst noch sind. All diese Bereiche sind wichtig. Sie verlangen unsere Aufmerksamkeit und unseren Sachverstand. Ihre kompetente Betreuung gehört zu den laufenden politischen Aufgaben unseres politischen Gemeinwesens. Aber sie alle werden zur Zeit vom expansiven Wachstumsdenken geprägt. Sie sind zu selbständigen Teilbereichen der Politik geworden, denen die Orientierung am Ganzen fehlt, weil ein entgrenztes Ganzes keine Orientierung liefern kann. Orientierung kann nur eine Ordnung liefern, die zukunftsfähig ist. Eine Ordnung aber, deren Lebensfähigkeit von der ständigen Expansion ihrer materiellen Möglichkeiten abhängt, ist nicht zukunftsfähig.

Wenn sich die Dynamik einer unbegrenzten technisch-naturwissenschaftlichen Entwicklung, die Dynamik der prinzipiell grenzenlosen Bedürfnisse und die Dynamik der prinzipiell grenzenlosen Sozialansprüche an den Staat mit den produktiven Möglichkeiten der modernen industriellen Demokratien unserer Erde verbinden, und wenn sich die Menschheit, fasziniert vom Zauber des Wohlstandsfeuerwerks, diese Verbindung zum Vorbild für ihre eigenen Ordnungen nimmt, dann ist die Unbewohnbarkeit unseres Planeten programmiert. Durch die Berechenbarkeit der Katastrophe wird jede Utopie einer besseren Welt dementiert, noch ehe sie politisch Fuß gefaßt hat. An Stelle der Utopie wird sich postmodernes Denken ausbreiten, dem alles gleich wichtig und damit gleich unwichtig ist – einschließlich der Zukunft. Das

Leben wird zur Wahl zwischen einem wachsenden Angebot an Beliebigkeiten – für diejenigen, die es sich leisten können. Den Völkern, die hungern, gewähren wir 0,7 Prozent des Bruttosozialprodukts als Hilfe, wenn auch nur mit Mühe. Für alle anderen halten wir die Aufforderung bereit, es uns gleichzutun. Wir haben es doch so herrlich weit gebracht.

Nichts beschreibt den Umbruch unserer Zeit genauer und zugleich nachdrücklicher als die Erkenntnis: Die Überlebensfähigkeit der Menschheit selbst ist zur Utopie geworden. Die Utopie von der grenzenlosen technischen Macht des Menschen wurde in den vergangenen 40 Jahren zur zerstörerischen Wirklichkeit. Bis in die jüngste historische Vergangenheit war die dauerhafte Existenz der Menschen auf unserem Planeten selbstverständliche Wirklichkeit. Diese Wirklichkeit war immer Teil des menschlichen Denkens.

Als Freunde bei einem Spaziergang einen Waldbauern beim Pflanzen von Baumsetzlingen antrafen, fragten sie ihn, für wen er pflanze und was er davon habe. Er habe nichts davon, antwortete der Mann. Sein Sohn habe auch nichts davon. Vielleicht habe sein Enkel, mit Sicherheit aber habe sein Urenkel etwas davon. Diese Fähigkeit, in Generationen zu denken und zu handeln und sich in ihrer Kontinuität zu sehen, ist ein hohes kulturelles Gut. Es befähigt uns, die Gemeinschaft, in der wir leben, als etwas Dauerhaftes zu begreifen. Es weist über unsere eigene Existenz hinaus und verpflichtet uns zu treuhänderischem Umgang mit den Lebenschancen zukünftiger Generationen.

Heute ist die bislang selbstverständliche Wirklichkeit der dauerhaften menschlichen Existenz, ist die Abfolge der Generationen aus der Vergangenheit in die Zukunft der Fähigkeit der Menschen ausgeliefert, sie auszulöschen und die Kontinuität der Generationen zu beenden. Auf diesen Tatbestand sind wir nicht vorbereitet. Die wirkliche Last der Verantwortung, die er uns auferlegt, haben wir allenfalls erkannt, aber noch nicht begriffen. Unser praktisches Handeln widerspricht dieser Verantwortung. Die Defizite, die die Zukunft bedrohen, werden nicht abgetragen. Sie wachsen weiter: Produkte der alles beherrschende Expansivität. Die Gesetze unseres Handelns bestimmen auch den Bauplan unserer staatlichen und gesellschaftlichen Institutionen. Die Rückkopplungen zwischen beiden verstärken die Dynamik der Expansivität. Unsere Versuche, sie zu begrenzen, erscheinen hilflos.

Deshalb ist die selbstverständliche Wirklichkeit, daß wir als Gattung überleben werden, deshalb ist unsere Zukunftsfähigkeit selbst zur Utopie geworden. Nicht mehr *wie* wir in Zukunft leben werden, sondern *ob* wir in Zukunft leben werden, steht in den Sternen. Die Visionen, nach denen wir verlangen, haben nicht ein anderes *Morgen,* sondern ein anderes *Heute* zum Inhalt. Sie haben ihren dekorativen Charakter, den Politiker so lieben, wenn sie von der besseren Welt von morgen sprechen, verloren und sind zur knallharten Wirklichkeit geworden. Wir müssen anders leben, heißt die Parole, damit wir – wir selbst und wir als Menschen – morgen über(haupt)leben werden.

Dies macht den *Umbruch* aus, von dem so viel die Rede ist: Daß jeder, der so weiter macht wie bisher, gegen die Zukunftsfähigkeit handelt und damit seine Zukunftsverantwortung verletzt; daß wir, wenn alle so handeln, wenn unser politisches System so handelt – weil es demokratisch organisiert ist und das Handeln der Mehrheit zum Maßstab hat –, als Ganzes die Verantwortung für die Zukunft verletzen.

Praktisch heißt das: Wir verletzen die Menschenrechte derer, die in 30 oder 40 Jahren leben – also auch eines wesentlichen Teils der heute in unserem Land lebenden Bürgerinnen und Bürger. Ihnen werden die gleichen Lebenschancen vorenthalten, die wir heute als unser »berechtigtes Anliegen« fordern. Wir machen die Lebensfähigkeit der Menschheit – oder doch großer Teile – zum Einsatz in dem Spiel um noch mehr materiellen Wohlstand heute.

Wir stehen mitten in einem kulturellen Umbruch, wie ihn die Menschheit noch nie erlebt hat. Die Utopie technischer Allmacht ist Wirklichkeit – die Wirklichkeit weiterer menschlicher Existenz ist Utopie geworden. Die Vision von einer besseren Gesellschaft will heute verwirklicht werden. Die eigentliche Utopie, die uns leiten muß, ist eine politische Ordnung, in der es uns gelingt, die technische Macht des Menschen und die Macht seiner Ansprüche durch das Recht des Menschen auf Zukunft zu bändigen.

Nur eine solche Ordnung ist die Ordnung einer Gesellschaft mit menschlichem Gesicht. Nur eine Politik, die diese Ordnung will, hat das christliche Menschenbild zur Grundlage. Allerdings nicht das »christliche Menschenbild« konsequenzloser Programmbeschlüsse, wie wir sie in großer Regelmäßigkeit, mehr zur eigenen Erbauung als mit politischer Wirkung, beschließen. Es ist ein radikal anderes Menschenbild als jenes, das in der politischen Praxis weder Umweltzerstörung noch Staatsverschuldung, noch die Konflikte verhindern kann, die sich zwischen den Generationen anzubahnen beginnen.

Das wirkliche christliche Menschenbild sieht den Menschen nicht als Räuber, sondern als Hüter der Natur. Sein Mensch pflanzt Bäume für eine Zukunft, von der er »nichts hat«, statt Wälder für Zwecke zu zerstören, von denen die Zukunft »nichts hat«. Sein Mensch findet Freiheit in der Begrenzung durch seine Verantwortung, nicht in der Grenzenlosigkeit des Genusses. Für ihn ist nicht materielle Expansivität, sondern das Nachhaltigkeitsprinzip Leitfaden für sein Verhältnis zur Natur. Er investiert in die Zukunft, statt sie zu plündern. Er hinterläßt seinen Kindern nicht Schulden, sondern treuhänderisch verwaltetes Erbe.

Man mag all dies ablehnen – und für utopisch halten. Zum ersteren hätte man die Freiheit – mit dem zweiten hätte man recht. Nur eines geht nicht: für das, was wir heute praktisch *tun*, das christliche Menschenbild als Grundlage in Anspurch zu nehmen oder zu behaupten, damit werde die Zukunft gesichert.

Helmut Kohl vergleicht sich gerne mit Konrad Adenauer und die Regierungsleistungen der CDU mit der Aufbauzeit der 50er Jahre. Konrad Adenauer, Ludwig Erhard und die CDU haben in dieser Zeit den Aufbau eines zerstörten Landes, die Überwindung von Armut und Elend und den Zustrom von Millionen Flüchtlingen und Vertriebenen politisch gestaltet, ohne den Staat zu verschulden. CDU und SPD, Arbeitnehmer und Unternehmer haben gesellschaftliche Konflikte von großer Härte ausgetragen, ohne die Kosten ihrer Überwindung auf kommende Generationen zu wälzen. Wir sind heute, als Erben der Früchte dieser Leistungen, nicht einmal mehr in der Lage, die Vermögenseinkommen eines reich gewordenen Landes ordnungsgemäß zu versteuern. Unsere »berechtigten Forderungen« an die Allgemeinheit bezahlen wir mit Schulden des Staates. Je mehr die Menschen all dies nicht nur mit ihrem Verstand, sondern ihren Herzen erkennen, um so unerträglicher wird ihnen der Widerspruch zwischen dem erscheinen, was politisch sein muß, und dem, was ist. Die Furcht wird sie ergreifen, die zum Handeln drängt. Vor ihrem neuen Bewußtsein werden die alten Strukturen keinen Bestand mehr haben. Die politische Landschaft wird sich verändern – und die Parteienlandschaft mit ihr.

4. Die europäische Herausforderung

In den drei Defiziten kündigen sich Widersprüche an, die alle ihre Ursache im Konflikt zwischen Gegenwart und Zukunft haben. Ihre Herausforderung lautet: Begrenzung der materiellen Expansivität. Der ungeheure Erfolg der technisch-naturwissenschaftlichen Entwicklung und ihrer materiellen Entfaltung durch die marktwirtschaftliche Ordnung hat sie hervorgebracht. Wie immer wir mit ihr fertig werden: Sie wird unser Leben und unsere Wirklichkeit verändern.

Veränderungen bringt auch die europäische Friedensordnung. Dauerhafter Frieden – wenn er uns denn gelingt – ist für unseren Kontinent ebenfalls ohne historisches Vorbild. Schon jetzt dauert der Frieden in Europa länger als jede Friedenszeit zuvor. Seit mehr als tausend Jahren haben die Europäer ihre Konflikte immer wieder kriegerisch ausgetragen. Ständig haben sie die politische Landkarte verändert, vor allem auch dort, wo wir Deutschen leben.

Das soll jetzt anders werden. Europa ist dabei, sich durch gemeinsame Institutionen einen Rahmen zu schaffen, der den Frieden sichert. Ein Teil unserer Souveränität als Bundesstaat soll auf ihn übergehen. Konflikte wollen wir in Zukunft – wie bereits in den letzten Jahrzehnten – durch Diskussion, Vereinbarung und Mehrheitsentscheid lösen. Der friedliche Wettbewerb soll das kriegerische Kräftemessen ersetzen. Die Einsicht, unterstützt durch die Erfahrung zweier europäischer Weltkriege, hat dazu ebenso beigetragen wie die Entwicklung der Kriegstechnik. Sie hat die klassischen Formen militärischer Auseinandersetzung in europäischen Selbstmord verwandelt. Der militärische Konflikt ist keine Alternative mehr zur friedlichen Konfliktbewältigung. Die politische Konfliktlösung ist in Europa zur einzigen Überlebensalternative geworden. Aus dem Fluch der Waffen kann der Segen ihrer friedenstiftenden Wirkung werden.

Auch in Frieden zu leben muß man lernen. Je weiter die Erfahrung mit Krieg in die Vergangenheit versinkt, um so mehr Einsicht braucht der Frieden. Zu den Herausforderungen des Friedens in Europa gehört die politische Einigung Europas. Noch nie haben hochentwickelte Nationalstaaten den Versuch unternommen, sich in einem größeren einheitlichen Gebilde zusammenzuschließen. Noch nie haben sie sich vorgenommen, eine gemeinsame parlamentarische Vertretung ihrer Völker zu bilden und sich letztlich in eine gemeinsame politische und rechtliche Verfassung einzuordnen. Seit dem frühen 19. Jahrhundert beherrscht der Gedanke des Nationalstaats die europäische Entwicklung. Jetzt soll der Nationalstaat in einer größeren Einheit aufgehen, ohne daß die Nationen, die sich zusammentun, ihre Identität verlieren. Staatliche Souveränitäten sollen in Europa zusammengefaßt werden. Eine gemeinsame Währung, ein gemeinsamer Außenschutz soll der Vollendung des Gemeinsamen Marktes folgen.

Die europäische Friedensarbeit wird auch unsere politische Landschaft erfassen und verändern. Der Zuwachs an Souveränität in Europa führt zu einem Verlust an Souveränität beim Bund. Schon heute werden wesentliche Fragen der Wirtschaftspolitik unseres Landes in Brüssel, nicht in Bonn entschieden. Die Landwirte im gemeinsamen Agrarmarkt sind deutsche Staatsbürger und europäische Agrarbürger. Unsere Regierung kann verhandeln und Folgen ausgleichen. Politisch gestalten kann sie den Agrarmarkt nicht mehr. In wenigen Jahren werden alle wesentlichen wirtschaftspolitischen Entscheidungen in Brüssel fallen. Mit der Vollendung des Gemeinsamen Marktes vollendet sich auch die europäische Wirtschaftspolitik.

Sie wächst damit in eine neue Dimension. Die Möglichkeit nationaler Regierungen, in den wirtschaftlichen Prozeß einzugreifen, durch Subventionen, regionale Förderungen, durch Gewährung besonderer Privilegien oder wie auch immer wirtschaftliche Interessen zu fördern oder zu begrenzen, wird abnehmen. Damit verringert sich die Chance, den Nationalstaat für die Durchsetzung von Sonderinteressen in Dienst zu nehmen. Wozu unser politisches System seit Jahrzehnten immer weniger in der Lage war: Neue Ansprüche an den Staat abzuwehren, das Volumen staatlicher Interventionen zu begrenzen, Prioritäten durch Eingriffe in bestehende Besitzstände zu verändern, das könnte jetzt – jedenfalls der Idee nach – von einer europäischen Autorität geleistet werden.

Welche Probleme mit diesen Veränderungen verbunden sein werden, davon gibt uns die jetzt beginnende Diskussion um die europäische Sozialordnung einen ersten Vorgeschmack. Die Vollendung des europäischen Marktes verändert nicht nur die Bedingungen wirtschaftlicher Konkurrenz für die Wirtschaftsbereiche, für die es noch keinen europäischen Markt gab. Sie verstärkt nicht nur die Dynamik, die die politische Einigung Europas vorantreibt. Sie erfaßt auch die wohlfahrtsstaatlichen Dimensionen unserer politischen Landschaft.

Die über Jahrzehnte erprobte und ständig weiterentwickelte politische Mechanik sozialpolitischer Umverteilung mit ihrem Geflecht von Beziehungen, Verbindungen und Koalitionen zwischen organisierten Interessen und politischen Parteien ist betroffen. Die Übertragung der wirtschaftspolitischen Souveränität auf die Europäische Gemeinschaft beseitigt die bisherige Balance zwischen nationaler Wirtschafts- und Sozialpolitik. Das Machtgleichgewicht, das beide durch ihre gegenseitigen Elementarinteressen begrenzen soll, gerät in Unordnung. Die *politischen* Auswirkungen dieses Vorgangs sind enorm.

Daß soziale Sicherheit auch im europäischen Markt verwirklicht werden muß, ist unbestritten. Zu Recht war der EG-Gipfel – im Juni 1989 in Madrid – der »Auffassung, daß den sozialen Aspekten im Rahmen der Errichtung des einheitlichen europäischen Marktes die gleiche Bedeutung wie den wirtschaftlichen

Aspekten beizumessen ist und daß sie daher in ausgeglichener Weise fortentwickelt werden müssen«. Er diskutierte deshalb in »ausführlicher Aussprache« über den Entwurf einer »Gemeinschaftscharta der sozialen Grundrechte«. An der weiteren Beratung dieser Sozialcharta sollen die Sozialpartner beteiligt werden. Ein Höchstmaß an Konsens soll erzielt werden. Dem europäischen Sozialraum muß, nach dem Willen der Gipfelteilnehmer, ein Katalog von Rechten zugrunde liegen, die klar abgesteckt und rechtlich verbindlich sein müssen. Dabei sollen »der Grundsatz der Subsidiarität« beachtet und der »soziale Dialog« gefördert werden.

Daß eine politische Ordnung des europäischen Marktes ohne die soziale Dimension einer marktwirtschaftlichen Ordnung nicht möglich ist, gehört zum Grundkonsens der Europäischen Gemeinschaft. Die Vollendung des europäischen Marktes wäre gescheitert, ehe sie noch abgeschlossen wäre, wenn die Bürger der Mitgliedsstaaten den Eindruck gewinnen müßten, der Gemeinsame Markt werde mit dem Abbau der sozialen Errungenschaften verkauft, die das Ergebnis der politischen Auseinandersetzungen der vergangenen hundert Jahre sind. Ein kapitalistisches Europa – so der Präsident der Europäischen Komission, Jaques Delors – werde es ebensowenig geben wie ein sozialistisches Europa. In der Tat widerspräche es jeder politischen Vernunft, die europäische Einigung mit der Wiederbelebung der Klassenfrage zu erkaufen.

Darüber Einigung zu erzielen, ist jedoch nur ein erster Schritt. Tatsächlich war der Prozeß der europäischen Einigung in den letzten Jahrzehnten nicht vom Gleichklang der wirtschaftlichen und der sozialen Aspekte begleitet. Die wirtschaftliche Integration hatte eindeutig Vorrang. Jahrelang war das Interesse der Sozialpolitik an der europäischen Einigung gering. Zwar wurde im sozialpolitischen Bereich wertvolle Detailarbeit geleistet. Aber die soziale Integration Europas steht noch ganz am Anfang.

Obwohl, historisch gesehen, die Wirtschaft als Domäne des Bürgertums immer eine starke nationale und nationalstaatliche Ausrichtung besaß, hatte sie mit ihrer internationalen Dimension nie Schwierigkeiten. Handel kennt keine Grenzen, außer sie werden ihm gezogen. Tausch und Kauf gehören zu den Grundbedingungen menschlicher Gesellschaft. Der Kaufmann folgt dem Markt, die Fahne der Nation dem Kaufmann. Selten war es umgekehrt. Wirtschaft und Handel sind international.

Für die Sozialpolitik gilt das Gegenteil. Obwohl sich die Arbeiterbewegung, Sozialismus und Sozialdemokratie mit ihren Anliegen stets international definiert haben – auch im Widerspruch zur nationalen Ausrichtung des »Kapitals«, – sind doch die *Ergebnisse* ihres Kampfes um die soziale und politische Gleichberechtigung der Arbeiter durch den Nationalstaat definiert. Der Grund ist offensichtlich. Die rechtliche Ordnung der Arbeit, die Sicherung der Koalitionsfreiheit, die politische und rechtliche Anerkennung der Gewerkschaften und die kollektiven Systeme der sozialen Sicherheit: sie alle brauchen den staatlichen Gesetzgeber. Weit mehr gilt dies für die heutige Sozialpolitik. Sie ist in ihrer umfassenden Zielsetzung weit über die ursprünglichen Absichten der Arbeiterbewegung hinausgewachsen. Eine Sozialpolitik, die die große Mehrheit des Volkes mit dem Staat »versöhnen« will, ist nur national denkbar.

So haben sich auch alle wesentlichen Einrichtungen und Institutionen der sozialen Ordnung ausschließlich auf nationalstaatlicher Ebene gebildet. Da sie auf staatlichem Recht aufbauen, auch wenn sie, wie die Gewerkschaften, nicht Ergebnis staatlicher Autonomiegewährung sind, enden ihre Gestaltungsmöglichkeiten an den Grenzen staatlicher Zuständigkeit. Aber nicht nur das. Weil sie innerhalb dieser Grenzen entstanden sind, haben sie sich in den verschiedenen Ländern auch höchst unterschiedlich entwickelt. Handel und Wandel folgen Gesetzen, deren Rationalität weltweit gültig ist. Der soziale Ausgleich dagegen ist ein Produkt der Kultur, der Geschichte und der Wertvorstellungen eines Landes oder einer Nation.

Die Folge ist nicht nur, daß sich die sozialen Systeme der Länder unterscheiden. Sie sind unterschiedlich weit entwickelt. Sie gewähren unterschiedlichen Schutz nach unterschiedlichen Prinzipien. Sie folgen verschiedenen Vorstellungen vom Verhältnis des Staats zum einzelnen, von der Bedeutung der Familie, der sozialen Gemeinschaft und damit von der praktischen Ausgestaltung des Grundsatzes der Subsidiarität. Für den europäischen sozialen Dialog ist ebenso bedeutsam, daß sich auch die Sozialpartner, Gewerkschaften und Arbeitgeberverbände höchst unterschiedlich entwickelt haben. Den in der Bundesrepublik üblichen sozialen Dialog, einschließlich der institutionellen Formen der Zusammenarbeit in gemeinsamen Einrichtungen oder in der Unternehmensmitbestimmung, gibt es praktisch in keinem anderen europäischen Land. Gewerkschaften sind in Frankreich weit stärker parteipolitisch orientiert als bei uns. In Großbritannien stehen sie noch immer in einem Wandlungsprozeß, nachdem ihre alte, eher zunftmäßige Struktur zerschlagen wurde. Der deutschen Einheitsgewerkschaft steht eine Gewerkschaftsvielfalt in den anderen Ländern gegenüber. Das schließt den europäischen sozialen Dialog nicht aus. Aber es erschwert ihn.

Was vor allem fehlt, sind Instrumente, die es der Regelung der Arbeits- und Wirtschaftsbedingungen durch Tarifverträge erlaubt, der wirtschaftlichen Integration Europas zu folgen. Freizügigkeit des Kapitals und der Arbeitskräfte in Europa lassen sich mit sozialen Grundsätzen nur vereinbaren, wenn sie im Rahmen europäischer Vereinbarungen über Arbeits- und Wirtschaftsbedingungen erfolgen. Den europäischen Tarifvertrag aber gibt es nicht. Ihn zu schaffen, ist nicht nur eine Frage der Rechtssetzung. Es muß auch einen Konsens darüber geben, *daß* man ihn will und *was* er leisten soll. Selbst für die Gewerkschaften in den Mitgliedsstaaten der Europäischen Gemeinschaft ist es schwierig, diesen Konsens zu finden. Was die Wirtschaft seit 30 Jahren geübt hat, müssen die Gewerkschaften erst lernen: die europaweite Zusammenarbeit. Da sie selbst Produkte unterschiedlicher und gesellschaftlicher Entwicklungen sind – und man sie nicht als besonders bewegliche Organisationen kennt –, wird dies nicht leicht sein. Gleichwohl ist die Entwicklung eines institutionellen und rechtlichen Rahmens zur Regelung der Arbeits- und Wirtschaftsbedingungen in einem vollendeten europäischen Markt unverzichtbar. Sie gehört zu den wichtigsten Aufgaben der nächsten Jahre.

Dabei müssen nicht nur bisherige nationale Unterschiede überwunden und gemeinsame Formen der Kooperation gefunden werden. Auch in den Mitgliedsländern selbst steht die Tarifpolitik vor neuen Aufgaben. Die gewachsene Vielfalt der Arbeitswelt, die

Neubestimmung des Arbeitsbegriffs, die Folgen der demographischen Veränderungen geraten zunehmend in Widerspruch zum traditionellen tarifpolitischen Instrumentarium. Neue Formen der dezentralen Ordnung der Arbeitsverhältnisse müssen entwickelt werden. Gelingt es den Gewerkschaften nicht, diesen neuen Bedürfnissen zu entsprechen, dann wird ihre Anziehungskraft als Arbeitnehmerorganisation geschwächt werden. Schon heute fällt es ihnen schwer, junge Arbeitnehmer vom Nutzen gewerkschaftlicher Organisation zu überzeugen. Mit der Überwindung der Klassenfrage haben auch die klassischen gewerkschaftlichen Solidaritäten an Bedeutung verloren. Der Arbeitnehmer der Zukunft wird nicht durch die Bedingungen der Massenproduktion, sondern durch spezialisierte Dienstleistungen geprägt sein. Seinen Interessen und Bedürfnissen muß die Politik der Gewerkschaft entsprechen, wenn sie Zukunft haben soll. Dies gilt für den nationalen Bereich ebenso wie im vollendeten europäischen Markt.

Wie die Gewerkschaften und die Gestaltung der Tarifautonomie, sind auch die Systeme der sozialen Sicherheit das Ergebnis nationaler Politik. Auch sie lassen sich nicht europäisieren. Anders als bei Unternehmen sind zwischen den sozialen Organisationen grenzüberschreitende Fusionen kaum möglich. Zwar werden sie untereinander Vereinbarungen treffen, um die Freizügigkeit der Arbeitnehmer im vollendeten europäischen Markt auch sozialpolitisch abzusichern, aber ihr wesentlicher Wirkungsbereich wird auch in Zukunft nationalstaatlich definiert sein.

Eine europäische gesetzliche Alterssicherung oder Krankenversicherung zum Beispiel wird es auf absehbare Zeit nicht geben. Das wäre auch nicht sinnvoll. Einmal sind die Standards der Leistungen in den europäischen Mitgliedsländern zu unterschiedlich, als daß man in den nächsten Jahrzehnten mit einer Angleichung auf gleichem Niveau rechnen könnte. Obwohl die Bundesrepublik Deutschland und Frankreich seit 1958 und Großbritannien seit 1973 dem Gemeinsamen Markt angehören, liegt der Lebensstandard in diesen Ländern noch immer weit auseinander. Damit sind auch die sozialen Leistungen verschieden hoch – von anderen sozialpolitischen Ursachen ganz abgesehen. Was die später hinzugekommenen Mitglieder Spanien und Portugal angeht, wird die Entwicklung kaum anders verlaufen.

Zum zweiten bietet sich mit der »Europäisierung« der Sozialpolitik die Möglichkeit, das Verhältnis von kollektiver und personaler Solidarität und Verantwortung neu zu bestimmen. Wie wir gesehen haben, ist es in der Bundesrepublik bisher nicht gelungen, die gewachsenen Fähigkeiten des einzelnen und seines Lebensbereichs zur Bewältigung sozialer Risiken bei der Gestaltung der Sozialsysteme angemessen zu berücksichtigen. Statt personaler Verantwortung einen breiteren Raum zu sichern, schreitet die Verstaatlichung des sozialen Bereichs weiter voran. Die Europäisierung der sozialen Ordnungen bietet nun eine Chance, diese Entwicklung zu korrigieren. Damit wäre es zugleich möglich, eine der Ursachen für den politisch begründeten Wachstumszwang zu beseitigen, der von der zunehmenden Verstaatlichung des gesellschaftlichen und sozialen Bereichs ausgeht. Die europäische Integration könnte so die Anstrengungen unterstützen, auf nationaler Ebene zum Abbau des fiskalischen Defizits beizutragen und Fähigkeiten und Verantwortlichkeiten der Bürger wieder in ein angemessenes Verhältnis zu bringen. Diese Möglichkeit, mit Hilfe europäischer Impulse die nationalen Sozialsysteme zu reformieren, darf nicht durch eine voreilige »Harmonisierung« bestehender Strukturen verbaut werden.

Bleiben die Sozialsysteme aber nationale Systeme, dann werden auch die organisierten Interessen im sozialpolitischen Bereich weitgehend nationalstaatlich ausgerichtet bleiben. Die europäische Politik wird für sie eher unter dem Gesichtspunkt der Abwehr und im übrigen nur insoweit interessant sein, als es um die Bestimmung europäischer Mindeststandards in der Sozialpolitik geht. Da die Bundesrepublik Deutschland den höchsten sozialen Leistungsstandard in der EG besitzt, gehen von solchen Mindestbedingungen keine Einflüsse aus, die die nationale soziale Ordnung in unserem Land verbessern könnten. Was sich verbessert, ist die Freizügigkeit.

Die Auswirkungen der europäischen Einigung auf die Sozialpolitik werden trotzdem enorm sein. Wenn sich auch die Zuständigkeiten nicht wesentlich ändern, so ändern sich doch die Spielräume, in denen unsere Sozialpolitik stattfindet. Das Machtgleichgewicht, das die Grenzen der sozialpolitischen Umverteilung bestimmt, verschiebt sich. Würde man heute die »Grenzen der Belastbarkeit der Wirtschaft« testen wollen, müßte man von den Grenzen ihrer Wettbewerbsfähigkeit in Europa sprechen. Was noch bedeutsamer ist, man müßte nach den Grenzen der Belastbarkeit ihrer Bereitschaft fragen, den Industriestandort Bundesrepublik Deutschland anderen Standorten vorzuziehen. Es ist offensichtlich, daß vor allem diese zweite Begrenzung die materiellen Spielräume für zukünftige Umverteilungsansprüche beeinflussen wird.

Das heißt aber, daß sich durch die Vollendung des europäischen Marktes auch die innenpolitischen Verhältnisse in der Bundesrepublik Deutschland nachhaltig verändern werden. Die Verteilungskonflikte, die sich aus diesen Veränderungen ergeben können, werden wiederum nicht dem klassischen Schema folgen. So gibt es ein gemeinsames Interesse der *Gewerkschaften* und der *Arbeitgeber* an einer europäischen Sozialpolitik, die die Bundesrepublik Deutschland vor »Sozialdumping« schützt. Dieser Schutz ist besonders wichtig, so lange massive Wettbewerbsvorteile der Wirtschaft in anderen europäischen Mitgliedsstaaten nicht durch gemeinsame Arbeits- und Wirtschaftsbedingungen verhindert werden können. Standortfragen sind regelmäßig Fragen, die beide Tarifpartner interessieren. Die Zahl der Unternehmen, die ihren Standort wechseln und in einem anderen europäischen Land günstigere Produktionsbedingungen suchen können, ist wesentlich kleiner als die Zahl derer, die weitgehend standortgebunden sind. Letztere haben jedoch ähnliche Interessen wie die Arbeitnehmer, die sie beschäftigen.

Gemeinsame Interessen gibt es auch an der Aufrechterhaltung des sozialen Dialogs im Land und am sozialen Frieden. Längst haben die bundesdeutschen Unternehmer erkannt, daß eine Zusammenarbeit mit den Gewerkschaften, die dem sozialen Frieden dient, wertvoller sein kann als niedrigere Löhne. Andere erkennen einen Standortvorteil im sozialen Dialog – einschließlich Mitbestimmung – und investieren in der Bundesrepublik. Dabei wurde gerade die Mitbestimmung bis vor kurzem von deutschen Unternehmensverbänden als Investitionshemmnis beklagt. Selbst in der Notwendigkeit, die Unternehmensbesteuerung den Bedürfnissen des europäischen Marktes anzupassen und die Steuerlast zu verringern, stimmen die Kontrahenten des alten Konfliktes grundsätzlich überein. Daß sich »Kapital und Arbeit«, unter den jeweiligen nationalen Interessen vereint, in Europa gegenüberstehen, um ihre nationalen Besitzstände gegen die Auswirkungen der Integration zu verteidigen, ist jedenfalls weit wahrscheinlicher als eine neue, diesmal europäische Klassenlage.

Innenpolitisch werden Konflikte vor allem dort ausgetragen, wo die Folgen der Integration von Unternehmensbereichen oder Wirtschaftszweigen unterschiedlich erfolgreich verkraftet werden. Auch dabei wird es nicht um die alten Konflikte gehen. Regionale Unterschiede, verschiedene Ansichten unter den Gewerkschaften über verschiedene Modernisierungs- und Anpassungsstrategien, Konflikte um Unternehmensgrößen und Marktbeherrschungen werden viel häufiger auftreten. Mit den klassischen Konfliktmustern haben sie wenig zu tun. Durch die traditionellen parteipolitischen Strukturen sind sie kaum darstellbar. Viel wahrscheinlicher ist, daß die früheren Kontrahenten Arm in Arm vor den Toren des Parlaments stehen und Erleichterungen und Unterstützung bei den Anpassungsleistungen fordern werden, die der europäische Markt mit sich bringt. Es ist kaum anzunehmen, daß sich angesichts eines solchen Konsenses eine der beiden Volksparteien schützend vor den Staat stellen wird. Er wird – vor allem wenn er sich gegen weitere Verschuldung wehrt, mit der die neuen Forderungen bezahlt werden sollen – kaum Verbündete haben.

Die eigentliche Gefahr solcher Integrationsfolgen liegt deshalb nicht in neuen sozialen Konflikten im Inneren des Landes – obwohl sie nicht ausbleiben und auch in der klassischen Konfrontation auftreten werden. Sie liegt in der Verstärkung der ohnehin vorhandenen Tendenz, Gegenwartsprobleme zu Lasten der Zukunft zu lösen. Man hat einen neuen Grund für Umverteilungsansprüche. Dazu einen, dem man Bedeutung, Autorität und damit Durchsetzungskraft kaum absprechen kann: Europa. Da jeder etwas von Europa haben und niemand durch Europa geschädigt werden soll, liegt es nahe, neue Schulden als »Investitionen« in Europa anzusehen, die auch den künftigen Generationen zugute kommen. Die Begrenzungsfrage stellt sich auf andere Weise neu.

Aus den gleichen Gründen wird man auch eine neue Begründung für den Wachstumszwang ableiten. Daß in den europäischen Ländern die Wirtschaft weiter wachsen soll, ist selbstverständlich. Niemand würde verstehen, wenn die gegenwärtig höchst unterschiedlichen Lebensstandards aufrechterhalten werden sollten. Worauf es ankommt, sind die Prioritäten. Muß die Wirtschaft wachsen, *damit* andere Probleme gelöst werden können, oder werden die anderen Probleme gelöst, und die Wirtschaft wächst, *weil* sie gelöst sind. Wie diese Frage in Europa entschieden wird, ist von eminenter Bedeutung. So ist es weit schwieriger, das ökologische Defizit in unserem Land zu überwinden, wenn im europäischen Umfeld Wachstum Priorität vor Umweltschutz genießt. Deshalb ist es notwendig, gerade die Frage nach den Prioritäten unseres Wirtschaftens zur europäischen Frage zu erklären. Das ist nicht nur eine Pflicht der jeweiligen Regierungen. Es ist auch eine Zukunftspflicht der politischen Parteien.

Daß Anlaß besteht, sich dieser Pflicht anzunehmen, zeigt die Entschließung des Europäischen Parlaments zur sozialen Dimension des Binnenmarktes. Seine verschiedenen Empfehlungen zu konkreten sozialen Aufgaben der Gemeinschaft begründet das Parlament mit einer Reihe von Erwägungen. Es stellt zu Recht fest, daß die »soziale Dimension des Binnenmarkts darauf beruhen muß, daß auf Gemeinschaftsebene die grundlegenden sozialen Rechte festgelegt werden, die nicht durch Druck des Wettbewerbs oder die Suche nach Wettbewerbsfähigkeit in Frage gestellt werden dürfen und die als Grundlage für die Verhandlungen zwischen den Sozialpartnern . . . betrachtet werden können«. Zugleich gibt das Parlament zu erwägen, daß der »Aufbau eines harmonischen Wirtschafts- und Sozialraums nur möglich sein wird, wenn Entwicklungsmodelle angenommen werden, die das unerläßliche Wirtschaftswachstum mit der Stärkung des wirtschaftlichen und sozialen Zusammenhalts in Einklang bringen, zum sozialen Fortschritt beitragen und zu einer wirklichen wirtschaftlichen Konvergenz führen«. Die Verwirklichung des Binnenmarktes als »Wegbereiter des unerläßlichen Wirtschaftswachstums in Europa« könne nur Erfolg haben, wenn gleichzeitig zu den bereits eingeleiteten Lösungsansätzen ein Programm konkreter Maßnahmen angenommen und angewendet würde, die »Ausdruck der sozialen Dimension dieses Marktes sind und zum sozialen Fortschritt beitragen«. Die »Sozialpolitik« setze »auch die tatsächliche Intensivierung der kooperativen Wachstums- und Beschäftigungsstrategie voraus.

Die Art, wie in der Entschließung des Europäischen Parlaments »unerläßliches Wirtschaftswachstum« vorausgesetzt wird, zeigt, daß die bis heute vorherrschende Vorstellung von der politischen Machbarkeit wirtschaftlichen Wachstums auch im Europäischen Parlament Fuß gefaßt hat. Wird sie zum Leitmotiv für die europäische Wirtschaftspolitik, ist die Begrenzung der *Expansivität des Materiellen* kaum zu leisten. Umgekehrt muß jeder Versuch, die europäische Wirtschaftspolitik im Sinne einer aufgeklärten Wachstumspolitik zu beeinflussen, zu neuen Konflikten führen. Diese werden wiederum eher entlang bisheriger Wohlfahrtsgrenzen verlaufen als entlang traditioneller Konfliktschemata.

Dennoch besteht die eigentliche Herausforderung der europäischen Entwicklung in der Aufgabe, das auf europäischer Ebene zu leisten, was uns auf nationaler Ebene nicht gelingt: Die Überwindung der Ursachen für die zunehmend zerstörerische Expansivität des Materiellen und die Gewinnung eines Gleichgewichts zwischen Gegenwartsinteresse und Zukunftsfähigkeit unserer westlichen Industriegesellschaft. Die europäische Einigung kann uns nicht nur von der Geißel des Krieges dauerhaft befreien. Sie kann uns auch bei der Reform der politischen Strukturen helfen, denen wir unsere Unfähigkeit verdanken, die großen Defizite unserer Gegenwart zu überwinden. Noch gibt es auf europäischer Ebene keine umfassende Verflechtung zwischen Politik und organisierten Besitzständen. Noch ist die Dynamik der europäischen Integration, gefördert durch die Vielfalt der europäischen Verhältnisse und der europäischen Kulturen, stärker als die beharrenden Kräfte, die wirkliche Reformen auf nationaler Ebene kaum noch erlauben. Ehe sie noch Wirklichkeit geworden ist, hat die Vollendung des europäischen Binnenmarkts Bewegung in die bestehenden gesellschaftlichen Machtverhältnisse gebracht, den Einfluß traditioneller politischer Kräfte relativiert und der Veränderung neue Chancen eröffnet. Die Eigendynamik der europäischen Einigung treibt nicht nur die europäische Entwicklung voran. Sie löst auch im Osten Europas Prozesse der Veränderung aus, die uns noch vor wenigen Jahren utopisch erschienen wären. Deren Wirkungen werden sich wiederum auf die Entwicklungen der Europäischen Gemeinschaft auswirken. Der Umbruch der politischen und gesellschaftlichen Strukturen des Nachkriegseuropa ist gewissermaßen zum selbsttragenden Prozeß geworden – angetrieben von der Energie der Freiheit.

Nichts wäre für die Zukunft Europas abträglicher und für die Zukunftsfähigkeit unserer Kultur gefährlicher als der Versuch, diesen selbsttragenden Prozeß alsbald in neuen bürokratischen Strukturen einzufangen, die alles regeln und ordnen wollen und denen die Selbstorganisation freiheitlicher Gesellschaft ein Greuel ist. Was wir heute mit der Wiederentdeckung Europas erleben, kann die Zukunftsstunde einer europäischen Aufklärung werden. Einer Aufklärung, die Freiheit erneut mit Verantwortung verbindet, unsere Gegenwartsansprüche durch unsere Zukunftspflichten begrenzt und Staat und Recht nicht länger organisierten Sonderinteressen ausliefert, die beide an der Erfüllung ihrer eigentlichen Aufgabe hindern: Frieden zu stiften und der menschlichen Gemeinschaft eine Gesamtordnung zu geben, die ihre freiheitliche, ethisch verantwortete Entwicklung gewährleisten kann. Diese historische Chance zu nutzen, ist die eigentliche europäische Herausforderung.

Ihre politische Bewältigung wird auch die Parteienlandschaft unmittelbar erfassen. Wenn Parteien das Ergebnis langfristiger Konfliktlagen sind, dann kann es nicht ausbleiben, daß europäische Konfliktlagen sich früher oder später in der Parteienlandschaft niederschlagen. Beide Volksparteien, Union wie SPD, verstehen sich als Parteien Europas. Das heißt zunächst: Sie sind für Europa. Das haben sie mit vielen anderen Parteien in Europa gemeinsam. Es macht sie noch nicht zu europäischen Parteien. Sie bleiben nationale Parteien mit europäischen Interessen. Nimmt man ihre Personalpolitik zum Maßstab, können die europäischen Interessen nicht besonders groß sein.

Die Zusammenarbeit mit gleichgesinnten Parteien anderer europäischer Länder im Straßburger Europaparlament macht aus unseren Parteien noch keine europäische Partei. Die Bildung einer gemeinsamen Fraktion ist zwar ein Schritt in diese Richtung. So lange aber die Zuständigkeiten des Europäischen Parlaments so beschränkt sind wie zur Zeit, sind die Auswirkungen der europäischen Dimension auf die nationale Politik der Volksparteien gering.

Nun herrscht Einigkeit, daß die Rechte des Europäischen Parlaments erweitert werden müssen. Auf seiner bereits erwähnten Tagung in Madrid vertrat der Europäische Rat die Auffassung ..., »daß die Durchführung der Einheitlichen Akte zu einer fühlbaren Ausweitung des Beitrages des Parlamentes zum Rechtssetzungsprozeß der Gemeinschaft geführt hat«. Diese Ausweitung ist jedoch nicht ausreichend.

Je weiter die europäische Integration voranschreitet, um so wichtiger wird es, die Verlagerung der Souveränität durch eine Verlagerung der parlamentarischen Kontrolle nach Europa zu ergänzen. Nach 1993 wird der Deutsche Bundestag nur noch beschränkte wirtschaftspolitische Zuständigkeiten haben. Die Umsetzung europäischen Rechts wird wichtiger werden als die Setzung deutschen Rechts im wirtschafts- und gesellschaftsrechtlichen Bereich. Ein einheitlicher Markt ist dauerhaft nicht lebensfähig ohne einheitliches Recht. Die Rechtsetzung durch den Europäischen Rat auf Vorschlag der EG-Kommission und unter Beteiligung des Parlaments ist ein Provisorium des Übergangs.

Provisorien dieser Art haben ein langes Leben. Wird dieses Provisorium zu lange beibehalten, dann wird die Idee eines demokratischen Europas gefährdet. Deshalb muß die Rechtsetzung auf das Europäische Parlament übergehen. Es muß wirkliche Gesetzgebungszuständigkeiten erhalten. Es muß die Kommission oder jedenfalls ihren Präsidenten wählen und über die elementaren Befugnisse eines Parlaments verfügen können, wie sie in jeder parlamentarischen Demokratie gang und gäbe sind.

Im Zuge dieser Entwicklung werden sich grenzüberschreitende

Parteien bilden. Ob sie aus Zusammenschlüssen entstehen oder Neugründungen sein werden, ist nicht voraussehbar. Wahrscheinlich werden beide Wege beschritten werden. Aber auch ein Zusammenschluß ändert den Charakter der beteiligten Parteien. Sie richten sich auf andere Ziele aus und bestimmen ihre Prioritäten neu. Durch die Zukunftskonflikte werden sie weit stärker geprägt werden als durch die der Vergangenheit. Mir scheint, daß die politische Vertretung der Zukunftsinteressen auf europäischer Ebene – wegen des jungfräulichen europapolitischen Bodens – eine größere Chance haben wird als durch bestehende nationale Parteien.

Kommt es zu europäischen Neugründungen, werden solche Parteien auch in den Mitgliedsstaaten aktiv sein. Die Veränderung der Parteienlandschaft in der Bundesrepublik kann so nicht nur durch innenpolitische Veränderungen ausgelöst werden. Sie kann auch Folge der europäischen Vereinigung sein.

Die europäische Friedensordnung, darin sind sich alle einig, darf nicht an der Elbe enden. Sie muß ganz Europa umfassen. Im europäischen Haus sollen alle Europäer wohnen. Für uns Deutsche hat diese gesamteuropäische Dimension der Friedensordnung besondere Bedeutung. Die Teilung Europas ist zugleich die Teilung unseres Landes. Der Abbau der Konfrontation und das Ende des kalten Krieges hat uns der Möglichkeit nähergebracht, diese Teilung zu überwinden.

Daß dies im Rahmen einer europäischen Ordnung geschehen soll, ist unstreitig. Die Vorstellungen von der Einheit der Deutschen in Freiheit reichen von einem erneuten Zusammenleben der Deutschen in einem Staat über eine Konföderation bis zur gemeinsamen Mitgliedschaft beider deutscher Staaten in einer europäischen Union. Die Zeit, in der solche Überlegungen Realität werden können, ist noch nicht gekommen. Deshalb wäre es auch wenig sinnvoll, schon heute nach den Folgen einer Wiedervereinigung für die politische Landschaft in der Bundesrepublik zu fragen. Daß es einmal Parteien geben wird, die die heutigen Trennungen überschreiten, erscheint mir gewiß. Wenn in der DDR – wie jetzt in Polen oder Ungarn – dereinst ein Parlament gewählt werden wird, dem mehrere Parteien angehören können, dann wird auch die Parteienstruktur in der Bundesrepublik davon berührt werden, und sei es nur durch ihre Nähe zur neuen Entwicklung im anderen Teil Deutschlands.

Diese von uns allen erhoffte Entwicklung wird uns jedoch bereits vor neue Herausforderungen stellen, ehe es zu einem Abbau der trennenden Grenzen kommt. Denn die unabdingbare Voraussetzung für eine Überwindung der politischen Teilung Deutschlands und die Wiederherstellung der Freizügigkeit ist die Überwindung des *wirtschaftlichen Gefälles* zwischen beiden deutschen Staaten.

Anders als wir sind die Menschen in der heutigen DDR auf zweierlei Weise von der vollen Wucht des verlorenen Krieges getroffen worden. Sie mußten eine gewaltige Reparationslast übernehmen und müssen bis heute zur wirtschaftlichen Leistungskraft des Ostblocks beitragen. Sie mußten auf eine freiheitliche Ordnung verzichten und die Last einer ideologisch determinierten sozialistischen Wirtschaftsordnung tragen. Sie wurden damit um einen wesentlichen Teil der Früchte gebracht, die sie andernfalls hätten ernten können. Sie haben gewissermaßen doppelt Reparationen gezahlt: materiell und immateriell. Das ändert nichts daran, daß die Menschen in der DDR unter den engen Begrenzungen einer sozialistischen Planwirtschaft Enormes geleistet haben. Darauf stolz zu sein, ist ihr gutes Recht.

Aber – wie jeder heute selbst sehen kann – reicht dies nicht aus. Die Infrastruktur und die Bausubstanz in der DDR zerfallen. Die Industrie kann die Bürger des Landes nur unzureichend versorgen. Die Bevölkerung muß einen aufgeblähten Staatsapparat unterhalten. Als Folge der Entwicklungen in Polen, in Ungarn und zunehmend in Teilen der Sowjetunion wird ihre Freizügigkeit immer mehr eingeschränkt. Für eine nachhaltige Verbesserung ihrer wirtschaftlichen Lage fehlt jede Perspektive.

Sie kann ohne unsere wirtschaftliche Unterstützung nicht gewonnen werden. Was dazu heute schon geschieht, ist nicht wenig. Aber es bleibt weit hinter dem zurück, was notwendig sein wird. Unsere Verfassung gibt uns auf, die Einheit der Deutschen in Freiheit zu vollenden. Wie immer man sich auch den institutionellen Rahmen einer solchen Vollendung vorzustellen hat: Der Streit über Wiedervereinigung, Konföderation zweier deutscher Staaten oder gemeinsame Mitgliedschaft in einer europäischen Union klingt hohl, solange die ökonomischen Voraussetzungen für die Einheit in Freiheit nicht mitbedacht und mitgewollt werden.

Was heißt das praktisch? Es heißt, daß wir in der Bundesrepublik keiner Bevölkerung eines anderen Staates mehr verpflichtet sind, unseren Wohlstand mit ihr zu teilen, als den Deutschen im anderen Teil Deutschlands. Politik auf christlicher Grundlage kann sich nicht auf Rhetorik beschränken, wenn es darum geht, das Unrecht ausgleichen zu helfen, das in den gänzlich unterschiedlichen Kriegsfolgelasten für die beiden Teile Deutschlands begründet liegt. Teilen bedeutet hier nicht nur Freiheit teilen. Freiheit ist wie Liebe ein Gut, das sich vermehrt, wenn man es verschwendet. Die Teilhabe muß auch die wirtschaftlichen Grundlagen der Freiheit umfassen. So selbstverständlich, wie diese uns geworden sind, muß es uns auch sein, zu ihrer Entwicklung im anderen Teil Deutschlands beizutragen.

Bausubstanz muß erhalten, die Infrastruktur erneuert, die Energieversorgung gesichert werden. Straßen sind zu bauen, und in Fabriken muß investiert werden. Daß dies nur im Rahmen geeigneter Kooperationen erfolgen kann ist selbstverständlich. Daß auch sie derzeit nicht zu haben sind, steht dem Grundsatz nicht entgegen. Verändern können wir diese Bedingungen erst, wenn *wir* entschlossen sind, auch den notwendigen materiellen Beitrag zu leisten – und zwar aus eigener Kraft, nicht zu Lasten künftiger Generationen. Würden wir – diese Voraussetzung unterstellt – für derartige Gemeinschaftsprojekte einen Betrag bereitstellen, der zwischen 0,5 und 1 Prozent des Bruttosozialprodukts oder derzeit rund 15 Milliarden Mark betragen würde, so wäre dies weit mehr, als man im Rahmen gegenwärtiger Verhältnisse verkraften könnte. Der Druck, diese Verhältnisse zu ändern, um die Kooperationsangebote anzunehmen, würde angesichts einer solchen Bereitschaft über kurz oder lang unwiderstehlich werden.

Dies zu erwarten, ist ebensowenig utopisch wie die Veränderungen es geworden sind, die sich in Polen, Ungarn und der Sowjetunion selbst vollziehen. Der Gedanke der Freiheit, Glasnost und die Umgestaltung der sozialistischen Ordnung lassen sich auch durch Mauer und Stacheldraht aus der DDR nicht fernhalten. Reform und Veränderung werden kommen. Die Wucht, mit der sie sich durchsetzen, wird der Anstrengung entsprechen, mit der sie derzeit unterdrückt werden. Um so wichtiger ist es für uns, auf plötzliche Veränderungen vorbereitet zu sein. Wir müssen, im Zusammenwirken mit unseren Nachbarn in Ost und West, dazu beitragen, daß kommende Veränderungen nicht das europäische Gleichgewicht gefährden oder als Bedrohungen empfunden werden. Nicht nur unsere eigenen Erfahrungen im Umgang mit Freiheit und marktwirtschaftlichen Ordnungen, unsere europäische Verantwortung und unsere Stellung als wichtige Industrienation sind dafür gefragt. Gefragt ist vor allem unsere Wirtschaftskraft und die Bereitschaft, sie einzusetzen.

Ich halte dafür, daß vom Abriß der Mauer und der Öffnung der Grenzen nur reden darf, wer bereit ist, den Menschen in der DDR zugleich wirtschaftliche Unterstützung bei der Erneuerung ihres Landes im notwendigen Umfang anzubieten. Es wäre schlimm, wenn wir ihnen die Tore öffnen könnten und sie gleichzeitig auffordern müßten, ohne wirkliche Perspektive in der DDR zu bleiben – weil wir eben kein Einwanderungsland sind und man sie dort braucht. Wer die Freiheit für alle Deutschen will, der muß auch die wirtschaftliche Freiheit für alle Deutschen wollen. Was das heißt, haben uns die Arbeiterbewegungen und die sozialen Bewegungen des zurückliegenden Jahrhunderts eindrucksvoll vor Augen geführt. Ohne wirtschaftliche Freiheit, hieß ihre Parole, gibt es auch keine politische Freiheit.

Auch dies wird eine Herausforderung für uns Deutsche sein. Es wird eine nationale Herausforderung sein, die sich nicht in rhetorischer Erbauung erschöpft, sondern uns wirklich beanspruchen wird. Auch ihre Übernahme wird mit Umverteilung und damit Veränderung bestehender Prioritäten verbunden sein. Aber sie ist aller Mühe wert.

Mit den möglichen Dimensionen der europäischen Friedensordnung und der deutsch-deutschen Frage berühren wir zugleich ein weiteres Problem der europäischen Friedensarbeit, das ebenfalls uns Deutschen eigen ist und nur uns betrifft: die Frage nach der nationalen Identität. Seit es die Republikaner und die Aussicht gibt, sie könnten mehr sein als ein regionales oder zeitlich begrenztes Phänomen, haben Fragen an Bedeutung gewonnen, die nationale Haltungen und Positionen betreffen. Das ist nicht verwunderlich. Auch hier wurde ein Defizit offenbar, das in den zurückliegenden Jahrzehnten entstanden ist.

Lange schien es so, als könnten wir die Frage nach der nationalen Identität der Deutschen mit dem vereinten Europa beantworten. Viele sahen darin einen Weg, sich nicht mit der nationalen Frage der Deutschen befassen zu müssen. Viele glaubten, so keine Rechenschaft über den Mißbrauch ablegen zu müssen, der mit den Worten Nation und national getrieben wurde. Lange ließ sich auf diese Weise auch das Tabu begründen, mit dem alles Nationale in unserem Land belegt war und noch belegt ist. Als ich meinen ersten Bundesparteitag als neugewählter Generalsekretär der CDU in Hamburg 1973 auszurichten hatte, mußte ich erhebliche politische Widerstände in der CDU-Führung und bei der Jungen Union überwinden, um zu erreichen, daß am Schluß des Parteitages die Nationalhymne gesungen wurde. Heute ist das gute Übung. Ganz selbstverständlich ist es noch immer nicht.

Angesichts der fortschreitenden Integration Europas erscheint heute vielen eine Debatte über nationale Identität eher anachronistisch. Europa soll doch gerade die alten Mauern überwinden, die die Nationen gegeneinander aufgerichtet haben. Aber diese Haltung verkennt den wesentlichen Unterschied zwischen Nation und Nationalstaat. Den National*staat* wollen wir mit Europa überwinden. Die Verbindung von Nation und Staatsmacht war es, die uns so viel Elend in Europa gebracht hat. Aber das bedeutet nicht, daß im europäischen Haus die Franzosen aufhören, eine Nation zu sein, oder die Briten, Spanier oder Portugiesen, Holländer oder Dänen. Auch unter dem gemeinsamen Dach eines politisch vereinten Europas behalten wir die Identität unserer gemeinsamen deutschen Geschichte. Sie ließ uns eine deutsche Nation selbst dann sein, als – nach dem Westfälischen Frieden zu Münster – die politische Landkarte der Deutschen dem Bild eines Flickenteppichs glich.

Daß die Suche nach der Identität der Deutschen mit *fortschreitender* Integration Europas akut wird, ist deshalb nur normal. Hinzu kommt, daß es in der Bundesrepublik spezielle Legitimationsprobleme des Staates gibt. Sie erklären sich aus der Entwicklung der vergangenen 40 Jahre und der Rolle, die dabei der Sozialpolitik zufiel. Wie bereits erwähnt, sollte die Durchführung einer »fortschrittlichen Sozialpolitik« nach den Vorstellungen der CDU im Jahr 1949 »der inneren Befriedung unseres Volkes dienen, das Vertrauen der breiten Schichten in die neue demokratische Ordnung stärken und den Willen zur Mitarbeit am Wiederaufbau unseres Staats- und Volkslebens fördern«. Der Sozialpolitik war damit eine Aufgabe zuerkannt, die weit über das hinausging, was man normalerweise unter sozialen Aufgaben eines Gemeinwesens versteht. Sie sollte dem jungen Staat »Legitimation« sichern und die persönliche Identifikation der »breiten Schichten« in die neue demokratische Ordnung fördern.

Die Bedeutung dieser sozialpolitischen »Legitimationsgrundlage« für die junge Demokratie können wir hier im einzelnen nicht nachzeichnen. Sicher ist, daß sie im Zuge ihrer Verwirklichung nicht nur zu einem der höchstentwickelten Sozialsysteme in der Welt geführt hat. Sie hat auch bewirkt, daß die Bevölkerung der Bundesrepublik ihre »Staatssympathie« eindeutig auf den »Sozialstaat« konzentriert, genauer gesagt: auf seine Leistungsseite (Helmut Klages). Die sozialpolitische »Legitimationsgrundlage« ist eng an die Überzeugung gebunden, der Staat sei leistungsfähig und leistungswillig und berücksichtige die eigenen Bedürfnisse und Ansprüche auf angemessene Weise.

Wie Helmut Klages aufgrund der Datenlage feststellt, hat sich im Verlauf der Zeit eine »Anspruchshaltung« gegenüber dem Staat als Sozialstaat aufgebaut. Sie ist in zunehmendem Maß »institutionalisiert« worden. Das heißt, sie ist mit einem gutem Gewissen ausgestattet. Der Bürger fordert seine rechtlich verbürgten Ansprüche ein und prüft von Zeit zu Zeit, ob der Staat genug für ihn tut und seine Ansprüche nicht zugunsten anderer Gruppen beschneidet, also ihn im Verhältnis zu anderen unberücksichtigt läßt. Die Folgen dieser sozialpolitischen »Legitimationsgrundlage« sind so lange unerheblich, so lange der so in Anspruch genommene Sozialstaat in der Lage ist, die jeweiligen Ansprüche seiner Bürger zu befriedigen und damit zur »inneren Befriedung« unseres Volkes beizutragen.

Die Schwäche einer sozialpolitischen »Legitimationsgrundlage« wird jedoch deutlich, sobald der Staat weitere Erwartungen nicht mehr befriedigen kann oder in bereits erworbene sozial- und umverteilungspolitische Besitzstände eingreifen muß. Legitimiert sich der Staat durch seine sozialpolitischen Leistungen, entzieht er sich gewissermaßen selbst die Legitimation, wenn er den sozialpolitischen Erwartungen, die er begründet hat, nicht mehr gerecht werden kann. Fehlt es an anderen Legitimationsgrundlagen, auf die der Staat sich zur Begründung seiner Eingriffe stützen könnte, kann er im Grunde in sozialpolitische Besitzstände und Erwartungen nicht eingreifen, ohne sich selbst zu gefährden.

Die Bedeutung dieser Entwicklung für unsere Republik kann man kaum überschätzen. Sie zwingt den Staat nicht nur, seine »sozialpolitische Legitimation« durch weitere Leistungen in die Bevölkerung ständig zu erneuern und damit zu beweisen, daß er »ihr« Staat ist. Durch den Verlust seiner inneren Souveränität, der mit einer derartigen Abhängigkeit verbunden ist, verliert er auch die politische Möglichkeit, den Katalog gesamtpolitischer Prioritäten neu zu ordnen. Ihm fehlt die Kraft, die gewachsene Leistungsfähigkeit der Bevölkerung für die Bewältigung bisher sozialpolitisch abgedeckter Lebensrisiken stärker in Anspruch zu nehmen und die so gewonnenen Handlungsspielräume für die Bewältigung neuer Aufgaben zu verwenden.

Nun ist es offensichtlich, daß wir nicht gleichzeitig die Zukunftsdefizite abbauen und das bisherige »sozialpolitische Legitimationsverfahren« beibehalten können. Wenn er nicht an der Aufgabe scheitern will, die Zukunftsfähigkeit des Landes zu sichern, muß der Staat sich deshalb auf andere Legitimationsgrundlagen stützen können. Eine solche Legitimationsgrundlage kann ihm aus einer wiedergewonnenen nationalen Identität zuwachsen. In ihr könnten die Aufgaben nicht nur im Sinne nationaler

Einsicht, sondern auch im Sinne emotionaler Zuordnung zusammengefaßt werden, die dem ganzen Volk gestellt sind und seine Existenz als Ganzes betreffen. Jedenfalls scheint mir, daß ohne Rückgriff auf die nationale Identität und damit auf die alle einigenden existentiellen Interessen des Volkes die politischen Kräfte nicht mobilisiert und die Legitimationsbestätigung nicht gesichert werden kann, die notwendig sind, um die neuen politischen Herausforderungen zu bestehen.

Angesichts dieser Zusammenhänge ist es unverständlich, daß beide Volksparteien, die Union und die SPD, keine Anstrengungen unternehmen, die Begriffe Nation und national für das gesamte politische Spektrum in der Bundesrepublik Deutschland verfügbar zu halten. Mit der Verwendung des Begriffs nationalkonservativ läßt es selbst die Union zu, daß eine nationale Haltung lediglich einem bestimmten Bereich des politischen Spektrums zugeordnet wird. Auch soweit sie diesen politischen Teil des Spektrums für sich in Anspruch nimmt, verwendet sie den Begriff eher defensiv oder entschuldigend. Statt deutlich zu machen, daß es für uns selbstverständlich ist, uns als Nation zu empfinden, die noch immer geteilt ist, und nationale Interessen zu haben – ebenso wie wir alle als Bürger einer Republik republikanisch sind –, wird die national-konservative Haltung als eine politische Position beschrieben, die in der CDU ebenso »integrierbar« sein müsse wie liberal-konservativ und christlich-sozial. Weil es auch national gesinnte Wähler gibt, muß man für sie Platz haben. Die nationale Gesinnung verkümmert zur Eigenschaft eines Milieus.

Politische Begriffe sind knappe Begriffe. Sie lassen sich weder beliebig ersetzen noch variieren. Sie mit Attributen zu verbinden, bedeutet regelmäßig, ihre politische Kraft zu schwächen. Damit wird nicht nur ihre politische Wirkung beeinträchtigt. Sie werden zugleich dem Mißbrauch durch jene freigegeben, die sich nicht von Skrupeln vermeintlicher historischer Belastungen zurückhalten lassen. Alfred Dregger hat recht, wenn er feststellt, »Europa ist kein Ersatz für Deutschland«. Aber ich stimme ihm nicht zu, wenn er in der Union die Partei sieht, die auf der Grundlage des christlichen Menschenbildes »das soziale, das liberale und das konservativ-nationale Element« miteinander verbindet. Die

Gleichsetzung von konservativ und national wird der Bedeutung des Nationalen nicht gerecht. Kurt Schumacher hatte bereits 1946 keine Schwierigkeiten, von den nationalen Interessen der Deutschen zu sprechen. Aufgrund seines persönlichen Schicksals als Verfolgter des Nationalsozialismus war er vor jedem Verdacht eines Mißbrauchs gefeit. Die mißbräuchliche Verwendung des Wortes durch Rechtsextreme hielt er für weniger gefährlich, solange sie offensichtlich war.

Daß Mißbrauch stets möglich bleibt, darf uns heute nicht daran hindern, als Nation zu bezeichnen, was eine Nation *ist*. Noch dürfen wir zögern, die Pflicht zu bezeichnen, die sich aus dem Auftrag jeder Nation für ihre Mitglieder ergibt, sich und ihre Lebensgrundlagen für künftige Mitglieder zu erhalten. Niemand kann heute annehmen, daß sich unser Interesse an der Erhaltung der Nation vornehmlich gegen andere richtet. Gerade *diese* Vorstellung wird durch die europäische Friedensordnung überwunden. Die Wacht am Rhein ist nicht länger ein nationaler Auftrag. Der Auftrag heute lautet: die Zukunftsfähigkeit vor der »Aggression« zu schützen, die von der Entgrenzung unserer eigenen Ansprüche an unser Gemeinwesen und seine Leistungsfähigkeit ausgeht. Die Verwirklichung dieses Auftrags liegt im »nationalen Interesse«. Auch die Nation hat eine Zukunftsdimension.

Reduziert auf ein »nationales Element« kann das Nationale nie Legitimationsgrundlage für staatliches Handeln im nationalen Interesse sein. Deshalb ist es nicht angängig, von einem nationalem Element als Teil der Definition eines politischen Auftrags zu sprechen. Auch eine zukunftsfähige Sozialpolitik und der Schutz der Liberalität und ihres rechtlichen Erbes liegen im nationalen Interesse unseres Landes. Richtig verstanden, erfaßt es alle Bereiche der Politik, die in ihrer Gesamtheit stets aufs neue verwirklichen, was die Gemeinsamkeit unserer Überzeugungen ausmacht. So gesehen kann die Verwendung der Begriffe Nation und nationales Interesse nicht durch historische Erfahrung mit ihrem Mißbrauch belastet oder verhindert werden.

Werden die Begriffe so in Anspruch genommen, wie es allein sinnvoll und richtig und allgemeine Praxis in allen hochentwickelten Staaten und Nationen ist, dann verliert ihr emotionaler Mißbrauch durch eine rechtspopulistische Bewegung jede tiefergehende politische Bedeutung. Begriffe zu »besetzen«, war immer ein wichtiges Mittel politischer Auseinandersetzung. Daß die Begriffe Nation und nationales Interesse nicht von den falschen Leuten mit den falschen Inhalten besetzt werden: Daran hat *jede* Partei ein Interesse, die sich unserem Land und seiner Zukunft verpflichtet fühlt. Werden die Begriffe in diesem Sinne »hochgehalten«, dann können sie auch nicht länger wirksam mißbraucht werden.

Dies festzustellen bedeutet nicht, daß es leicht sein wird, die überragende Bedeutung der »sozialpolitischen Legitimation« der Bundesrepublik durch ihre Bevölkerung zu relativieren und durch eine umfassendere Legitimationsgrundlage zu ersetzen. Genau dies ist jedoch erforderlich. Nicht nur die Sicherung unserer Zukunftsfähigkeit als allumfassender politischer Auftrag, sondern auch unser spezifischer Beitrag für die europäische Friedensordnung brauchen eine Legitimationsgrundlage für den handelnden Staat. Sie muß ihn von seiner jeweiligen Befähigung unabhängig machen, sich durch ständig steigende soziale Wohltaten der Zustimmung seiner Bevölkerung zu versichern.

Nur wenn es gelingt, die großen Zukunftsherausforderungen: Überwindung der Zukunftsdefizite, Mitgestaltung der europäischen Friedensordnung und Überwindung der deutschen Teilung zu Aufgaben werden zu lassen, die die Bevölkerung unseres Landes in ihrer großen Mehrheit als *gemeinsame Aufgaben* empfindet, durch deren gemeinsame Bewältigung sie zugleich ihre *nationale Einheit* und die Verwirklichung ihres *nationalen Interesses* erfährt: Nur dann wird es möglich sein, die politische Kraft zu mobilisieren, die wir brauchen, um eine freiheitliche, menschenwürdige Zukunft politisch zu gestalten.

Nur wenn die Volksparteien in der Lage sind, ihren eigenen politischen Auftrag in diesem umfassenden Sinn als nationalen Auftrag zu begreifen, werden sie ihrem politischen Auftrag gerecht werden können. Nur dann werden sie als große Volkspartei eine Zukunft haben.

IV. Parteienlandschaft im Umbruch: Die Überwindung des politischen Defizits

Wenn alles neu vermessen wird – die alten Konflikte, die neuen Herausforderungen, die Arbeit am Frieden in Europa –, dann muß auch die Parteienlandschaft neu vermessen werden. Sind unsere Parteien den neuen Aufgaben gewachsen? Können sie die Defizite überwinden, die unsere Zukunftsfähigkeit gefährden? Ist dies überhaupt ihre Aufgabe, oder erwarten wir von politischen Parteien Leistungen, die sie gar nicht erbringen können? Und gibt es *deshalb* Parteiverdrossenheit im Lande?

Beginnen wir mit den Auswirkungen, die die neuen Aufgaben und Herausforderungen auf den »politischen Haushalt« unseres Landes haben.

Die Überwindung der Zukunftsdefizite und die Verwirklichung der europäischen Friedensordnung werden alle Bereiche des politischen Lebens erfassen. Sie werden die Formation gesellschaftlicher Interessen verändern. Alte Gegensätze werden neuen Gegensätzen weichen. Alte Widersacher werden neue Verbündete werden. Zunächst wird es uns noch als eine »Nachricht« erscheinen, wenn Arbeitgeberverbände und Gewerkschaften gemeinsam handeln. In wenigen Jahren wird es niemanden mehr überraschen, die Kontrahenten des alten Konflikts in der Abwehr neuer Interessen vereint zu sehen. Die neuen Konflikte werden die alten zum Teil überlagern und verdrängen. Zum Teil werden sie alte Gegensätze verstärken. Bis sich neue, dauerhafte Strukturen entwickelt haben, werden wir in einer Zeit der Unübersichtlichkeit leben. Das gilt auch für die Parteienlandschaft.

Die Tarifparteien ringen um die Verteilung der Unternehmensgewinne und treten gegen drohende Produktionseinschränkungen zum Schutz der Umwelt gemeinsam auf. Umweltschützer und die Gewerkschaft der Bauarbeiter streiten sich über den Bau einer Autobahn und ziehen am gleichen Strang, wenn es um zusätzliche soziale Leistungen geht. Die Bürger verlangen eine bessere Müllabfuhr und den zügigen Abtransport von Sperrmüll, wehren sich aber gegen die Einrichtung einer Deponie in ihrer Nähe. Frauen stehen gegen die Gewerkschaften, die sonst ihr Interesse vertreten, aber das alte Rentensystem verteidigen. Interessen an der Vermögensbildung der Privathaushalte stoßen sich mit staatlichen Steueranforderungen, um höhere Zuschüsse zur Alterssicherung finanzieren zu können. Ältere Menschen wollen nicht ganz alte Menschen pflegen, obwohl sie in Kürze auf die gleichen Leistungen angewiesen sein werden. Kinderlose Ehepaare bestehen auf dem Ehegattensplitting im Steuerrecht; Ehepaare mit Kindern fordern einen Beitrag der Kinderlosen zu den Kosten der »Humaninvestitionen«. Gemeinsam wehren sie höhere Steuern ab und erwarten höhere staatliche Leistungen. Immer häufiger entstehen Konflikte entlang der Grenzen zwischen den Generationen.

Wir wehren uns gegen die Einwanderung von Ausländern. Aber wir erwarten, daß der Mangel an Pflegepersonal in unseren Krankenhäusern durch Kräfte aus Osteuropa und dem Fernen Osten ausgeglichen wird. Wir hoffen – so auch amtliche Äußerungen –, daß die Aussiedler unser Geburtendefizit verringern. Wir haben keine Arbeit für Arbeitslose und keine Facharbeiter für zusätzliche Arbeit. Akademiker sind arbeitslos, und Lehrlinge sind knapp.

Eine Gemengelage aus alten und neuen Widersprüchen ist entstanden. Sie verlaufen »kreuz und quer« durch die Gesellschaft. Kreuzwellen nennt der Segler das Phänomen, daß Wellen aus verschiedenen Richtungen kommen und sich schneiden. Die »Kreuzsee« fordert seine ganzen Fähigkeiten und die ganze Leistungsfähigkeit und Stabilität seines Bootes. In der Politik ist es nicht anders. Die Widersprüchlichkeit der Konflikte und Problemlagen erschwert die Zuordnung der Bürger zu bestimmten

Interessengruppen. Denn immer häufiger treffen auch in ihren Mikrokosmen, in den kleinen Lebenskreisen die unterschiedlichsten Interessen zusammen, ohne daß ein Interesse wegen seiner überragenden Bedeutung den ganzen Lebensbereich bestimmt. Wir alle müssen in zunehmendem Maße Widersprüchliches ausgleichen, Kompromisse finden, Prioritäten setzen. Mit steigendem Wohlstand nimmt auch die Vielfalt der Möglichkeiten und Interessen zu. Unter ihnen müssen wir auswählen und einen Ausgleich suchen. Die Ergebnisse unserer Entscheidungen sind höchst unterschiedlich. Ebenso unterschiedlich sind deshalb auch die Einstellungen zu Interessen und Erwartungen anderer. Fragen, die vor Jahren noch als nebensächlich galten, können heute politische Bedeutung erlangen. Der Sportler, der sich für Drachenflug entschieden hat, stößt auf den Bürger, den die Unruhe irritiert, die mit der massenhaften Ausübung dieses Sports verbunden sein kann. Wenn es diesem Bürger sonst gutgeht, kann seine Ablehnung des Drachenflugs ein wichtiges politisches Interesse werden. Praktische Beispiele gibt es bereits.

In der Diskussion über die politischen Veränderungen im Lande ist viel von der »Atomisierung« der Bevölkerung und der Pluralität ihrer Vorstellungen die Rede. Häufig wird darin eine Gefahr für die Stabilität unseres Gemeinwesens gesehen. Dies geschieht, wie ich glaube, zu Unrecht. Die Vielfalt der Interessen ist zunächst eine Bereicherung. Sie ist auch ein Fortschritt. Sie zeigt, daß wir im Begriff sind, den kollektiven Charakter früherer Interessenvertretung zu überwinden. Zu recht spricht man vom »Kolonnen-Prinzip«, wenn man Antworten auf die klassischen Konflikte zwischen Kapital und Arbeit beschreiben will. Massenorganisationen produzieren Konfliktlösungen für Massen. Solange es um Grundbedürfnisse ging, die für alle gleich geregelt werden mußten, hatten sie ihre Berechtigung. Aber wie die Zweige eines Baumes verzweigen sich auch die Bedürfnisse, wenn der Stamm der Grundbedürfnisse gesichert ist. Was dann zu regeln und zu gestalten ist, übersteigt die Möglichkeiten der Massenorganisation. Sie wird, wenn sie sich nicht anpaßt, auch dann noch versuchen, Grundbedürfnisse zu definieren und durchzusetzen, wo es längst keine mehr durchzusetzen gibt.

Die Gefahr der neuen Vielfalt liegt nicht in der angeblichen Unübersichtlichkeit, die sie mit sich bringt. Sie liegt in der Unfähigkeit unserer traditionellen Organisationen und Institutionen, mit der gewachsenen Vielfalt umzugehen. Dies ist zunächst eine Gefahr für die Organisationen selbst. Das, was sie können, ist immer weniger gefragt, und das, was immer mehr gefragt ist, können sie nicht. Zum Problem für unser Gemeinwesen wird es, wenn die alten Strukturen die Einrichtungen des Staates und der Gesellschaft besetzt halten und mit Erfolg verhindern, daß sich Formen staatlicher und gesellschaftlicher Problemlösungen entwickeln, die mit der neuen Vielfalt umzugehen wissen. Auch hier haben wir es also nicht mit Sachzwängen zu tun. Wachsende Vielfalt ist nicht per se für ein Gemeinwesen gefährlich. Unübersichtlichkeit ist kein absoluter Maßstab. Was wir heute als normale Vielfalt beschreiben, wäre den Menschen in den 50er Jahren als absolutes und bedrohliches Chaos erschienen. Nicht weil unsere Vielfalt regelmäßig chaotisch wäre – sie ist es nur manchmal –, sondern weil die Bürger der 50er Jahre nicht gelernt hatten, mit unserer Vielfalt umzugehen.

Wir wissen, daß die fortschreitende Entwicklung der menschlichen Gesellschaft und die Steigerung ihrer Leistungsfähigkeit Hand in Hand geht mit der Zunahme ihrer Komplexität. Das Netz von Querverbindungen und Abhängigkeiten wird dichter. Die eher überschaubaren hierarchischen Beziehungen – einer hat das Sagen, und alle wissen, wohin es geht – nehmen ab. Sie werden zunehmend durch komplexe bürokratische Ordnungen ersetzt, in denen viele das Sagen haben und keineswegs alle wissen, wo es langgeht.

Im Rückblick auf die Entwicklung der Gesellschaft können wir Phasen unterschiedlicher Komplexität ausmachen. Die Übergänge von einem Abschnitt zum nächsten sind an einer sprunghaften Zunahme der Komplexität zu erkennen. Entwicklungssprünge wie die Industrialisierung, die Dezentralisation der Produktion nach der Erfindung des Drehstrommotors, die Individualisierung des Privatverkehrs nach dem Zweiten Weltkrieg und – in unserer Gegenwart – die Wirkungen der elektronischen Datenverarbeitung und Kommunikation sind stets Komplexitätssprünge. In ihrer Zeit erscheint die Gesellschaft besonders unübersichtlich. Sie gerät in Unordnung. Viele Menschen sehen darin eine Bedrohung. Sie finden sich nicht zurecht, verlangen nach Orientierung. Es sind die Zeiten der Extreme, der Sekten, der Heilslehren und Gurus. Aber auch diese Zeiten sind nicht das Ergebnis historischer Zwangsläufigkeit. Sie sind das Produkt unseres Handelns. Wir haben unser Leben industrialisiert. Wir haben Technik und Naturwissenschaft ständig vorangetrieben. Wir haben die weltweite Kommunikation und Datenverarbeitung ebenso geschaffen wie die nuklearen Systeme. Der Wohlstand, dessen Folgen uns zu überwältigen drohen, ist unser Produkt. Wir und unser Handeln sind die Ursache für zunehmende Komplexität und Vielfalt. Wir müssen deshalb auch damit fertig werden. Unsere Institutionen werden in Zukunft, wie in der Vergangenheit, daran gemessen werden, ob sie dazu einen Beitrag leisten können und welchen. Dies gilt auch für die politischen Parteien. Die Fähigkeit der Parteien, die Komplexität unserer Gegenwart und der absehbaren Zukunft politisch zu beherrschen, ist *ein Maß*, mit dem wir sie messen werden.

So unterschiedlich und vielfältig, so unübersichtlich unsere Interessen geworden sind, so stark sind nach wie vor die Interessen, die wir gemeinsam haben. Das stärkste unter ihnen verbindet die große Mehrheit der Bürger miteinander. Es sind die Ansprüche an den Staat und die staatlich verfaßte Gemeinschaft. Die große Mehrheit erwartet vor allem vom Staat die Lösung unserer Probleme. Der Staat und seine kollektiven Einrichtungen sind die Adressaten unserer Ansprüche auf soziale Leistungen, Transferzahlungen oder Subventionen. Daß die Systeme der sozialen Sicherheit selbstverwaltete Einrichtungen sind, ist den meisten unbekannt. Politisch ist es bedeutungslos. Niemand sieht sie deshalb als Einrichtungen an, in denen er selbst, vertreten durch seine Organisation, mitbestimmt. Soziale Leistungen gelten als staatliche Leistungen.

Nicht nur bei uns, in allen westlichen Demokratien haben sich die staatlichen Aufgaben und Zuständigkeiten seit Jahrzehnten ständig ausgeweitet. Zwar hat ihre Expansion abgenommen. Vielerorts, auch bei uns, ist sie vorübergehend zum Stillstand gekommen. Teilweise ist die Staatsquote, der Anteil des Staatlichen am Bruttosozialprodukt, leicht zurückgegangen. Eine Art Gleichgewicht hat sich eingestellt, vielleicht ein Optimum im Verhältnis von staatlichen und kollektiven Aktivitäten zu denen im gesellschaftlichen Bereich; vielleicht ein Maximum, das unter den gegebenen politischen Verhältnissen nicht überschritten werden kann. Das Verhältnis von Staat und Gesellschaft jedenfalls hat sich fundamental verändert.

Diese Veränderung vor allem ist es, die den vieldiskutierten Wertewandel hervorbringt. Niemand kann erwarten, daß sich die Menschen von den gleichen Wertvorstellungen und von den gleichen Tugenden leiten lassen, gleichgültig, wie hoch der Anteil des Staates am Leben der Gemeinschaft ist. Bis zum Jahr 1957 betrug dieser Anteil gut 30 Prozent. Etwa ein Drittel dessen, was die Bürger insgesamt erarbeiteten, wurde dem Staat und den sozialen Systemen für ihre Aufgaben überlassen. In *dieser* Zeit entwickelten sich die Wertvorstellungen und Tugenden, an denen wir heute den Wertewandel messen. An den damaligen Bewertungen von Arbeit und Freizeit, der Autorität der Eltern und der Bedeutung von Pflichten orientieren sich Vergleiche, die Elisabeth Noelle-Neumann und andere zu dem Schluß veranlaßt haben, die Deutschen hätten weniger Freude an ihrer Arbeit. Man muß sich nur vorstellen, was es bedeuten würde, den Staatsanteil in unserer Gegenwart wieder auf rund ein Drittel des Bruttosozialprodukts zu senken. Die Menschen heute wären, jedenfalls zunächst, außerstande, das Ausmaß an eigener Verantwortung, Risikobewältigung und Anpassungsleistung zu erbringen, das mit einer solchen Veränderung verbunden wäre und das die Menschen in den 50er Jahren erbracht haben.

Deshalb ist auch die Neigung der Bevölkerung gering, die Entwicklung der zurückliegenden Jahrzehnte zu korrigieren. Ihre Abneigung gegen eine Verringerung staatlicher Leistungen ist stark ausgeprägt. Obwohl der Wohlstand außerordentlich gewachsen ist, legt gerade die wohlhabende Mehrheit großen Wert auf ihre Ansprüche an den Staat. Sie ist bereit, ihn anzuerkennen, ihn zu legitimieren, wenn er ihre »berechtigten« Ansprüche befriedigt. Es ist genau so gekommen, wie Ludwig Erhard es Ende der 50er Jahre voraussah, als der Anteil des Staates am Bruttosozialprodukt zu steigen begann. Wir haben ein Stück unserer damaligen Eigenverantwortung und Selbständigkeit an den Staat und seine Leistungssysteme verloren. Wir sind materiell sehr viel reicher als die Generationen unserer Väter und Großväter. Wir haben mehr Möglichkeiten, mehr Vielfalt, mehr Abwechslung, eine größere Auswahl. Aber wir sind ärmer geworden an persönlicher Eigenverantwortung und Verantwortung für den Nächsten. Wer unter Selbstverwirklichung weniger den Konsum des Überflusses versteht, den die *materielle Expansivität* erzeugt, und mehr die Bewährung in Verantwortungen und Herausforderungen ohne staatliche Unterstützung, der müßte die Menschen der 50er Jahre eher beneiden.

Mit der Abhängigkeit vom staatlichen und kollektiven Bereich ist auch unsere Empfindlichkeit für tatsächliche oder vermeintliche Ungerechtigkeiten gewachsen. Unser *Bewußtsein,* existentiell vom Staat abzuhängen, hat enorm zugenommen. Mit diesem Gefühl einer fundamentalen Abhängigkeit vom politisch-administrativen Raum hat sich nicht nur Verdrossenheit gegenüber jeglicher Bürokratie und ihrer Eigengesetzlichkeit eingestellt. Es hat sich auch eine, wie Helmut Klages es formuliert, »chronische Wachheit und Reizbarkeit« gegen alle Belastungen und Risiken entwickelt, die vom staatlichen Sozialsystem ausgehen könnten. Sie vor allem sind die Ursache für die Reaktion weiter Teile der Bevölkerung auf die Folgen der Reform der gesetzlichen Krankenversicherung. Norbert Blüm hat seine Verbitterung über diese Reaktionen zu dem Ausruf veranlaßt, die Leute gingen ihm »auf den Keks«, weil sie noch nicht einmal in der Lage seien, einen kleinen Teil der Risiken und der Kosten des Gesundheitssystems zu übernehmen. Er übersieht, daß den Bürgern ein Sozialstaat »auf den Keks« gehen muß, der sie – in ihren Augen regelwidrig – in Anspruch nimmt, statt Leistungen zu verbessern. Daß die Reform die Beiträge stabil halten soll, ist kein Ausgleich für die Belastungen. Steuern oder Beiträge und staatliche Leistungen haben längst ihren inneren Zusammenhang verloren. Was mit

Leichtigkeit auf den Verschiebebahnhöfen staatlicher Finanz- und Sozialpolitik bewegt werden kann, können die Bürger nicht mehr als zusammenhängenden Teil eines Systems der sozialen Sicherheit erkennen. Die Verschleierung der sozialen Gleichung, damit niemand erfährt, wer für was bezahlt und wie es bezahlt wird (Pater von Nell-Breuning), zeigt Wirkungen. Wenn zwischen Beiträgen und Leistungen kein Zusammenhang gesehen wird, dann kann Beitragsstabilität auch keine Gegenleistung für Belastungen durch Eigenleistungen sein. So wie das Sozialsystem die Menschen in den letzten Jahrzehnten »konditioniert« hat, war ihnen die Reform nicht »zu verkaufen«.

Ihr Interesse konzentriert sich auf diejenigen Fragen, die sie als Privatpersonen unmittelbar oder mittelbar »betreffen« und insoweit auch angehen. Betroffen sind sie von Verbesserungen staatlicher Leistungen ebenso wie von Eingriffen in Leistungen, die zum Besitzstand geworden sind. Wenn der Erfolg der Sozialpolitik am Wachstum des Sozialetats gemessen wird – beide Volksparteien verfahren seit Jahrzehnten so –, dann kann auch der Bürger erwarten, daß »seine« staatlichen Leistungen wachsen. Ihre Kürzung ist gleichbedeutend mit einem Eingriff in wohlerworbene Rechte. Die Zumutung, das eigene Vermögen (Können wie Geld) einzusetzen, um Aufgaben zu lösen, die bisher die staatliche Sozialpolitik übernommen hatte, erscheint auch leistungsfähigen Bürgern als ein enteignungsähnlicher Vorgang. Sie wehren sich mit »Legitimationsentzug«. Der Staat, der mich sozialpolitisch enteignet, ist nicht mehr »mein Staat«.

Diese sozialpolitische Konditionierung der Bürger, diese Sozialstaatsakzeptanz (Helmut Klages) ist das größte politische Hindernis auf dem Weg zu einer zukunftsorientierten Politik. Denn sie erschwert auf besonders wirksame Weise jeden Austausch bisheriger staatlicher Leistungen gegen die Leistungen, die erbracht werden müssen, um die ökologischen, demographischen und fiskalischen Defizite auszugleichen oder unserer europäischen und gesamtdeutschen Verantwortung zu entsprechen. Sie steht einer Veränderung der heutigen Prioritäten zugunsten der neuen Prioritäten im Weg. Sie hält den Staat in der Gegenwart fest und versperrt damit nicht nur ihm, sondern dem ganzen Gemeinwesen die Dimension Zukunft. Der »Sozialstaat« kann Beschränkungen in unserer Gegenwart nicht mit Vorteilen in der Zukunft begründen. Er kann Aufwendungen der Allgemeinheit zur Überwindung der ökologischen Defizite nicht mit bisherigen Aufwendungen im Rahmen der Sozialpolitik verrechnen. Dazu fehlt ihm als »Sozialstaat« die Legitimation.

Daß eine ökologische Umrüstung der Gesellschaft und ein Abbau der bereits entstandenen ökologischen Altlasten zusätzliche Aufwendungen der Allgemeinheit und damit staatliche Ausgaben erfordern wird, ist offensichtlich. Leistet die Bevölkerung mehrheitlich Widerstand gegen eine weitere Erhöhung des Staatsanteils, das heißt gegen höhere Steuern und Abgaben, und soll das fiskalische Defizit nicht weiter vergrößert werden, dann können die neuen Aufgaben nur zu Lasten alter bewältigt werden.

Praktisch heißt dies: Im Bereich der Sozialpolitik, der Transferleistungen, der Subventionen muß der Umfang staatlicher Leistungen verringert werden. Dafür müssen wir die gewachsene private Leistungsfähigkeit der Mehrheit stärker in Anspruch nehmen. Unter Gesichtspunkten der allgemeinen Gerechtigkeit wäre eine solche stärkere Inanspruchnahme durchaus angemessen. Ein nicht unwesentlicher Teil des Wirtschaftswachstums der letzten Jahrzehnte und damit auch der privaten Wohlstandsmehrung und Vermögensbildung verdanken wir dem Umstand, daß wir »auf Pump« gelebt haben. Die hohe Verschuldung des Staates, der gegenwartsbezogene Verbrauch der Mittel, die wir dank geringerer »Humaninvestitionen« eingespart haben, und die kostenlose Inanspruchnahme der Natur haben uns zusätzliche Möglichkeiten der Wohlstandssteigerung und der Vermögensbildung eröffnet. Sie hätten uns bei zukunftsorientiertem politischen Handeln nicht zur Verfügung gestanden. Es ist deshalb im Sinne einer zukunftsorientierten Politik nur billig und gerecht, wenn der Teil der Bevölkerung, der über eine ausreichend hohe private Leistungsfähigkeit verfügt, diese nun zur Abdeckung sozialer Risiken bereithält, den Staat damit entlastet und ihn so in die Lage versetzt, die entstandenen Zukunftsdefizite zu unser aller »Zukunftswohl« zu verringern.

Ob die Bevölkerung einer solchen Kursänderung mehrheitlich

zustimmen wird, ist schwer vorauszusagen. Zwar können wir beobachten, daß nicht nur die jüngeren Generationen sich wieder stärker auf ihre eigene Leistungsfähigkeit stützen und persönlich für ihre Zukunft sorgen wollen. Die Bereitschaft, dem Umweltschutz *Priorität* vor Wirtschaftswachstum einzuräumen (was *nicht* heißt, gegen Wachstum zu sein), nimmt zu. Politischen Aufgaben, die mit Zukunftssicherung zu tun haben, wie Umweltschutz oder Sicherung der Renten, wird hohe Priorität eingeräumt. Die Menschen sind offener geworden für die neuen Fragen und skeptischer gegenüber den alten Antworten. Aber die Situation ist ambivalent. Die Bereitschaft, auf neue Notwendigkeiten zu hören, hat auch damit zu tun, daß es derzeit keine Bedrohungen gibt, die alle Kräfte in Anspruch nehmen. Das kann sich jederzeit ändern. Schon ein wirtschaftlicher Abschwung oder außenpolitische Irritationen können das politische Interesse der großen Mehrheit wieder ganz für die Gegenwart beanspruchen.

Auch die derzeitige politische Bewertung des Staatsanteils am Bruttosozialprodukt und seiner Entwicklung kann sich ändern. Eine Fülle neuer Probleme zeichnet sich ab, die nur die Gemeinschaft lösen kann. Gegen die Beschädigung der Ozonschicht, die Zerstörung der Tropenwälder, das Risiko einer Klimaänderung, die wachsenden Risiken der Großtechnik ist der einzelne machtlos. Er fühlt sich ihnen hilflos ausgeliefert. Das kann dazu führen, daß die Bevölkerung einer erneuten Ausdehnung des Staatsanteils mehrheitlich zustimmt. Selbst wohlhabende Bürger können das Gefühl haben, den Problemen nicht gewachsen zu sein. Auch sie haben dank der umfassenden staatlichen Vorsorge den Einsatz eigenen Vermögens zur Bewältigung persönlicher Lebensrisiken nie eingeübt.

Ähnlich unvorhersehbar sind die Auswirkungen der »Atomisierung« unserer Gesellschaft. Von ihr wird die Mehrheit der Bevölkerung erfaßt. Der Familienverbund ist schwächer geworden. Seine Tragfähigkeit nimmt ab. Langfristige menschliche Bindungen werden zunehmend instabil. Die Unsicherheit wächst, ob man sich im Fall der Not aufeinander verlassen kann. 40 Prozent der Bevölkerung sehen in einer heute geschlossenen Ehe nicht unbedingt eine Bindung auf Lebenszeit. Nur 54 Prozent gehen davon aus, daß die geschlossene Ehe ein Leben lang halten wird. Die Stabilität der kleinen Lebenskreise wird weniger hoch eingeschätzt als früher. Viele Menschen sind zudem allein, oft einsam. Das Bedürfnis, sich anzuschließen, bleibt ungedeckt. In der Gesellschaft insgesamt bilden sich so immer weniger stabile Kleinverbände.

Wenn es der Mehrheit so ergeht, dann kann es nicht überraschen, daß eine Mehrheit der Bevölkerung trotz gewachsenen Wohlstands ihre Sicherheit vom Staat erwartet. Man hält sich an die Institutionen, die ihrer Natur nach stabil, dauerhaft und deshalb verläßlich erscheinen, auch wenn man damit von ihr abhängig wird.

Wir können hier nicht der Frage nachgehen, ob diese wachsende Instabilität gerade durch den Umstand verursacht wird, daß die kleineren Lebenskreise wegen der umfassenden staatlichen Vorsorge immer weniger in Anspruch genommen werden. Sie haben deshalb weniger Möglichkeiten, sich unter Bedingungen echter Belastung zu bewähren. Sie büßen ihre Fähigkeit ein, starke Belastungen zu tragen. Die nachfolgenden Generationen machen eben diese Erfahrung mit einer staatlichen Vollversorgung. Sie sehen vielleicht auch deshalb keine Veranlassung, ein eigenes »Nest« zu bauen, das ihnen Schutz gegen die Wechselfälle des Lebens bieten kann. Was immer die Ursachen für diese Entwicklung sein mögen, auch sie trägt dazu bei, daß eine Mehrheit die Absicherung ihrer Lebensrisiken vom Staat erwartet. Dies erklärt, warum es zwischen den Volksparteien Union und SPD im Bereich der Sozialpolitik keine ins Gewicht fallenden prinzipiellen politischen Unterschiede gibt. Beide Volksparteien sind innenpolitisch vor allem dem Sozialstaat verpflichtet. Beide beziehen aus sozialen Leistungen und Versprechungen einen wesentlichen Teil ihrer politischen Legitimation. Beide spiegeln in ihren sozialpolitischen Positionen die Mehrheit der Bevölkerung wider. Beide sind in diesem Sinne Parteien der Mitte.

Dieser Umstand hat immer wieder Anlaß zu der Frage gegeben, ob überhaupt Aussicht besteht, zu einem Abbau der Defizite zu kommen und die Zukunftsfähigkeit unserer Gesellschaftsordnung zu sichern. Hans Jonas hat Zweifel geäußert, andere auch.

Sie sind nicht ohne Berechtigung. Wenn ich dennoch glaube, daß der Versuch einer Neuorientierung sich lohnt, dann deshalb, weil ich in unserer gegenwärtigen politischen Befindlichkeit zwar nicht die Gewißheit, aber die Chance für eine Bewußtseinsänderung erkenne. Sie liegt in der *Ambivalenz* unseres heutigen Denkens, zwischen seiner Bindung an die alte sozialstaatliche Orientierung und seiner Öffnung für die neuen Gefahren und Herausforderungen.

Wo Bewahren und Erneuern sich die Waage halten, dort halten sich nach meiner Überzeugung die meisten von uns politisch auf. Dort ist die politische Mitte. Diese Mitte enthält immer zugleich drei Entwicklungsmöglichkeiten: daß das bewahrende oder das erneuernde Element sich als stärker erweist, oder daß beide über eine längere Zeit im Gleichgewicht verharren. Halten sich beide über längere Zeit im Gleichgewicht, dann wird aus Stabilität Stagnation. Setzt sich das bewahrende Element durch, dann nehmen die Widersprüche zwischen Politik und Wirklichkeit schnell zu. Die notwendigen Veränderungen werden nicht planvoll gestaltet. Sie verschaffen sich unkontrolliert Beachtung. Überwiegt das erneuernde Element, dann kann aus der Mitte langfristig Politik gestaltet, dann können auch Prioritäten mit Zustimmung der Mehrheit geändert werden.

Normalerweise überwiegt in der Mitte das Gleichgewicht zwischen Erneuern und Bewahren. Deshalb gilt sie als der politische Schwerpunkt des Gemeinwesens. Aber dieser Schwerpunkt ist ständig in Bewegung. Neues Denken dringt in ihn ein, altes wird abgebaut. Solange das Neue nicht die Mehrheit hat, begreifen wir es nicht als Politik der Mitte. Ökologische Forderungen waren vor zehn Jahren keine Forderungen der Mitte. Die Neuordnung des Generationenvertrags entsprechend der neuen demographischen Wirklichkeit ist es heute noch nicht, wird es aber bald werden. Die Forderung, auf weitere Staatsverschuldung zur Sicherung zukünftiger Lebenschancen zu verzichten, ist weit davon entfernt, mehrheitsfähig zu sein. Aber Verschiebungen sind auch hier möglich. Das Gleichgewicht der Mitte ist heute weniger stabil zugunsten des Bestehenden als noch vor einigen Jahren.

Unter solchen Bedingungen ist ein *Paradigmen-Wechsel*, der

Wechsel zu einer neuen Sicht der Dinge, auch unter demokratischen Bedingungen möglich. Sicher ist es nicht, daß er gelingt. Aber der Versuch ist aussichtsreicher als noch vor wenigen Jahren. Dazu haben vor allem die politischen und kulturellen Bemühungen und Debatten im sogenannten *vorpolitischen Raum* beigetragen. Er ist der eigentliche politische Raum unseres Gemeinwesens. In ihm, nicht in den Institutionen der Politik, der Parteien und der Parlamente, vollziehen sich die Veränderungen des Bewußtseins. Im Diskurs freier Bürger verschieben sich Ziel- und Wertvorstellungen. Hier bahnt sich eine Änderung des Gleichgewichts zwischen Bewahren und Erneuern an. Hier ändern sich die Bewertungen gesellschaftlicher und politischer Aktivitäten. Hier werden Urteile gebildet und verfestigt, auf die die Volksparteien sich dann gerne als ihre Errungenschaften berufen, obwohl sie neue Urteile und Bewertungen kaum je übernehmen, ehe sie sich ihrer Mehrheitsfähigkeit versichert haben.

Es ist meine Überzeugung, daß das *neue* Denken, das die Zukunft in unsere gegenwärtige Verantwortung einbezieht, mehrheitsfähig werden *kann*. Aber die politische Mitte kann dies nicht ohne Hilfe leisten. Sie kann neues Denken aufnehmen und in ihr Gleichgewicht einbeziehen. Regelmäßig bilden sich in ihr dann aber auch die entsprechenden Widerstände. Denn auch die Besitzstände, die vom neuen Denken betroffen werden, sind in der Mitte angesiedelt. Sie sorgen dafür, daß das Gleichgewicht erhalten bleibt, dem *sie* ihren Einfluß verdanken. Sie leugnen die Berechtigung neuer Fragen und unterdrücken die Fakten, auf die sich die Fragenden stützen. Sie treten ein für das Bewährte, auch wenn es sich lange nicht mehr bewährt und aus Wohltat Plage wird. Sie sind die wichtigsten Bundesgenossen des bewahrenden Elements. In ihm sehen *sie* die Mitte, den Ort der Stabilität, den Schwerpunkt *ihrer* politischen Strukturen. Sie tendieren dazu, die gesellschaftliche Wirklichkeit nach ihren Bedürfnissen zu interpretieren. Die Fähigkeit der »partiellen Wahrnehmung« der Wirklichkeit gehört zu ihren hervorragendsten Eigenschaften. Und sie stützen sich auf unser aller Neigung, Besitzstände auch daran zu entwickeln, wie wir stets gedacht haben. Denkweisen können die unbeweglichsten Besitzstände werden.

So braucht die Mitte die Unterstützung von Kräften, die sich nicht durch Besitzstandsdenken davon abhalten lassen, das Element der Erneuerung zu stärken und das Gleichgewicht zu seinen Gunsten zu verändern. Diese Kräfte sind vorhanden. Um wirksam werden zu können, sind sie auf politische Repräsentanten angewiesen. Das wiederum ist Aufgabe der politischen Parteien. Mit ihren Zukunftsparolen nehmen beide Volksparteien die Erfüllung dieser Aufgabe für sich in Anspruch. Beide sind jedoch weit davon entfernt, ihr gerecht zu werden.

Unsere politischen Parteien werden den kommenden Herausforderungen gewachsen sein, wenn sie in der Lage sind, dem neuen Denken, einer um die Dimension Zukunft erweiterten Politik, eine politische Repräsentanz *in ihren Reihen* zu sichern. Ob sie das können, ist das *zweite Maß*, an dem wir sie messen werden. Beides, die Beherrschung der Komplexität unserer Gegenwart und die Repräsentanz der Dimension Zukunft wird von ihnen heute nicht ausreichend geleistet. Darin besteht *eines der politischen Defizite* unserer Republik.

Dies führt uns zu folgendem *Zwischenergebnis*. Die weitere Entwicklung der Parteienlandschaft wird davon abhängen, wie die politischen Parteien mit wachsender Vielfalt und gesellschaftlicher Komplexität fertig werden und wie sie dem Element der Erneuerung politische Vertretung verschaffen. Kann die bestehende Parteienstruktur, das heißt können vor allem die beiden Volksparteien diese Aufgabe in wechselseitiger Verantwortung erfüllen, dann wird die Parteienlandschaft sich nicht wesentlich ändern. Gelingt es den Volksparteien nicht, das politische Defizit zu überwinden, dann wird die Parteienlandschaft sich weiter wandeln.

Wenn wir es für möglich halten, daß die Parteienlandschaft sich weiter verändert, müssen wir uns mit dem Argument auseinandersetzen, *jede* Veränderung der bestehenden Strukturen der Parteienlandschaft sei bereits eine Gefährdung der politischen Stabilität. Ohne starke Parteien der politischen Mitte, sprich ohne die beiden Volksparteien Union und SPD, sei eine parlamentarisch repräsentative Demokratie auf Dauer nicht lebensfähig. Heiner Geißler, der mit vielen anderen dieser Ansicht ist, verweist zur

Begründung auf die Erfahrungen der Weimarer Republik. Sie hätten gezeigt, daß die politische Mitte um so schwächer werde, je stärker radikale oder gar extremistische Parteien würden. Um so schwieriger werde es, stabile parlamentarische Mehrheit und handlungsfähige Koalitionsregierungen zu bilden.

Ich stimme seiner Feststellung zu, daß links- und rechtsextreme Parteien sich »gegenseitig hochschaukeln«, mit ihren demagogischen Parolen sachliche Lösungen verhindern und die Menschen gegeneinander aufhetzen. Aber ich folge ihm nicht darin, daß es primär radikale und extreme Parteien sind, die die Mitte schwächen. In Wirklichkeit ist es umgekehrt. Nur wenn die Mitte geschwächt wird, weil die »Parteien der Mitte« ihrer Aufgabe nicht gerecht werden, können – jedenfalls unter normalen politischen Bedingungen – extreme Parteien überhaupt entstehen. Deshalb ist es ein Alarmzeichen, wenn sie erstarken. Aber nicht, wie Heiner Geißler in seiner Dokumentation zu den Republikanern, 1989, meint, »für jedes demokratische System«, sondern für die bestehende Parteienlandschaft, vor allem für die Volksparteien.

Heiner Geißlers Betrachtungsweise ist typisch für eine weit verbreitete Umkehr von Ursache und Wirkung. Sie erklärt sich aus einem an sich normalen Vorgang. Nach vierzig Jahren etablierter Parteienlandschaft in der Bundesrepublik kann sich niemand so recht vorstellen, daß sie in Zukunft auch ganz anders aussehen könnte. Vor allem die Volksparteien sind sich – bei allen Gegensätzen – einig, daß die Ordnung der Parteienlandschaft, die sie geschaffen haben, die richtige Ordnung ist. Sie muß deshalb, nach ihrer Überzeugung, gegen alle Veränderungen geschützt werden. Denn Veränderungen bedrohen die bewährte Ordnung. Wer die bewährte Ordnung bedroht, ist radikal oder extrem oder beides. So sehr haben die etablierten Volksparteien sich an ihre zentrale Rolle im politischen Gefüge unserer Republik gewöhnt, daß sie auf Veränderungen des Wahlverhaltens der Bevölkerung nicht mit Selbstkritik, sondern mit Kritik an den Wählern reagieren. Nicht etwa die Parteien, sondern die gesamte Öffentlichkeit, hieß es nach dem Wahlerfolg der Republikaner in Berlin, habe die Verantwortung für die weitere Entwicklung. Es müsse nämlich

Schluß sein mit der Herabsetzung der demokratischen Parteien und ihrer Führer. Die Wähler, die den Volksparteien einen Denkzettel hätten erteilen wollen, müßten jetzt selbst sehen, was sie angerichtet haben.

Die Volksparteien sind in der Tat etablierte Parteien geworden. Etabliert nicht in der politischen Wirklichkeit, sondern vor allem im eigenen Denken. Beide können sich die Bundesrepublik ohne sich selbst und ihre zentrale Rolle nicht denken. Viele ihrer Anhänger und wichtige Teile der Öffentlichkeit sehen es ähnlich. Sie sind deshalb voller Sorge, wie denn in Zukunft durch Koalitionen mit einer der Volksparteien weiter Stabilität und Regierungsfähigkeit gewährleistet werden könnte. Wir haben an der bestehenden Parteienlandschaft gewissermaßen einen Besitzstand erworben. Auf Veränderungen reagieren wir wie jeder Besitzstand. Sie bedeuten für uns Unordnung, Chaos, Gefahr. Sie werden beschworen, um die Wähler wieder in das bewährte Gehäuse der etablierten Parteien zurückzuholen. Das ist – in den Augen dieser Parteien – eigentlich ihre demokratische Pflicht. Denn: Was sich außerhalb des Bewährten bewegt – auch wenn es, wie die GRÜNEN, sich schon länger behauptet –, ist radikal oder extrem, nach landläufiger Terminologie also eher undemokratisch.

Es ist durchaus normal, daß wichtige Organisationen das Ganze aus ihrem Blickwinkel sehen und ihr Wohl mit dem des Ganzen gleichsetzen. Gleichwohl ist es erstaunlich, mit welcher Konsequenz es unseren politischen Parteien gelungen ist, sich und die Struktur *ihrer* politischen Landschaft gleichzusetzen mit der politischen Stabilität der Bundesrepublik und mit dem politischen Gesamtwohl. Daß ihnen dies gelungen ist, ist sicher auch das Ergebnis der großen Leistungen beider Volksparteien in den zurückliegenden Jahrzehnten. Wie im sonstigen Wettbewerb, sind solche Erfolge jedoch keine Garantie für die dauerhafte Beständigkeit der einmal entwickelten Verhältnisse. Die aus ihnen abgeleitete Gleichsetzung der vorhandenen Struktur mit dem politischen Wert Stabilität ist zudem eine Gefahr. Sie erschwert es den Etablierten, neue Bedürfnisse zu erkennen und sich ihnen zu öffnen. Sie verstärkt die Tendenz zur Beschränkung des Wettbewerbs und zur Schließung des Marktes. Sie fördert Stagnation, Verkrustung und Verbonzung der Organisationen.

Die Volksparteien machen davon keine Ausnahme. Ihren Versuchen, den Wettbewerb zu beschränken und Neukommer vom »Wählermarkt« fernzuhalten, dienen vor allem zwei Methoden: Die Beschwörung der Mitte und die begriffliche Ausgrenzung der Neukommer. Welche Funktion der Mitte zukommt, haben wir bereits gesehen. Alles, was die Mitte schwächt, heißt die Gleichung, schwächt die Demokratie. Daß es in jeder intakten Demokratie eine politische Mitte gibt, auch wenn ihre Vielfalt nicht von zwei, sondern von mehreren Parteien vertreten wird, wird nicht wahrgenommen. Nach ihrem Selbstverständnis wie nach weitverbreiteter Ansicht repräsentieren die Volksparteien die Mitte nicht nur. Die Volksparteien *sind* die Mitte. Damit ist jeder Wettbewerb anderer Parteien um die Mitte ausgeschlossen.

Nur die FDP ist zugelassen. Sie ist im gewohnten Schema unentbehrlich, denn sie sorgt für den Wechsel der Mehrheit. Nicht ihre liberalen Grundsätze, sondern *diese* Funktion hat sie in den letzten vierzig Jahren (mit Ausnahme der Zeit der großen Koalition) zum unentbehrlichen Inventar jeder Bundesregierung werden lassen. Wie in einem sorgfältig austarierten Regelkreis ist sie die kleine Ursache für die große Wirkung des Regierungswechsels. Die Neigung ihrer Wähler pendelt zwischen Union und SPD. Neigt sich die Gunst der Union zu – und koaliert die Partei mit der SPD –, so darf wieder über Koalitionswechsel spekuliert werden. Im umgekehrten Fall gilt das gleiche. Wie sehr die Stimmungen auch während einer stabilen Koalition schwanken, zeigen die laufenden Befragungen der FDP-Wähler nach ihrer »zweitsympathischsten Partei«.

Den wichtigsten Garanten für die Stabilität seiner Regierung sah Helmut Kohl deshalb auch in der »strukturellen Mehrheit« der Koalition von Union und Freien Demokraten. Mit der SPD konnte die FDP im Bundestag seit 1983 keine Mehrheit mehr bilden. Daß die GRÜNEN beiden als Dritte im Bunde zur Mehrheit verhelfen könnten, lag bisher außerhalb jeder Vorstellung, wohl auch der GRÜNEN selbst. Mit der Diskussion um eine »Ampel-Koalition« beginnt diese Gewißheit zu bröckeln. Das

Pendeln zwischen CDU und SPD

Die „zweitsympathischste Partei“ der FDP-Wähler

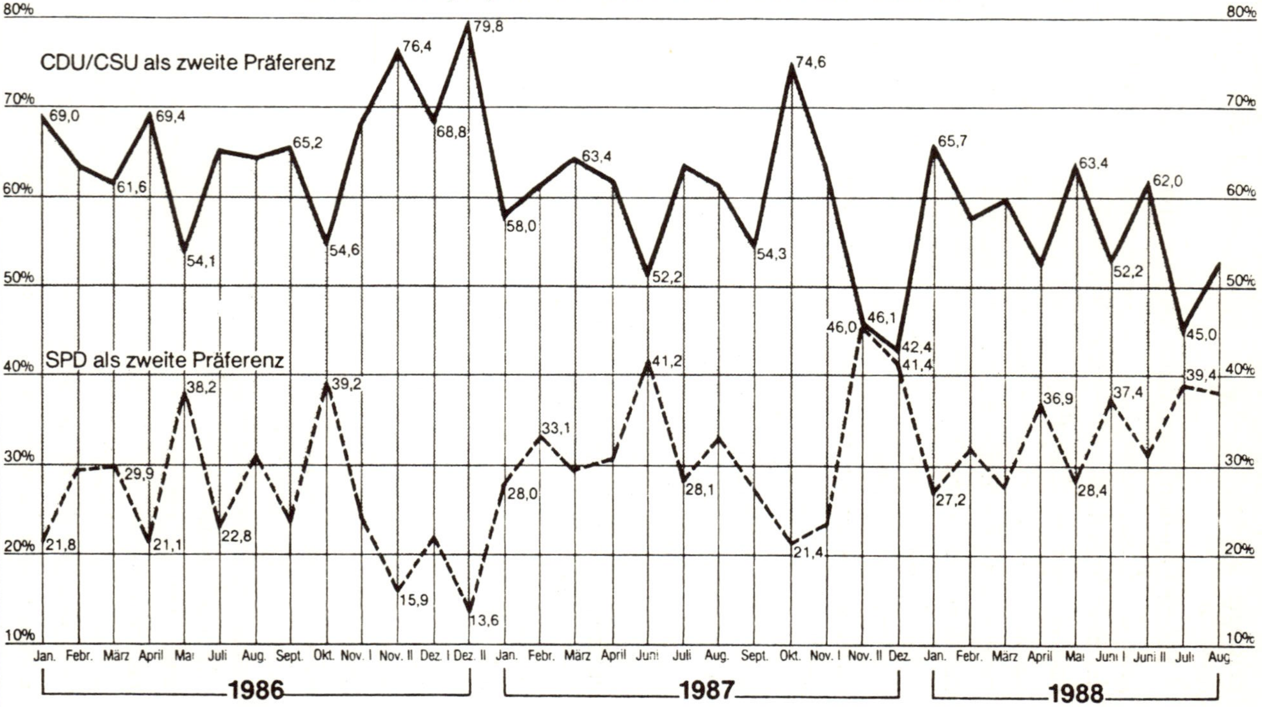

Quelle: Institut für Demoskopie Allensbach

erklärt die heftigen Reaktionen der Union auf alles, was dazu beitragen könnte, die Wähler an das bisher Undenkbare zu gewöhnen.

Solche Gewöhnungen zumindest zu erschweren, ist die Aufgabe der Ausgrenzung von Neukommern. Sie erfolgt mit Hilfe der Begriffe radikal und extrem. Von der Union werden sie praktisch als austauschbare Begriffe angesehen. Links- und rechtsradikal wechselt mit extremistisch. Extrem gilt allenfalls als Steigerung von radikal. Beides liegt im Grunde außerhalb des Horizonts der demokratischen Parteienlandschaft.

Das Verfahren ist nicht ungefährlich. Während extrem oder extremistisch als Bezeichnung relativ eindeutig ist – extremistisch gleich verfassungswidrig, extrem gleich auf dem Weg dahin –, hat der Begriff radikal mehrere Bedeutungen. Er kann die Vorstufe von extremistisch kennzeichnen. Er kann aber auch besagen, daß eine politische Ansicht besonders kompromißlos vertreten wird. Die Organisation Greenpeace ist radikal in ihrer Entschlossenheit, die Natur vor den Folgen der Industriegesellschaft zu schützen. Aber sie ist alles andere als extrem. Ihrer Radikalität in einer entscheidenden Frage verdankt sie ihr hohes Ansehen. Sie hat in den Augen vieler die Kraft, dort keine Kompromisse zu machen, wo sie nicht gemacht werden dürften und wo wir sie aus Bequemlichkeit dennoch zulassen. Ihre Radikalität ist die Radikalität des Gewissens. Würde in der CDU das christliche Menschenbild so gedacht, wie es nach meiner Überzeugung nur gedacht werden kann: der Erhaltung der Schöpfung und ihrer Zukunftsfähigkeit mehr verpflichtet als der Steigerung unseres Wohlstandes, so wäre dies eine radikale Position, gemessen an unserer Bereitschaft, das Bild durch Kompromisse mit einer Fülle anderer Interessen und Erwartungen zu relativieren.

Radikal in diesem Sinne ist keine schlechte, sondern eine gute und wichtige Eigenschaft. Ohne die Bereitschaft weniger zur radikalen Konsequenz ist die wirkliche Veränderung des Ganzen, vor allem des Bewußtseins der Mehrheit, kaum möglich. In diesem Sinne wollte Maihofer Anfang der 70er Jahre ein radikaler Liberaler sein. Im gleichen Sinn kann der Begriff auch heute oder in Zukunft politisch in Anspruch genommen werden. Eine Partei, die radikal, das heißt konsequent denken und dies in die politische Willensbildung des Ganzen einbringen will, kann ein wertvoller Koalitionspartner – in jedem Fall aber eine Bereicherung für die politische Landschaft sein.

So gesehen sind die Republikaner eine populistisch-extreme, aber keine radikale Partei. Sie haben kein erkennbares Programm. Sie führen keinen politischen Gedanken wirklich zu Ende. Sie leben von der Mobilisierung der Gefühle und der politischen Verneinung der Wirklichkeit. Für die GRÜNEN trifft diese Charakterisierung nicht zu. Deshalb ist die vielfach vorgenommene Gleichsetzung von GRÜNEN und Republikanern unzulässig. Unstreitig werden in der Vielfalt der Positionen, die sich in der Partei der GRÜNEN verbunden haben, auch extreme politische Positionen eingenommen. Dies gilt vor allem für die Schwierigkeiten, die die Partei mit ihrer Einstellung zum Gewaltmonopol des Staates hat. Allerdings teilt sie, wie wir gesehen haben, diese Schwierigkeiten mit rund 40 Prozent der Bevölkerung. Dagegen sind die umweltpolitischen, aber auch andere reformistischen Positionen der GRÜNEN zwar radikal, aber nicht extrem. Insgesamt sehe ich in der Partei die GRÜNEN eine eher radikale Partei. Radikal im Sinne der Bereitschaft, den Gedanken des Umweltschutzes und der Zukunftssicherung, aber auch der Gleichberechtigung zwischen den Geschlechtern konsequent nicht nur zu Ende zu denken, sondern auch durchzuführen. Wahrscheinlich ist gerade diese Radikalität des Denkens, diese Bereitschaft, über Kompromißnotwendigkeiten erst zu sprechen, wenn die Notwendigkeit evident geworden ist und der Gedanke sonst insgesamt undurchführbar bleibt, der Hauptgrund für die Attraktivität dieser Partei bei jungen Menschen.

Was die Ansicht der *etablierten Parteien*, sie sicherten die Stabilität unserer Demokratie, eigentlich bedenklich macht, sind nicht die Versuche, den Wettbewerb im »Wählermarkt« zu beschränken. Es ist die mit dieser Ansicht verbundene Abwertung des Parlaments, der eigentlichen Vertretung des Volkssouveräns. Nicht die Parteien sind es, die die Wähler repräsentieren, sondern das Parlament und seine Abgeordneten. Im verfassungsrechtlichen Sinne wird dies niemand in Frage stellen. Das Parlament ist

Sitz der Volksvertreter. Sie sind nach dem Willen der Verfassung an Aufträge und Weisungen nicht gebunden und nur ihrem Gewissen unterworfen (Art. 38 Grundgesetz). Karl Carstens hat diesen Grundsatz in seiner Antrittsrede als Parlamentspräsident als die »Magna Charta« des deutschen Parlaments bezeichnet.

Von der politischen Wirklichkeit des parlamentarischen Alltags wird dieser Grundsatz allerdings kaum eingelöst. Schon der tägliche Sprachgebrauch – häufig genug der zuverlässigste Zeuge der wirklichen Verhältnisse – macht dies deutlich. Er spricht nicht von dem im Parlament vertretenen Volk, sondern von den »im Parlament vertretenen Parteien«. Sie sind es, die die Repräsentativfunktion *in praxi* ausüben. Die Parteien und »ihre« Abgeordneten bestimmen das parlamentarische Leben. Ihr politischer Wille, umgesetzt in ihren Parlamentsfraktionen, entscheidet darüber, was im Parlament beraten und beschlossen wird. Zwischen ihren Parteivorsitzenden werden die Koalitionsabreden ausgehandelt, die die praktischen Handlungsspielräume der Parlamentsmehrheit festlegen.

Die Vorsitzenden müssen, wie dies bei der CSU unter Franz Josef Strauß jahrelang der Fall war, dem Parlament nicht einmal angehören. Die Parteien sind es, die Wert darauf legen, daß im Parlament – wie Hildegard Hamm-Brücher es formulierte – in Blöcken geredet, geklatscht, gebuht und abgestimmt wird. Die vollständige Besetzung des parlamentarischen Raums durch die Parteien ist der Grund, warum sie sich als die eigentlichen Garanten politischer Stabilität sehen. Konsequent zu Ende gebracht heißt dies: Nicht die Verfassungsinstitution Parlament, sondern die Parteien sind *de facto* der Ort demokratischer Repräsentanz und damit die eigentlichen Träger der parlamentarischen Demokratie.

Niemand kann ernsthaft glauben, daß man in einem Parlament mit rund 500 Mitgliedern auf eine organisatorische Infrastruktur verzichten kann. Sie macht das Gremium erst handlungsfähig, erlaubt die Bildung von Regierungen und verläßlichen Mehrheiten in wesentlichen Fragen. Aber von dieser Selbstverständlichkeit bis zur heutigen Bonner Wirklichkeit ist ein weiter Weg. So beherrschend ist die durch die Parteien und ihre Fraktionen vorangetriebene Einheitlichkeit und Geschlossenheit inzwischen gediehen, daß es kaum noch möglich ist, aus der Blockbildung ohne wesentliche Nachteile auszubrechen. Abstimmungen über die Koalitionsgrenzen hinweg sind praktisch ausgeschlossen. Was ausgehandelt wurde – bis zur Verteilung der Redezeiten in Parlamentsdebatten – muß eingehalten werden. Der anderen Seite in der Parlamentsrede Anerkennung zu zollen, gilt als ungewöhnlich. Gedanken der Konkurrenten aufzunehmen und weiterzuführen ist selten. Daß in der Parlamentsdebatte unter dem Eindruck neuer Argumente die eigene Position überprüft und gegebenenfalls korrigiert wird, daran kann sich kaum jemand erinnern. Abstimmungen müssen von der Regierungskoalition immer gewonnen werden. »Freie« Abstimmungen, die dem Auftrag des Artikels 38 Grundgesetz eigentlich entsprechen, sind nur zugelassen, wenn es um wirkliche Gewissensfragen geht, wie um die Verlängerung oder Aufhebung der Verjährungsfristen bei bestimmten Naziverbrechen. Abstimmungsniederlagen der Regierung gelten auch bei nebensächlichen Entscheidungen als Katastrophe. Sie werden von der interessierten Öffentlichkeit als sichere Anzeichen für Gefahren angesehen, die der Regierung, vor allem aber den Parteien drohen könnten, die die Regierung tragen.

In den Parlamentsausschüssen ist die Lage besser. Da sie nicht öffentlich tagen, kann man auch über Koalitionsgrenzen hinweg miteinander reden und nicht nur gegeneinander. Manche Gemeinsamkeiten können sich entfalten. Sie können sich in Beratungsergebnissen niederschlagen. Auch hier gilt jedoch, daß der Rahmen des Zulässigen durch die Absprache der Parteien bestimmt wird. Die zuständigen Parlamentarier sind regelmäßig beteiligt, wenn solche Absprachen getroffen werden. Die Entscheidung selbst jedoch liegt bei den Parteien.

Wichtigster Hebel für den Einfluß der Parteien auf das Parlament ist die Rolle der Parteien bei der Nominierung der Bundestagskandidaten. In diesem Verfahren besitzen die Parteien praktisch ein Monopol. Das kann zu Abhängigkeiten führen. Sie verstärken den Zugriff der Parteien auf das Parlament. Aber auch sonst verpflichtet die Nominierung. Man handelt nicht gerne gegen den Willen der Partei, der man »das Mandat verdankt«.

Seit Jahren bemühen sich Abgeordnete aller Fraktionen, dem Parlament und seinen Mitgliedern wieder etwas mehr Selbständigkeit zu sichern. Hildegard Hamm-Brücher und andere arbeiten in einer interfraktionellen Initiative an Reformvorschlägen. Die Initiative wird von den Parteien nicht gerne gesehen. Die Praktiker des Parlamentsbetriebes sehen im Grunde keinen Anlaß für weitreichende Änderungen. Der Betrieb ist eingespielt und läuft. Zwar nimmt sich jeder neue Parlamentspräsident vor, die Magna Charta des Parlaments zu verwirklichen. Noch alle, so meinen die Praktiker, sind früher oder später von der Routine überzeugt, andere meinen, überwältigt worden.

In der Usurpation des Parlamentarischen durch die Parteien sehe ich das *zweite politische Defizit* unserer Republik. Es führt nicht nur zu leeren Plenarsitzungen, zu ritualisierten Debatten, zu vorausbestimmten Abstimmungen. Es beeinträchtigt auch die Kontrolle der Regierung durch das Parlament. In der heutigen Praxis würde jede *wirkliche* Kontrolle der Regierung durch die Parlamentsmehrheit als Revolution empfunden werden. Aufgabe der Regierungsmehrheit im Parlament ist es nicht, die Regierung zu kontrollieren, sondern die Regierung zu tragen. Genauer noch: Es ist Aufgabe der *Parteien*, die Regierung zu tragen und mit Hilfe ihrer Fraktion dafür zu sorgen, daß ihr auch im Parlament für alle Maßnahmen die Mehrheit sicher ist – selbst dann, wenn es sich um Maßnahmen handelt, die bei freier Abstimmung nie mehrheitsfähig gewesen wären. Die Regierung kann zur Sicherung ihrer Mehrheit durch ihre Parlamentsmitglieder selbst wesentlich beitragen. Kabinettsmitglieder und Parlamentarische Staatssekretäre stellen zusammen eine beachtliche parlamentarische Kerntruppe. Von 269 stimmberechtigten Abgeordneten der Regierungsfraktionen sind 44 zugleich Mitglieder der Regierung. Dank ihrer besonderen Möglichkeiten, die ihnen als Regierungsmitglieder zu Gebote stehen, ist ihr Einfluß in den Fraktionen größer, als ihre bloße Zahl vermuten läßt.

Vor allem aber beeinträchtigt das Parlamentsdefizit die Kreativität des politischen Entscheidungsprozesses. In Zeiten des Umbruchs ist Politik in besonderer Weise auch ein Suchprozeß. Neue Fragen müssen gestellt, neue Antworten gefunden werden. Je drängender die Probleme, um so wichtiger ist es, daß alle möglichen Antworten diskutiert und gewogen werden. Niemand kann im voraus angeben, wo der richtige Weg verläuft. Neue und zugleich brauchbare Ideen sind ein knappes Gut. Der Prozeß, in dem sie sich entwickeln, richtet sich nicht nach Parteigrenzen. Ihre Durchlässigkeit für neue Ideen ist deshalb eine wichtige Voraussetzung für die volle Ausschöpfung des vorhandenen Potentials an Gedanken und Einfällen.

Die Forderung nach Durchlässigkeit kollidiert jedoch mit dem wahlkampfbedingten Interesse der Parteien an Profilierung und Abgrenzung. Man kann dem politischen Gegner schlecht die Fähigkeit absprechen, das Land zu regieren, und zugleich seine Ideen übernehmen. Für die Parteien ist legitimerweise der Wahlkampferfolg wichtiger als die mögliche Ausschöpfung des Potentials an politischer Innovation. Sie ist nicht besonders entwickelt. Denn jede Innovation erzeugt Widerstände bei denen, die von ihr und den Veränderungen betroffen sind, die sie auslöst. Widerstände führen zu Diskussion und Auseinandersetzungen. Sie gelten als schädlich im Wahlkampf. So stößt sich der Wunsch nach Innovation mit dem Wunsch nach Machterhaltung oder -gewinnung. Regelmäßig setzt sich der Wille zur Machterhaltung durch. Weil beide Volksparteien sich in gleicher Weise verhalten, verstärkt sich diese Tendenz noch durch den Wettbewerb unter ihnen. Deshalb beschränken sie sich auf ihre eigene Fähigkeit zur Innovation. Für die Gesamtheit des politischen Gemeinwesens ist dies ein Nachteil. Für das Parlament und seine Funktion ist es ein Verlust.

Überwinden läßt sich dieses Defizit an parlamentarischer Demokratie nicht durch eine innere Korrektur des parlamentarischen Geschäftsablaufs, so wichtig viele Verbesserungen auch sein mögen. Überwinden können wir auch dieses Defizit nur durch ein neues Denken. Was für die Zukunftsdefizite gilt, gilt auch hier: Das Bewußtsein, das sich in den vergangenen vierzig Jahren entwickelt hat und zum machtpolitisch bedeutsamen Besitzstand geworden ist, muß verändert werden. Die Aufforderung zur Veränderung des Bewußtseins, die die politischen Parteien, voran die Volksparteien, programmatisch an die Bürger richten, ist auch an sie gerichtet. Sie müssen, wenn sie mit Autorität fordern wollen, mit gutem Beispiel vorangehen. Durch Abbau der politischen Defizite müssen sie die *Voraussetzungen* dafür schaffen, daß auch die Zukunftsdefizite überwunden werden können.

Zum *neuen* Bewußtsein gehört die Erkenntnis, daß die politische Stabilität der Republik nicht durch eine bestimmte Parteienstruktur, sondern durch die *Verfassungsstrukturen* gewährleistet wird. Die Verfassung und ihre Institutionen, allen voran das Parlament selbst als Vertretung des Volkssouveräns, sichern Kontinuität und Stabilität. Die Parteien wirken, wie die Verfassung es in Artikel 21 Grundgesetz vorsieht, »bei der politischen Willensbildung des Volkes mit«. Aber sie *sind* nicht die politische Willensbildung. Wenn die vorhandenen politischen Parteien dem Verfassungsauftrag nicht voll entsprechen und wesentliche Bereiche des politischen Willens unberücksichtigt lassen, dann müssen neue politische Parteien entstehen, vorhandene sich mit neuen verbinden oder auf andere Weise verändern können, ohne daß deshalb die Gefährdung der Stabilität des Ganzen beschworen wird. Nicht die Parteienstruktur bestimmt den politischen Willen des Volkes, sondern der politische Wille des Volkes bestimmt die Parteienstruktur. Sie soll der Willensbildung *dienen,* nicht an ihre Stelle treten. Die praktische Aneignung der Willensbildung des Volkes durch die Parteien ist ein Akt der Usurpation und damit der Entgrenzung. Entgrenzt wird der verfassungsrechtliche Auftrag der Parteien. Aus einer dienenden wird *de facto* eine herrschende Funktion.

Die Verfassung hat die Institution des Parlaments so gestaltet, daß sie durchaus in der Lage ist, aus eigener Kraft und Zuständigkeit politische Stabilität zu gewährleisten. Die wichtigste Regelung ist die Einrichtung des konstruktiven Mißtrauensvotums. Sie schützt die Regierung vor Zufallsmehrheiten und die Republik vor dauerndem Regierungswechsel. Auch sie ist eine Frucht der Erfahrungen aus der Weimarer Zeit. Nur eine Mehrheit, die einen Kanzler wählen kann, kann durch Neuwahl den alten ablösen. Das gibt der Regierung Unabhängigkeit und Kontinuität. Die Regelung erlaubt es, parlamentarische Entscheidungen auch durch andere Mehrheiten zu treffen, ohne die Regierung zu gefährden.

Wo solche Entscheidungen nicht prinzipiell ausgeschlossen sind, ist die Regierung gezwungen, um Mehrheiten zu werben. Dort können parlamentarische Initiativen mit Regierungsinitiativen konkurrieren. Das Parlament kann sich eigene Mittel und Möglichkeiten schaffen, die es bei der Entwicklung eigener Initiativen unterstützen. Solche Mittel dürfen allerdings nicht bei den Fraktionen monopolisiert oder dem Zugriff der Parteien ausgesetzt bleiben.

Bei den landläufigen Vergleichen unserer Situation mit den Verhältnissen in der Weimarer Republik wird diese wichtige verfassungsrechtliche Bestimmung regelmäßig nicht berücksichtigt. Das wichtigste Einzelproblem der Weimarer Verfassung bestand jedoch gerade darin, daß eine parlamentarische Mehrheit die Regierung auch dann stürzen konnte, wenn sie nicht in der Lage war, eine neue Regierung zu bilden. Dieses »destruktive Mißtrauensvotum« war die eigentliche Ursache für Instabilität als Folge eines ständigen Regierungwechsels. Jeder weiß, daß es leichter ist, Mehrheiten für Ablehnungen zu finden als für Zustimmungen. In der Diskrepanz zwischen beiden liegt die Ursache für mögliche Regierungsunfähigkeit. Diese Ursache hat das Grundgesetz mit dem konstruktiven Mißtrauensvotum beseitigt. Die Chancen, die uns damit geboten sind, im Parlament zu eigenständigen Willensbildungen zu gelangen, werden jedoch bisher nicht genutzt.

Diese Chancen erlauben uns auch, die Trennung zwischen den Gewalten deutlicher zu gestalten als bisher. Wer Minister ist, kann sein Amt als Abgeordneter im Grunde nicht frei wahrnehmen. Er unterliegt der notwendigen Kabinettsdisziplin. Selbstkontrolle wird jedoch in keiner Demokratie als ausreichend angesehen. Urteile in eigener Sache lassen wir nicht einmal bei der Werbung zu. Viel weniger sollten wir die Selbstbeurteilung des Regierungshandelns durch Parlamentarier zulassen, die zugleich der Regierung angehören. Wenn das Parlament über den Vollzug des Haushaltes oder vergleichbare Fragen urteilt, dürften die Regierungsmitglieder nach vereinsrechtlicher Praxis nicht mitstimmen. Ist die Zahl der Regierungsmitglieder jedoch größer als der Stimmenvorsprung der Regierungsfraktion vor der Opposition, könnte es auf der Regierungsseite des Parlaments in solchen

Fällen keine Mehrheiten geben. Kommen die Mehrheiten trotzdem zustande, weil die Regierungsmitglieder mitstimmen, so sind es Mehrheiten, die letztlich auf der Bewertung des Regierungshandelns durch die Regierungsmitglieder selbst beruhen. Solche Mehrheiten sind nicht überzeugend. Deshalb muß der Grundsatz der Unvereinbarkeit (Inkompatibilität) auch für die Mitglieder der Regierung gelten. Sie können nicht zugleich zwei Gewalten angehören. Auch der Richter kann nicht zugleich Mitglied der Dritten und der Ersten Gewalt sein.

Im Prinzip muß gelten: Alles, was die Unabhängigkeit des Parlaments beeinträchtigt, muß abgebaut werden. Alles, was seine Innovationsfähigkeit erhöht, ohne seine Arbeitsfähigkeit zu beeinträchtigen, muß gefördert werden. Arbeitsfähigkeit ist jedoch kein Synonym für bestehende Verhältnisse. Arbeitsfähig ist ein Parlament auch dann, wenn seine Abgeordneten in ihrem Abstimmungsverhalten freier sind als heute. Die Arbeitsfähigkeit bleibt erhalten, auch wenn die Fraktionen nicht länger alle Entscheidungen vorgeben und es nicht mehr als besonderer Ausweis von Führung gilt, daß alle Entscheidungen in der Fraktion einstimmig fallen. Das »Einstimmigkeitsprinzip« und die Repräsentanz von Vielfalt sind miteinander nicht vereinbar. Entweder ist die Einstimmigkeit nicht ernst gemeint oder die Vielfalt bleibt auf der Strecke. Beides geht nicht.

Was heißt dies alles für die Parteienlandschaft selbst? Werden die Volksparteien die Kraft haben, die neuen Konflikte angemessen politisch zu vertreten? Können sie die gesellschaftliche Komplexität beherrschen und der Vielfalt gerecht werden, die unsere heutige Wirklichkeit von der unterscheidet, in der sie entstanden sind? Werden sie die neuen Aufgaben annehmen und Antworten entwickeln, deren politische Umsetzung zum einigenden Band werden kann; ein Band, das die alten Aufgaben nicht mehr sein können? Vor allem aber: Werden sie in der Lage sein, dem Element der Erneuerung in ihren innerparteilichen Kompromissen den Raum zu geben, ohne den es sich nicht entfalten und zur Erneuerung des politischen Denkens beitragen kann; einer Erneuerung, die die Volksparteien selbst fordern?

Wie sich diese Fragen für beide Volksparteien beantworten,

kann ich aus eigener Anschauung nicht beurteilen. Bei ihrer Beantwortung werde ich mich deshalb vor allem an meine eigene Partei halten. Vieles spricht jedoch dafür, daß in der SPD ähnliche Bedingungen oder Verhältnisse herrschen. Die Konkurrenz der Volksparteien um die Mitte hat sie nicht nur in ihren politischen Aussagen immer ähnlicher werden lassen. Im großen und ganzen haben sich auch ihre innerparteilichen Strukturen, Organisationen und Verhaltensweisen einander angenähert. Für beide gilt, daß es in der Opposition leichter ist, für Neues offen zu sein, als unter der Last der Regierungsverantwortung. Beide machen vergleichbare Erfahrungen mit dem Spannungsverhältnis zwischen Innovation und Offenheit der Diskussion einerseits und der Forderung nach Geschlossenheit und Entschlossenheit andererseits. Beide erleben, daß Politik als Suchprozeß belastet ist mit der Vorstellung, Streit in der Partei gefährde ihre Wählbarkeit. Durch die wechselseitigen Vorwürfe der Zerstrittenheit sorgen sie im übrigen selbst dafür, daß diese für jede Innovation verhängnisvolle Gleichung: Diskussion gleich Streit gleich Wählerverlust beibehalten wird.

Ob die Parteien ihren Aufgaben gerecht werden können, hängt zunächst vom Aufgabenprofil selbst ab. Ihr Verfassungsauftrag lautet, an der Willensbildung des Volkes mitzuwirken. Das Parteiengesetz hat ihn näher erläutert. Danach sind die Parteien ein verfassungsrechtlich notwendiger Bestandteil der freien demokratischen Grundordnung. Sie erfüllen mit ihrer freien, dauernden Mitwirkung an der politischen Willensbildung des Volkes eine vom Grundgesetz verbürgte öffentliche Aufgabe. Sie sollen an der Bildung des politischen Willens des Volkes »auf allen Gebieten des öffentlichen Lebens« mitwirken, indem sie insbesondere untereinander

- auf die Gestaltung der öffentlichen Meinung Einfluß nehmen,
- die politische Bildung anregen und vertiefen,
- die aktive Teilnahme der Bürger am politischen Leben fördern,
- zur Übernahme öffentlicher Verantwortung befähigte Bürger heranbilden,
- sich duch Aufstellen von Bewerbern an den Wahlen in Bund, Ländern und Gemeinden beteiligen,

- auf die politische Entwicklung in Parlament und Regierung Einfluß nehmen,
- die von ihnen erarbeiteten politischen Ziele in den Prozeß der staatlichen Willensbildung einführen und
- für eine ständige lebendige Verbindung zwischen dem Volk und den Staatsorganen sorgen.

Schließlich erwartet das Gesetz, daß die Parteien ihre Ziele in politischen Programmen niederlegen.

Man kann die Aufgabe, die die Verfassung den Parteien übertragen hat, kaum umfassender und ehrgeiziger formulieren. Es ist offensichtlich, daß die Parteien bei der Bestimmung ihrer Zuständigkeiten durch den Bundestag selbst die Feder geführt haben. In der Tat handelt es sich bei § 1 Parteiengesetz um eine Art gesetzlich definierten Satzungszweck. Er umfaßt alle denkbaren Aufgaben einer Partei und reserviert sie damit gewissermaßen für die Partei, auch wenn sie *in praxi* nicht oder nur unzureichend wahrgenommen werden können.

Für die Beantwortung unseres Problems gibt das Parteiengesetz wenig her. Allenfalls legt es die Frage nahe, ob es überhaupt sinnvoll ist, politischen Parteien die Aufgabe der politischen Bildung zu übertragen oder sie mit der Ausbildung von Bürgern für die Übernahme öffentlicher Verantwortung zu betrauen. Worauf es ankommt, ist etwas anderes: Können die Volksparteien ihrem Anspruch gerecht werden, Zukunft zu gestalten, gewissermaßen voranzugehen, die wegweisende Aufgabe zu übernehmen und eine geistig-moralische Wende einzuleiten? Oder bündeln sie in erster Linie die bereits vorhandenen politischen Strömungen und Ansichten und geben ihnen in der Form handhabbarer Kompromisse politische Gestalt? Sind sie Vorreiter auf dem Weg zu einer neuen, zukunftsorientieren Politik? Oder sind sie die »ständig lebendige Verbindung zwischen dem Volk und den Staatsorganen«, wie es das Parteiengesetz formuliert. Sind sie in diesem Sinne Transmissionsriemen zwischen dem *vorpolitischen Raum*, in dem Politik sich entwickelt, und dem staatlichen Bereich, in dem sie Gestalt annimmt und umgesetzt wird?

Mir scheint, daß die Volksparteien in ihrem gegenwärtigen

Selbstverständnis das zweite sind, das erste zu sein vorgeben und deshalb beides nicht wirklich leisten. Für die Rolle als gestaltende Kraft, als Wegbereiter, fehlt ihnen die Fähigkeit zur ausreichenden politischen Innovation. Um vor allem vorhandene politische Strömungen zu bündeln und zu repräsentieren, haben sie sich vielfach zu weit von den Bürgern entfernt, deren politisches Wollen sie umsetzen sollen. Statt dessen haben sie sich in einem Prozeß der Verselbständigung zu eigenständigen Organisationen und einer eigenen Bürokratie entwickelt. Da sie überwiegend aus Steuermitteln finanziert werden, sind sie als Organisationen nur noch beschränkt von freiwilligen Beiträgen und Zuwendungen ihrer Mitglieder und Spender abhängig. Ähnlich wie bei der Kirche gibt es auch hier eine Steuer in Form der Wahlkampfkostenerstattung, die allerdings nicht gesondert erhoben, sondern aus dem allgemeinen Steueraufkommen finanziert wird. Das lockert nicht nur die Bindung zu den Mitgliedern und Wählern. Die vorwiegend staatliche Finanzierung fördert auch die Tendenz zur bürokratischen Verselbständigung und die Selbsteinschätzung als »staatstragende« Einrichtung. Die Folgen sind, wie Helmut Kohl es für die CDU konstatiert hat, Erscheinungen einer gewissen Verkrustung und »Verbonzung«.

Mißt man den Anspruch der Volksparteien an der Meinung der Bevölkerung, so erscheint es ebenfalls zweifelhaft, ob sie ihm gerecht werden. Die politischen Parteien genießen in der Bevölkerung kein hohes Ansehen. Schon seit Jahren rangieren sie unter den Institutionen und Einrichtungen des öffentlichen Lebens in der Bundesrepublik am Ende der Skala des öffentlichen Ansehens, weit abgeschlagen von der Dritten Gewalt, dem Bundespräsidenten, aber auch der Bundesregierung oder dem Bundestag. In der Regel teilen sie sich die letzten Plätze mit den Gewerkschaften. Bei jungen Menschen ist die Attraktivität der Volksparteien gering. In der CDU stellen die 16- bis 24jährigen noch 2,6 Prozent der Mitglieder. Die 16- bis 39jährigen machen zusammen knapp 20 Prozent der Mitglieder aus. Bei der SPD entfallen rund 19 Prozent der Mitglieder auf die Altersgruppen bis 35 Jahre. Rund 30 Prozent aller Mitglieder sind 40 Jahre oder jünger. Die Altersstruktur der Mitgliedschaften in beiden Volksparteien eilt der demographischen Entwicklung des Volkes voraus. Aber auch das Ansehen der Abgeordneten ist gering. 29 Prozent der Bevölkerung denken, nach einer Umfrage des Emnid Instituts vom Dezember 1988, an Unglaubwürdigkeit, »schmutziges Geschäft, Intrigen, Schiebung, Schmiergeld«, wenn von Politik die Rede ist. Mit Bundestagsabgeordneten verbinden 40 Prozent aller Bürger Gedanken an Diäten, Großverdiener, Selbstbediener. 29 Prozent halten die Abgeordneten für unaufrichtig, 31 Prozent mißfällt deren Arroganz.

Nun könnte man sich damit trösten, daß mangelnde Sympathie noch nicht mangelndes Vertrauen in die Fähigkeit der Institution bedeuten muß, die ihr gestellte Aufgabe zu erfüllen. Gerade daran fehlt es jedoch in zunehmendem Maße. Nach einer Pannneluntersuchung des Demoskopischen Instituts Allensbach, die das Institut über mehrere Jahre durchführte, ist die Kompetenz der beiden Volksparteien, so wie die Bevölkerung sie wahrnimmt, in den vergangenen Jahren in fast allen wichtigen Fragen zurückgegangen. Ob es sich – so die Ergebnisse von 1988 – um die Sicherung des Wirtschaftsaufschwungs oder den Abbau der Staatsverschuldung (CDU 10 Prozent, SPD 7 Prozent), die Sparsamkeit des Staates (CDU und SPD rund 10 Prozent) handelt, ob es darum geht, die Steuern zu senken (CDU und SPD rund 15 Prozent) oder die gesetzliche Krankenversicherung zu reformieren (beide Parteien rund 15 Prozent), ob die Rentenversicherung reformiert werden (beide Parteien rund 15 Prozent) oder verhindert werden soll, daß Sozialleistungen mißbraucht werden (CDU 14 Prozent, SPD 9 Prozent), ob das Westbündnis gestärkt werden (CDU 15 Prozent, SPD 5 Prozent) oder der Zusammenschluß der westeuropäischen Staaten zu einem vereinten Europa vorangetrieben werden soll (CDU 12 Prozent, SPD 9 Prozent): Immer ist die Bewertung der Kompetenz der beiden Volksparteien in den letzten Jahren rückläufig. Lediglich im Umweltschutz werden der SPD von 40 Prozent, der CDU – mit steigender Tendenz – von 25 Prozent der Befragten Kompetenz zugebilligt. Andere Untersuchungen kommen zu ähnlichen Ergebnissen. In ihnen finden wir keinen Hinweis auf ein breit angelegtes Vertrauen der Bevölkerung in die Fähigkeit der Volksparteien, den Anspruch einzulösen, den sie im Parteiengesetz so umfassend formuliert haben. Tatsächlich ist es ihnen schon aus praktischen Gründen kaum möglich, ihm in vollem Umfang zu entsprechen.

Wie steht es mit der Fähigkeit der Volksparteien, die Zukunft unseres Gemeinwesens zu sichern? Beide haben in ihren programmatischen Aussagen und ihrer Selbstdarstellung die Sicherung der Zukunft zu ihrer wesentlichen Aufgabe erklärt. Beide nehmen für sich in Anspruch, die Zukunft des Landes zu gestalten, zukunftsoffen zu sein und ihr Handeln an den Ansprüchen der kommenden Generationen ebenso zu orientieren wie an den Bedürfnissen der Gegenwart. Im Zukunftsmanifest der CDU von 1986 heißt es, die CDU sei die zukunftsoffene, moderne und soziale Volkspartei, »die am ehesten die mit der Gestaltung der Zukunft verbundenen Spannungen und Konflikte überwinden und lösen kann«.

Mit dem Manifest soll »die Diskussion über politische Herausforderungen des nächsten Jahrzehnts« eröffnet werden. Zum staatlichen Bereich heißt es, die Partei setze »auf das Prinzip der Subsidiarität«. Der Einforderung von Rechten gegenüber dem Staat müsse eine Bereitschaft zur Erfüllung von Pflichten durch den einzelnen entsprechen. Nicht der bevormundende Betreuungsstaat sei das Ideal, sondern der Staat, der persönliche Initiative, Leistungsbereitschaft sowie Selbst- und Mitverantwortung eine Chance gebe. Steigende Einkommen und Vermögen ermöglichten es immer mehr Privathaushalten, Risiken in eigener Verantwortung zu übernehmen und selbständige Formen der Lebensgestaltung zu verwirklichen.

Auch die SPD setzt auf Zukunft. Sie will – wie die Union – eine Zukunft, in der die Menschen in Frieden und gemeinsamer Sicherheit leben und ihre Konflikte im friedlichen Wettbewerb austragen. Konkret wird ihr neues Grundsatzprogramm vor allem im Zusammenhang mit der ökologischen Erneuerung. Wie die Union in ihrem umweltpolitischen Programm 1989, weiß auch die SPD, daß die ökologische Erneuerung zur Frage des Überlebens geworden ist. Eine Fülle von einzelnen Maßnahmen wird behandelt. Erwägenswerte Überlegungen zum Zusammenhang von Umweltschutz und Wachstum werden angestellt. Zum Einsatz der staatlichen Steuern als Lenkungsinstrument werden Vorschläge entwikkelt. Ihre Verwirklichung soll den Staatsanteil am Bruttosozialprodukt nicht erhöhen.

Was fehlt, ist die Beschreibung der Verteilungskonflikte, die sich aus der ökologischen Erneuerung zwangsläufig ergeben müssen, und der Weg zu ihrer Bewältigung. Die Zurückhaltung der Volksparteien in dieser Frage ist verständlich. Mit ihrer Behandlung würden die enormen Schwierigkeiten verdeutlicht, die damit verbunden sind, wirkliche Umschichtungen der politischen Prioritäten durchzusetzen. Zu sehr sind die Volksparteien nach wie vor mit den Besitzständen und organisierten Interessen an die bestehenden Verteilungsstrukturen verbunden, als daß es ein leichtes sein könnte, sich von ihnen zu lösen. Die *politischen Kosten*, die mit der Überwindung dieser Bindungen verbunden sind, scheinen zu groß. Das heißt aber, daß es den Volksparteien kaum möglich sein wird, die großen Zukunftsdefizite wirklich abzubauen. Die bisherigen Erfahrungen mit Versuchen einer inhaltlichen Neuorientierung sprechen jedenfalls dagegen. Regelmäßig haben sich die alten Strukturen, wenn auch in leicht veränderter Form, wieder durchgesetzt.

Dies führt zu der Frage, ob es Möglichkeiten gibt, die politischen Kosten für eine inhaltliche Neuorientierung der Politik zu verringern. So könnte man Entscheidungen aus dem gegenwärtigen Entscheidungsprozeß auf andere politische Bereiche verlagern. Die »politischen Kosten« der Überwindung der Zukunftsdefizite würden damit gewissermaßen »externalisiert«.

Der naheliegendste Weg einer solchen »Externalisierung politischer Kosten« ist die Übertragung der maßgeblichen Entscheidungen aus der nationalen Souveränität auf die neu entstehende Souveränität eines geeinten Europas. In gewissem Umfang findet eine solche Übertragung bereits statt. Politische Entscheidungen werden zunehmend nicht mehr in den nationalen Parlamenten gefällt, nachdem sie von den nationalen Regierungen vorbereitet wurden. Sie sind auf den Europäischen Rat übergegangen. Er ist, ungeachtet der Befugnisse des Europäischen Parlaments, der eigentliche Ort der europäischen Legislative geworden. Mitglieder des Europäischen Rates sind die nationalen Regierungen der Mitgliedsstaaten. Praktisch ist die europäische Gesetzgebung auf ein Kollegialorgan übergegangen, das seine rechtliche Legitimation aus den Europäischen Verträgen, seine politische Legitimation von den staatlichen Exekutiven ableitet. Diese Konstruktion erlaubt es den nationalen Exekutiven, gemeinschaftlich Dinge zu entscheiden, die sie, auf sich gestellt, in ihren nationalen Parlamenten aller Voraussicht nach nicht in gleicher Weise durchsetzen könnten. Insofern sind die Handlungsspielräume der nationalen Exekutiven erweitert worden. Die politischen Kosten einer nationalen Durchsetzung neuer politischer Prioritäten sind gewissermaßen auf die europäische Ebene verlagert worden. Aus nationaler Sicht hat eine »Externalisierung der politischen Kosten« stattgefunden.

Was für Vorteile auch immer mit einer solchen »Kostenverlagerung« verbunden sein können: Sicher ist, daß sie auf Dauer unvereinbar wäre mit dem Prinzip demokratischer Kontrolle staatlichen Handelns. Schon heute wachsen die Bedenken gegen den »demokratischen Freiraum«, der sich durch die gegenwärtige Struktur der politischen Entscheidungsprozesse in der Europäischen Gemeinschaft entwickelt hat. Man wird diesen Zustand als Übergangszustand akzeptieren können. Vor allem, wenn man bedenkt, daß der Prozeß der europäischen Einigung ohne ihn wahrscheinlich nicht möglich gewesen wäre. Aber keiner denkt daran, ihn zum dauerhaften Zustand werden zu lassen. Was im Sinne der Verlagerung politischer Kosten der europäischen Einigung zulässig war und noch zulässig ist, kann deshalb kein Weg werden, mit dem wir die Volksparteien dauerhaft von den politischen Lasten befreien können, die mit dem Abbau der Zukunftsdefizite verbunden sind.

Wenn der Weg der »Kostenverlagerung« nicht offensteht, so bietet sich als Alternative eine Änderung des Entscheidungsverfahrens an. Sie müßte es erleichtern, Schranken gegen die Entgrenzung zu errichten, die vom politischen Handeln der Volksparteien allein nicht erwartet werden können, oder zu deren Errichtung ihnen schlicht die politische Kraft fehlt. Ein Vorschlag, wie solche Schranken aussehen könnten, stammt von dem Nationalökonomen und Nobelpreisträger Friedrich von Hayek. Er hat ihn 1976 in einem Vortrag entwickelt, der sich mit den Gefahren der

Entgrenzung staatlicher Ausgabenpolitik befaßte. Zusammengefaßt läuft er darauf hinaus, die Entscheidungszuständigkeiten über Einnahmen und Ausgaben des Staates organisatorisch zu trennen. Von Hayek will, daß das Parlament auch weiterhin für die Beschlüsse über staatliche Ausgaben und damit über die Finanzierung des konkreten staatlichen Handelns zuständig bleiben soll. Es soll auch weiterhin die Regierung in ihrer politischen Arbeit unterstützen, praktisch gesehen also ein Teil der Regierung bleiben. Es soll auch zukünftig die staatlichen Leistungen im sozialen Bereich ebenso beschließen wie Subventionen oder Transferzahlungen.

Die Entscheidungen über die staatlichen Einnahmen sollen dagegen einer neuen parlamentarischen Institution, einer Art zweiter Kammer übertragen werden. Sie beschließt über die Höhe der Steuern und die Aufnahme von Krediten. Sie berücksichtigt dabei Gegenwarts- wie Zukunftsinteressen, bezieht also die Zukunftsdimension in die Entscheidung ein. Sie setzt den finanziellen Rahmen, in dem sich die erste Kammer bewegt, wenn sie über staatliche Ausgaben entscheidet. Sie begrenzt damit den finanziellen Handlungsspielraum des Staates. Die Höhe der Einnahmen, insbesondere der Verschuldung, bestimmt sich nicht mehr durch das, was Regierung und Parlamentsmehrheit an Ausgaben und Leistungen für politisch notwendig halten – wie dies heute praktisch geschieht. Das Parlament muß sich vielmehr bei seinen Ausgaben nach der Decke strecken, die die zweite Kammer festlegt. Das zwingt zur Neubestimmung von Prioritäten im Rahmen eines *vorgegebenen* Gesamtvolumens. Es versperrt die Möglichkeit, sich den politischen Kosten einer Neuorientierung dadurch zu entziehen, daß man die neuen Aufgaben *und* die alten Besitzstände bedient und sich die notwendigen zusätzlichen Mittel durch Staatsverschuldung verschafft.

Die Zusammensetzung der Kammer und die Auswahl ihrer Mitglieder soll sicherstellen, daß sich der Einfluß der politischen Parteien und der organisierter Interessen und Besitzstände nicht auf die Entscheidungen der neuen Kammer auswirken kann. Von Hayek denkt an eine Kammer mit 150 Mitgliedern. Die Wahlberechtigung der Mitglieder soll mit dem 45. Lebensjahr beginnen.

Ihre einmalige Wahlperiode soll 15 Jahre dauern. Alle fünf Jahre soll ein Drittel der Mitglieder neu gewählt werden. Die finanzielle Ausstattung der Mitglieder soll großzügig sein. Es soll ihnen untersagt sein, sich nach Beendigung ihres Mandats mit wirtschaftlichen Interessen zu verbinden oder bereits früher Bindungen für später einzugehen, die ihr Abstimmungsverhalten in der Kammer beeinflussen könnten. Dagegen sollen ihnen gesellschaftliche oder staatliche Ehrenämter offenstehen. Ihre Alterssicherung soll großzügig ausgestattet sein, um die Gefahr möglicher Beeinflussung jedenfalls nachhaltig zu verringern.

Was von Hayek erwartet, ist offensichtlich. Die Trennung von Eingaben- und Ausgabenkompetenz soll dazu führen, daß diejenigen, die den finanziellen Handlungsrahmen festlegen, sich nicht von den Bedürfnissen leiten lassen, die mit Ausgabenbeschlüssen befriedigt werden sollen. Das »Umverteilungsverfahren« soll sich weiterhin auf der Ausgabenseite abspielen können. Es soll jedoch nicht die Möglichkeit haben, seine Handlungsspielräume durch Vergrößerung der Zukunftsdefizite auszuweiten.

So interessant der Vorschlag von Hayeks ist, so gering sind die Aussichten seiner Verwirklichung. Worauf er uns jedoch erneut mit allem Nachdruck hinweist, ist die enge Verbindung zwischen den Volksparteien und den organisierten Interessen. Auch wenn es auf dem von von Hayek vorgeschlagenen Weg nicht möglich ist, bleibt es doch eine zentrale Aufgabe, diese engen Bindungen so weit wie möglich zu lockern. Die Parteien müssen in der Lage sein, auch solche Prioritäten neu zu ordnen, die von bestehenden Besitzständen als existentiell angesehen werden.

Ein wesentlicher Grund für die geringe Fähigkeit der Volksparteien, politische Kosten zu tragen, liegt in ihrer Abhängigkeit von marginalen Wählergruppen. Diese Abhängigkeit ist eine Folge des Verhältniswahlrechts. So lassen sich auch die Hinweise verstehen, Margret Thatcher habe es wesentlich leichter, schwierige Entscheidungen durchzusetzen. Das britische Wahlrecht sichere ihr die Möglichkeit, bereits mit 40 Prozent der Stimmen eine breite Parlamentsmehrheit für ihre Partei zu erreichen. Die Einführung des Mehrheitswahlrechts würde in der Tat die Abhängigkeit der beiden Volksparteien von marginalen Wählergruppen wesentlich verringern. Koalitionsbildungen wären nur in Ausnahmefällen erforderlich. Zwei Ursachen für geringere politische Belastbarkeit wären damit beseitigt. Wer die Wahlen gewinnt, verfügt regelmäßig über eine beachtliche Parlamentsmehrheit. Der Einfluß organisierter Besitzstände wäre wesentlich geringer. Die Fähigkeit, politische Kosten zu tragen, wäre objektiv größer. Die Grenzen des politisch Möglichen würden erweitert.

Die Frage, ob man bei uns das Mehrheitswahlrecht einführen sollte, um die Handlungsfähigkeit von Parlamentsmehrheit und Regierung zu erhöhen, stand bereits während der Zeit der Großen Koalition zur Debatte. Damals wollten die beiden großen Parteien sich in erster Linie von der Notwendigkeit befreien, mit der FDP zu koalieren, um Mehrheiten zu sichern. Auch heute würde sich ein Wechsel vom Verhältniswahlrecht zum Mehrheitswahlrecht gegen die kleinen Parteien richten. Er würde ihnen den Weg ins Parlament praktisch verbauen. Verfassungsrechtlich gesehen wäre ein solcher Wechsel durchaus möglich. Gute Gründe lassen sich für ihn ins Feld führen. Der Ausschluß der kleinen Parteien durch die großen wäre deshalb nicht willkürlich. Auch die Sorge der SPD, bei Mehrheitswahlrecht immer auf die Oppositionsrolle verwiesen zu werden, ist heute nicht in gleichem Maß gerechtfertigt wie in den 60er Jahren. Die Volksparteien haben sich auch der Stärke nach angeglichen. Deshalb ist der Weg, durch Wahlrechtsänderung die Handlungsfähigkeit der Volksparteien zu erhöhen, durchaus plausibel.

Der Wechsel zum Mehrheitswahlrecht würde allerdings nicht nur die Parteienlandschaft dramatisch verwandeln und faktisch zum Zwei-Parteien-System führen. Er würde auch den Charakter und die Organisation unserer Volksparteien völlig verändern – was allerdings kein Fehler sein muß.

Die Vielfalt der politischen Strömungen und Ansichten würde auch in Zukunft nach Repräsentation verlangen. Eine Mehrheitspartei müßte dem Rechnung tragen. Sie muß offener sein für Vielfalt und weniger ausgerichtet auf Geschlossenheit. In der Sozialpolitik gäbe es auch in Zukunft einen Grundkonsens. Aber die Entwicklungsmöglichkeiten würden größer. Insgesamt würden die Grenzen für eine Zentralisierung innerhalb der Volksparteien sehr viel enger. Damit würden auch die Grundlagen schmaler, auf denen heute die eigenständigen und zunehmend verfestigten Organisationen der Volksparteien ruhen.

Die wohl wichtigste Veränderung würde sich jedoch im Verhältnis der Parteien zu ihren Abgeordneten vollziehen. Das Mehrheitswahlrecht kennt keine Listenwahl. Alle Abgeordneten werden in Wahlkreisen gewählt. Wer dort unterliegt, kann nicht Abgeordneter werden. Je höher der Anteil der »Listenabgeordneten« heute, um so einschneidender deshalb die Folgen eines Wechsels zum Mehrheitswahlrecht für die Abgeordneten und ihre Partei.

Umgekehrt nähme die Unabhängigkeit der Abgeordneten zu. Die Parteizentralen könnten auf ihre Nominierung nur noch unter ungewöhnlichen Bedingungen Einfluß nehmen. Die Vielfalt der politischen Landschaft, regional wie inhaltlich, fände ihren Ausdruck nicht in erster Linie in den Kompromissen der Gruppen und Regionen innerhalb des Machthaushalts einer Partei. Ihre Darstellung wäre das Ergebnis der Nominierung der Abgeordneten in den Wahlkreisen. Das politische Spektrum, das die jeweilige Mehrheitspartei repräsentiert, würde breiter – nicht als Folge politischer Entscheidungen der Volksparteien, sondern als Folge der veränderten Form der Repräsentation.

Was die politischen Parteien als Organisationen sich durch das Parteiengesetz selbst an Aufgaben gestellt haben, wäre in diesem Umfang dann allerdings kaum noch durchführbar. Nicht die Parteien, sondern eher Persönlichkeiten, die als Abgeordnete gewählt werden, wären der Ort der Initiative und der Innovation. Die Wählerschaft wäre stärker auf die Abgeordneten und weniger stark auf die Organisation Partei ausgerichtet. Die Bildung von Koalitionen unter den Abgeordneten einer Partei oder zwischen Abgeordneten unterschiedlicher Parteien im Parlament würde die heutige Bedeutung gruppenorientierter Koalitionen innerhalb der Volksparteien zumindest relativieren. Mit dem geringeren Einfluß der Parteien auf die Nominierung der Abgeordneten würde sich auch ihr Einfluß auf die Fraktionsdisziplin verringern. Die Regierung müßte stärker als heute um die Zustimmung der Abgeordneten werben. Aus gegenwärtiger Sicht bedeutet dies eine

Zunahme an Unübersichtlichkeit. Vor dem Hintergrund der Aufgabe, mit größerer Komplexität fertig zu werden, könnte es die Leistungsfähigkeit der Parteien verstärken.

Unsere Beispiele zeigen, daß man durch Änderung der Organisation, der Institutionen, des Wahlrechts oder politischer Entscheidungsabläufe die Leistungsfähigkeiten der Parteien steigern könnte. Aber alle Änderungen können eine entscheidende Voraussetzung nicht ersetzen: Die Qualifikation des Führungspersonals selbst. Gesetze und Regeln sind kein Ersatz für das Rückgrat derer, die handeln müssen. Ob organisierte Interessen und Besitzstände auf politische Entscheidungen Einfluß nehmen können, ist auch eine Frage der rechtlichen und politischen Ordnung. In erster Linie hängt es davon ab, ob sich diejenigen, die entscheiden sollen, beeinflussen lassen. Demokratische Ordnungen sind nicht auf Mannesmut vor Königsthron angewiesen. Freie Gesellschaften brauchen keine Helden oder Märtyrer, die bewegen, was sonst unverändert bleibt. Aber ohne Charakter, Standfestigkeit, ein Mindestmaß an Prinzipientreue und Risikobereitschaft kommen auch sie nicht aus. Schon Tocqueville, einer der ersten und zugleich bedeutendsten Analytiker demokratischer Gesellschaft, beobachtete eine Tendenz egalitärer Demokratien zum Mittelmaß. In jüngster Zeit hat Kai-Uwe von Hassel die Neigung zur Mittelmäßigkeit im politischen Bereich beklagt und Abhilfen vorgeschlagen.

Mehrheiten bringen aus eigenem Antrieb nur selten Führungspersönlichkeiten hervor, die ihnen Veränderungen abverlangen und Zumutungen auferlegen. Sie neigen dazu, Anpassung zu belohnen, nicht Widerspruch. Deshalb sind Vorkehrungen notwendig, die dieser Tendenz entgegenwirken. Sie müssen Qualifikationen fördern, die sich sonst im politischen Bereich nicht einstellen. Die Entwicklung entsprechender Auswahlverfahren kann eine Hilfe sein. Aber ohne die bewußte Führungsleistung, die Qualität ermutigen und gewinnen will, die Selbständigkeit und Wettbewerb fördert und sich selbst nicht davon ausnimmt, also Beispiel gibt, bleiben alle Verfahren wirkungslos.

Daß die Bevölkerung Zweifel an der richtigen Besetzung von Führungspositionen in unserem Land hat, zeigen laufende Befragungen der Forschungsgruppe WAHLEN. Zwischen März und Oktober 1983 waren im Schnitt 45 Prozent der Befragten der Meinung, die führenden Positionen seien richtig besetzt, 33 Prozent fanden sie nicht richtig besetzt. In der Zeit Februar bis Juni 1989 war der Anteil derer, die führende Positionen richtig besetzt fanden, auf rund 29 Prozent gesunken. Der Anteil derer, die sie falsch besetzt sahen, war auf rund 58 Prozent gestiegen. Dies entspricht der allgemeinen Tendenz der letzten Jahre, wie sie auch in anderen Bewertungen der politischen Landschaft deutlich geworden ist.

In gut geführten Unternehmen sind langfristige Personalplanung und Pflege des Führungsnachwuchses heute selbstverständlich. Vorstände und Aufsichtsräte wissen um die Bedeutung der Kontinuität der Führung und der Sicherung eines hohen Qualifikationsniveaus. Im politischen Bereich sind vergleichbare Verfahren nicht ohne weiteres anwendbar. Vor allem dort, wo Führungspersonal durch politische Gremien gewählt wird, werden Auswahl und Entscheidung von Gesichtspunkten beeinflußt, die durch den politischen Charakter der Entscheidung geprägt sind. Sie sind wichtig, aber nicht immer deckungsgleich mit den Führungsqualifikationen, die wir aus anderen Bereichen der Gesellschaft kennen.

Das ändert nichts an der Bedeutung einer bewußten Förderung von Führungsqualität. Um sie zu fördern, sind auch solche Regeln wichtig, die den »Markt« der politischen Führungspositionen vor Wettbewerbsbeschränkungen schützen. Zu ihnen gehören als wichtigste die zeitliche Begrenzung der Ausübung von Mandaten und Funktionen in politischen Parteien und die Begrenzung der Ämterhäufung. Welche Bedeutung die Vereinigung mehrerer Ämter und Funktionen in einer Person für das Verhältnis der politischen Parteien zu den gesellschaftlichen Organisationen hat, hat uns bereits beschäftigt. Auch der innerparteiliche Wettbewerb um die Besetzung von Führungspositionen kann durch Ämterkombination wesentlich beschränkt werden. Das mag der Sicherung von Position und Macht einzelner dienen, vom Bundeskanzler bis zum Ortsvorsitzenden einer Partei. Aber es dient nicht der Verbesserung der Leistungsfähigkeit der politischen Organisation. Und es schadet dem allgemeinen Wohl.

Es bleibt die Frage, ob wir von den Volksparteien erwarten können, daß sie die Umschichtung staatlicher Aufgaben leisten, ohne die die Zukunftsdefizite nicht überwunden werden. Alles spricht dafür, daß sie dieser Aufgabe unter heutigen Bedingungen nicht gewachsen sind. Die Volksparteien sind in ihren innenpolitischen Prioritäten vorwiegend sozialpolitisch orientiert. Über die Zusammenhänge mit den organisierten Interessen und über die Eigendynamik der sozialpolitischen Umverteilung haben wir bereits gesprochen. Die Ausrichtung der Volksparteien auf die gleichen politischen Mehrheiten hat sie immer ähnlicher werden lassen. Man hat deshalb bereits von einer »pluralistischen Fassung eines Einparteiensystems« gesprochen (Adomeit). Die Beschränkung ihres Wettbewerbs untereinander auf den »gemeinsamen Nenner« der politischen Mitte vernachlässigt viele, vor allem neue Interessen. Ein politisches Defizit an Problemberücksichtigung entsteht. Ihre Orientierung an den Erfordernissen des Machterwerbs und des Machterhalts hat zugenommen. Ihr Verhalten wird deshalb durch kurze Zeithorizonte geprägt. Langfristige Auswirkungen politischer Entscheidungen bleiben weitgehend unberücksichtigt. Da sie für alle wählbar sein wollen, haben sie Schwierigkeiten, ein klares politisches Profil zu entwickeln. Was – mit dem Zurücktreten der alten Aufgaben – als Verlust des einigenden Bandes empfunden wird, ist zugleich ein Verlust an parteipolitischer Identität. Diesen Verlust haben sie bisher nicht durch die Formulierung neuer, einigender Ziele ausgeglichen. Das erschwert die Begründungen von Loyalitäten und Solidaritäten, die auf der Zustimmung zu zentralen politischen Aufgaben beruhen und sich nicht auf die Zustimmung zu Personen beschränken.

Um diese Defizite auszugleichen, haben beide Volksparteien die Tendenz, inhaltliche Solidarität und Geschlossenheit durch organisatorische und an Personen orientierte Solidaritäten und Geschlossenheiten zu ersetzen. Je geringer die inhaltliche Kohäsion der Volkspartei der CDU geworden ist, um so stärker wird die Forderung nach Geschlossenheit vorgetragen. Kaum eine Rede oder Erklärung des Parteivorsitzenden verzichtet darauf, von der Partei Geschlossenheit zu verlangen. Welchem politischen Ziel, abgesehen von der Machterhaltung, diese Geschlossenheit dienen soll, ist immer weniger deutlich. Ich unterschätze nicht die Bedeutung des Machterhalts. Ohne Mehrheit ist politische Gestaltung nun einmal nicht möglich. Bereits die praktische Erfahrung zeigt jedoch, daß die Verkürzung der Forderung nach Solidarität und Geschlossenheit auf das Ziel der Machterhaltung nicht das »einigende Band« abgeben kann, das eine Volkspartei zusammenhält. Die SPD hat diese Erfahrung nach der Bundestagswahl 1980 machen müssen. Als deutlich wurde, daß Helmut Schmidt trotz seines »Traumgegners« Franz Josef Strauß für seine Partei keine zusätzlichen Stimmen gewinnen konnte und statt dessen der Koalitionspartner FDP gestärkt aus der Wahl hervorgegangen war, verweigerte ihm der linke Flügel seiner Partei die weitere Gefolgschaft. Seinen Mitgliedern war die kompromißlose Verfolgung ihrer politischen Ziele wichtiger geworden als die durch Kompromisse ermöglichte Teilnahme an der Regierungsmacht. Ähnliche Spannungsverhältnisse können auch in der CDU auftreten. Wenn Machterhaltung und Zustimmung zu einer Person allein den Anspruch auf Solidarität und Zustimmung rechtfertigen sollen, dann verliert Solidarität für alle diejenigen ihren politischen Sinn, die unter Politik nicht nur die Ausübung von Regierungsmacht, sondern die inhaltliche Gestaltung der Entwicklung unseres Gemeinwesens verstehen. Findet das inhaltliche Ziel in der Volkspartei keine ausreichende Repräsentanz mehr und wird seine nachdrückliche Darstellung mit dem Anspruch auf Solidarität und Geschlossenheit verhindert, dann werden wesentliche Ursachen zunächst für Lähmung und Stagnation, für »Verbonzung und Verkrustung«, aber auch für spätere Spaltungen der Partei gelegt.

Die »Schicksalsfrage« für die Volkspartei lautet somit: Ist sie in der Lage, in ihrem eigenen Verbund sowohl die bisherigen als auch die zukunftsorientierten Interessen angemessen zu repräsentieren? Ist sie fähig, innerparteiliche Bedingungen zu schaffen, die eine echte Auseinandersetzung um die Neuordnung von Prioritäten zulassen? Ist ihre Führung bereit, den organisatorischen Zugriff auf die Parteigliederungen soweit zu lockern, daß eine offene, zur Innovation, zur ungewöhnlichen Fragestellung, auch zur Entwicklung utopischer Vorstellungen einladende Befindlichkeit entstehen kann, aus der allein Neues wächst? Ist sie bereit, ihre notwendige Unabhängigkeit vom parlamentarisch-staatlichen Raum auch dadurch zu sichern, daß sie auf den umfassenden Zugriff auf den parlamentarischen Prozeß verzichtet und sich zwar im Prinzip, aber nicht in jeder einzelnen Frage als Verbündete der Regierung begreift? Und ist die Volkspartei – die alles entscheidende Qualität – bereit, der langfristigen Durchsetzung der von ihr vertretenen politischen Ziele und Ordnungsvorstellungen Prioritäten einzuräumen vor der Sicherung der Mehrheit in den nächsten Wahlen? Mit anderen Worten: Ist sie bereit, für ihre inhaltliche Überzeugung auch das Risiko einzugehen, vorhandene Mehrheiten zu verlieren, bis neue Mehrheiten gewonnen sind? Ohne diese Bereitschaft und ihre glaubwürdige Vermittlung an eine heute eher mißtrauische und skeptische Bevölkerung wird keine der beiden Volksparteien in der Lage sein, das verlorene Vertrauen zurückzugewinnen. Nur wenn sie wirklich für das steht, was ihre Mitglieder zu einer politischen Gemeinschaft zusammenführen und einigen soll, wird sie auch als Volkspartei Bestand haben.

Dazu gehört vor allem, daß die einigenden Überzeugungen sich auch in der Lebendigkeit innerparteilicher Diskussion entfalten und zur Wirkung bringen können. Die CDU, erklärte Heiner Geißler 1988, sei zur bestimmenden Kraft der deutschen Politik geworden, »weil sie diskussionsfähig gewesen ist, Änderungen in der Gesellschaft aufgegriffen und eine neue reformfreudige Politik betrieben hat. Sie wird aber nur dann die entscheidende Kraft bleiben, wenn sie auch in der Regierungsverantwortung ihre eigene unverwechselbare Identität behält, sich neuen Problemen stellt und Antworten formuliert, die Gültigkeit über den Tag hinaus haben«. Mit diesen Sätzen beschreibt Heiner Geißler die Ortsbestimmung einer modernen Volkspartei. Diskussion ist in der Tat die eigentliche Arbeit einer politischen Partei. Um so verhängnisvoller ist es, daß Diskussionen in unserer Parteienlandschaft zunehmend in den Geruch geraten sind, Ausdruck von Zerstrittenheit, Illoyalität und gebrochener Solidarität zu sein. Die politische Führung der Volkspartei mag in der Behinderung oder Beendigung innerparteilicher Diskussion um neue politische Antworten einen kurzfristigen Vorteil sehen. Geschlossenheit, so heißt die Parole, sichert Mehrheit. Ich halte diese Parole für falsch. Nicht die Diskussion erzeugt den Eindruck der Zerstrittenheit. Er kann erst entstehen, wenn die politische Führung der Partei sich gegen Diskussionen wehrt. Wenn sie in ihnen Angriffe auf Personen statt Auseinandersetzungen mit Ideen sieht. Wenn sie den innerparteilichen Wettbewerb um neue Ideen behindert, um innerparteiliche Machtstrukturen vor Veränderungen zu schützen.

Wer die innerparteiliche Diskussion negativ bewertet, kann nicht erwarten, daß die Öffentlichkeit sich ein anderes Urteil bildet. Ob Diskussionen und Auseinandersetzungen in der Volkspartei von der Öffentlichkeit positiv oder negativ gesehen werden, ist vor allem das Ergebnis richtigen Führungsverhaltens in der Parteiführung. Wer unter politischer Arbeit Diskussionsarbeit versteht, muß diese Arbeit fördern. Er muß unterschiedliche Meinungen und Positionen einladen. Er muß ihnen Raum zur Entfaltung geben. Jeder muß das Gefühl haben, daß auch sein Beitrag eine Chance hat, das Ergebnis mitzugestalten. Diskussionen dürfen nicht auf Ablehnung der Führung stoßen. Sie müssen vom Willen der Führung getragen sein. Wo dies geschieht, wird die Bevölkerung die Diskutanten nicht als Streithähne verurteilen. Sie wird die offene, an der Sache orientierte, von der Führung inhaltlich zurückhaltend gestaltete Auseinandersetzung als Einladung zur Teilnahme empfinden. Dies um so mehr, je weiter die politische Suche nach neuen Antworten in die Parteigliederungen verlagert wird. Die politische Führung, die sich der Diskussionsarbeit, dem innerparteilichen Suchprozeß in den Weg stellt, zeigt sich dem Vorgang inhaltlich nicht gewachsen. Dies erzeugt Mißtrauen und führt zu Vertrauensverlust. Es fördert die weit verbreitete Ansicht, die Politiker seien nur im Geschäft, um Macht zu sichern und sich zu bereichern.

Auf dem Parteitag der Christlich Demokratischen Union 1983 hat Helmut Kohl seine Vorstellungen von der Rolle der Volkspartei in der Regierungsverantwortung umrissen. Die wichtigsten Punkte seines Parteiprofils waren:

- Wir können in der CDU niemanden mit Pfründen locken. Es war der Glaube an unsere Idee, der die CDU nach vorne gebracht hat.
- Arroganz der Macht wird nie ein Kennzeichen der CDU sein.
- Die CDU muß auch als Regierungspartei ihr ganz eigenes, ihr ganz unverwechselbares Profil erhalten.
- Wir haben die Wahl gewonnen, weil unsere Mitbürger uns zutrauen, die Zukunftsprobleme unseres Landes lösen zu können.
- Wir dürfen uns nicht an die Regierungsmacht gewöhnen. Wir dürfen sie nicht als Privat- oder Parteibesitz behandeln. Deswegen haben wir heute auch nicht Pfründe zu verteilen, sondern Arbeiten, Aufgaben, Pflichten.
- Die politische Verantwortung wird uns nur so lange überlassen bleiben, wie wir fähig sind zu einer überzeugenden und glaubwürdigen Politik. Deshalb muß unsere Partei offen bleiben für neue Fragen und Anfragen, sensibel sein für neue Probleme und fähig zu wirklich kreativen Lösungen.
- Die Partei muß geistig lebendig, politisch handlungsfähig und im Umgang miteinander solidarisch sein.

Sein damaliger Generalsekretär Heiner Geißler ergänzte dieses Profil. Seine Vorgaben lauteten:

- Wahrhaftigkeit ist unser wichtigstes Kapital.
- Die Partei hat eine Aufgabe, die über den Inhalt einer Regierungserklärung und einer Koalitionsvereinbarung hinausgeht.
- Was die Partei denkt und was sie diskutiert, muß auch Handlungsmaxime für die Regierung und die Fraktion sein.
- Wir haben auch als Regierungspartei die Aufgabe, Perspektiven für die Zukunft zu entwickeln. Die Partei muß offen und dialogfähig bleiben. Die Arroganz der Macht wäre der erste Schritt auf dem Weg in die Opposition.
- Die Partei muß Perspektiven entwickeln, die über die Haushaltsjahre und die Legislaturperioden hinausreichen.

– Die Partei muß interessant sein für alle, die Ideen haben, die etwas sagen wollen, die Politik mitgestalten wollen. Geistige Offenheit und Sinn für neue Entwicklungen machen die CDU attraktiv.

Man kann das Profil einer offenen, zukunftsorientierten Volkspartei nicht besser formulieren. Ihr einigendes Band muß die Suche nach neuen Wegen sein, um die Zukunftsdefizite zu überwinden. Alle, die sich in ihr zusammenfinden, haben sich vorgenommen, die Utopie zukünftigen Überlebens in einer Zeit scheinbaren Überflusses zu verwirklichen. Leitbild ihrer Politik und einigendes Band meiner Volkspartei ist das richtig verstandene christliche Menschenbild und *seine* Verwirklichung im Rahmen einer Politik, die unseren nationalen Interessen dient. Ansätze für diesen Weg sind vorhanden.

Wenn die Volkspartei diesen Weg geht, wird sie auch in Zukunft die Parteienlandschaft bestimmen. Sie wird auch in Zukunft in der Lage sein, die Vielfalt der Interessen, Meinungen und Ansichten politisch zu integrieren und zu einer gemeinsamen Politik zusammenzufassen. Sie wird die neue Vielfalt ebenso beherrschen wie die Fähigkeit, den Notwendigkeiten der Zukunft einen Weg durch das Dickicht der Begehrlichkeiten der Gegenwart zu bahnen. Aber es wird für sie keine Besitzstandsgarantie geben. Scheitert sie an ihrer Aufgabe, werden andere Parteien entstehen, die ihr besser gewachsen sind: Parteien der Mitte, radikal denkende Minderheitenparteien. Die Parteienlandschaft wird sich erneut verändern.